江西省物流业发展报告

（2018）

江西省商务厅

江西省物流与采购联合会　编

中国财富出版社

图书在版编目（CIP）数据

江西省物流业发展报告 . 2018 / 江西省商务厅，江西省物流与采购联合会编 .
—北京：中国财富出版社，2020. 4

ISBN 978 - 7 - 5047 - 7136 - 0

Ⅰ. ①江…　Ⅱ. ①江…　②江…　Ⅲ. ①物流—经济发展—研究报告—江西—2018
Ⅳ. ①F259. 275. 6

中国版本图书馆 CIP 数据核字（2020）第 049114 号

策划编辑 王　靖		**责任编辑** 邢有涛　晏　青		
责任印制 梁　凡		**责任校对** 杨小静		**责任发行** 敬　东

出版发行	中国财富出版社		
社　　址	北京市丰台区南四环西路 188 号 5 区 20 楼	**邮政编码**	100070
电　　话	010 - 52227588 转 2098（发行部）	010 - 52227588 转 321（总编室）	
	010 - 52227588 转 100（读者服务部）	010 - 52227588 转 305（质检部）	
网　　址	http://www. cfpress. com. cn		
经　　销	新华书店		
印　　刷	北京京都六环印刷厂		
书　　号	ISBN 978 - 7 - 5047 - 7136 - 0/F·3145		
开　　本	787mm×1092mm　1/16	**版　　次**	2020 年 4 月第 1 版
印　　张	21. 75	**印　　次**	2020 年 4 月第 1 次印刷
字　　数	476 千字	**定　　价**	98. 00 元

江西省物流业发展报告（2018）
编辑委员会

江西省物流业发展报告（2018）
编校人员及支持单位

主　　任：梁小康

副 主 任：饶芝新　傅　南　罗良军

顾　　问：甘卫华　钟群英

撰稿人员：杨大玮　蔡金伟　胡维钦　敬　洋
　　　　　胡　冲　熊　伟　陈亚军　刘新宇
　　　　　高　扬　胡　凯　罗小亮　黄　华
　　　　　胡　薇　陈　芳　俞方林　毛　钰
　　　　　吴国安　丁国菁　何德顺　刘冬根

核　　稿：胡　冲　朱博文　罗　伟　高　雯
　　　　　龚志琴　谈　天　龙艳兰　付　星

支持单位：江西省发展和改革委员会
　　　　　江西省交通运输厅
　　　　　江西省教育厅
　　　　　江西省人力资源和社会保障厅
　　　　　江西省统计局
　　　　　江西省邮政管理局
　　　　　中铁南昌局集团有限公司
　　　　　江西省机场集团公司

编者按

  2018 年是江西省"十三五"规划实施的重要一年，在江西省委、省政府的领导下，全省物流业取得了可喜的成绩，物流业营商环境得到进一步优化。2018 年全省社会物流总额实现较快增长，达到 60287 亿元，同比增长 8.8%，增速较上年提高 0.4%。社会物流总费用达 3627.5 亿元，同比增长 5.1%，与 GDP（国内生产总值）的比率为 16.5%，比上年下降 0.1%。社会货运总量达 17.4 亿吨，同比增长 12.8%；货运周转总量达 4532 亿吨公里，同比增长 7.4%。全省 50 个物流产业集群实现主营收入 2690.8 亿元，同比增长 8.6%。

  2018 年，江西省主要从加强对物流行业的政策引导、组织实施物流降本增效、推动物流重大项目建设、加快推进物流业的信息化和标准化、促进物流业与产业融合发展、推动物流产业集群加快发展、构建城乡高效配送体系、推动冷链物流建设、发挥财政资金的引导和扶持作用等方面来促进物流业转型升级，取得长足发展。

  《江西省物流业发展报告（2018）》是第三次公开出版的江西省物流业发展报告。本书根据 2018 年江西省物流业发展的实际情况，宣传和推广江西省各区域物流业发展积累的成功经验，突出典型企业案例，使其发挥引领示范作用。本报告客观反映了 2018 年江西省物流业发展的全貌进而展望了未来，是展示江西省物流业发展的窗口，是社会各界人士全面了解江西省物流业发展现状的重要途径，是对 2018 年江西省物流业发展的全面概括和总结。认真做好江西省物流业发展报告编写出版工作，对江西省物流业发展具有重要意义。本报告在编辑过程中得到了省直有关部门、大专院校及科研机构、各设区市物流牵头部门、行业协会、龙头企业的大力支持，报告具有一定的权威性、专业性，可读性较强。由于时间和精力有限，本报告难免存在疏漏和不当之处，恳请广大读者批评指正，也欢迎各位读者对本书提出宝贵的意见和建议。

编 者
2019 年 10 月

目 录

第三部分　专题调研

第四部分　典型案例

第五部分　政策资料

附　录

第一部分
综合专题

2018 年江西省物流业发展环境报告

2018 年，在江西省委、省政府的坚强领导下，全省上下深入学习贯彻习近平新时代中国特色社会主义思想和党的十九大精神，从更高层次贯彻落实习近平总书记对江西省工作的重要要求，坚持稳中求进工作总基调，贯彻新发展理念，落实高质量发展要求，以供给侧结构性改革为主线，按照"创新引领、改革攻坚、开放提升、绿色崛起、担当实干、兴赣富民"的工作方针，统筹做好稳增长、促改革、调结构、优生态、惠民生、防风险各项工作，积极应对各种困难和挑战，全省经济运行总体平稳、稳中有进、稳中提质，社会发展和谐健康。

2018 年，江西省实现生产总值（GDP）21984.8 亿元，比上年增长 8.7%（见图 1-1-1）。其中，第一产业增加值 1877.3 亿元，比上年增长 3.4%；第二产业增加值 10250.2 亿元，比上年增长 8.3%；第三产业增加值 9857.2 亿元，比上年增长 10.3%。三次产业结构比由上年的 9.4：47.9：42.7 调整为 8.6：46.6：44.8，三次产业对 GDP 增长的贡献率分别为 3.7%、48.2% 和 48.1%。人均生产总值 47434 元，比上年增长 8.1%。

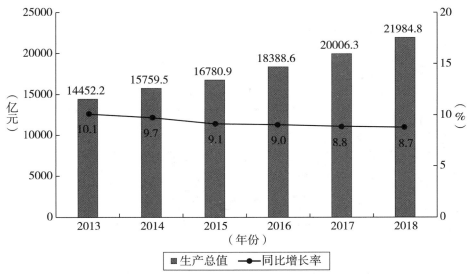

图 1-1-1　2013—2018 年江西省内生产总值及其增长速度

注：图中增长率为实际增长率。

资料来源：江西省统计局。下同。

一、2018 年江西省工业生产环境

2018 年，江西省全部工业增加值 8113.0 亿元，比上年增长 8.7%；规模以上工业增加值同比增长 8.9%（见图 1－1－2）。

规模以上工业增加值中，分轻、重工业看，轻工业同比增长 4.7%，重工业同比增长 11.3%；分经济类型看，国有企业同比增长 1.0%，集体企业同比增长 6.7%，股份合作企业同比下降 12.3%，股份制企业同比增长 9.3%，外商及港澳台商投资企业同比增长 8.7%，其他经济类型企业同比增长 12.0%；分行业看，38 个行业大类中 34 个实现增长，占比达 89.5%。其中，计算机、通信和其他电子设备制造业增加值同比增长 27.3%，电气机械和器材制造业同比增长 15.3%，电力、热力生产和供应业同比增长 13.0%，有色金属冶炼和压延加工业同比增长 12.7%。非公工业贡献较大，非公有制工业增加值同比增长 9.7%，占规模以上工业增加值的 79.8%，对规模以上工业增长的贡献率为 86.5%。其中，私营企业同比增长 10.1%，占规模以上工业增加值的 37.0%，对规模以上工业增长的贡献率为 41.2%。新产业加速发展，高新技术产业增加值同比增长 12.0%，比规模以上工业增加值增速高 3.1 个百分点，占规模以上工业增加值的 33.8%，比上年提高 2.9 个百分点；装备制造业增加值同比增长 13.8%，比规模以上工业增加值增速高 4.9 个百分点，占规模以上工业增加值的 26.3%，比上年提高 0.8 个百分点；战略性新兴产业增加值同比增长 11.6%，比规模以上工业增加值增速高 2.7 个百分点，占规模以上工业增加值的 17.1%，比上年提高 2.0 个百分点。

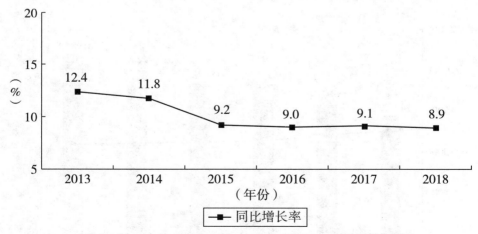

图 1－1－2　2013—2018 年江西省规模以上工业增加值增长速度
注：图中增长率为实际增长率。

2018 年，重点监测的 370 种主要工业产品中 216 种实现产量比上年增长，增长面达 58.4%。其中，铜材产量增长 51.8%，多晶硅产量增长 30.3%，化纤产量增长 23.7%，中成药产量增长 17.8%，智能手机产量增长 10.6%。2018 年江西省规模以上

工业主要产品产量及其增长速度如表 1 - 1 - 1 所示。

表 1 - 1 - 1　　　2018 年江西省规模以上工业主要产品产量及其增长速度

产品名称	单位	产量	比上年增长（％）
原煤产量	万吨	530.5	-13.5
原煤库存量	万吨	8.2	3.8
原油加工量	万吨	766.6	9.7
发电量	亿千瓦时	1192.5	12.1
其中：火力发电量	亿千瓦时	1056.3	11.9
饮料酒	万千升	96.2	1.1
其中：白酒（折65度，商品量）	万千升	11.2	-6.2
啤酒	万千升	83.6	1.7
精制茶	万吨	8.9	8.5
卷烟	亿支	638	-3.1
纱	万吨	140.3	9.8
布	亿米	7.8	-40.0
服装	亿件	7.5	-1.8
机制纸及纸板	万吨	214.5	5.3
硫酸（折100％）	万吨	272.6	-0.1
烧碱（折100％）	万吨	43.5	25.0
农用氮、磷、钾化学肥料（折纯）	万吨	11.0	-51.5
化学农药原药（折纯）	万吨	4.9	5.0
单晶硅	万吨	1.6	112.9
多晶硅	万吨	3.4	30.3
化学药品原药	万吨	2.9	-43.2
中成药	万吨	11.5	17.8
化学纤维	万吨	54.6	23.7
水泥	万吨	8813.5	4.7
瓷质砖	万平方米	90004.4	-10.0
粗钢	万吨	2499.2	4.0
钢材	万吨	2571.3	7.9
十种有色金属	万吨	163.7	2.4

2018 年，江西省规模以上工业企业实现主营业务收入 32077.4 亿元，比上年增长 12.0%；实现利润总额 2157.8 亿元，同比增长 16.5%；每百元主营业务收入中的成本为 86.6 元，比上年减少 0.4 元。2018 年年末，规模以上工业资产负债率为 51.7%，比上年年末下降 0.7 个百分点。

2018 年，江西省开发区投产工业企业 11691 户，比上年年末增加 268 户；实际开发面积 653.8 平方千米，完成基础设施投入 1168.2 亿元。全年开发区工业增加值同比增长 9.3%，增速高于规模以上工业 0.4 个百分点；实现出口交货值 1722.0 亿元，同比增长 9.6%。招商签约资金 8385.8 亿元，同比增长 6.8%；招商实际到位资金 5187.8 亿元，招商资金实际到位率为 61.9%。实现主营业务收入 25843.3 亿元，同比增长 12.4%；实现利润总额 1860.8 亿元，同比增长 15.7%。主营业务收入过百亿的开发区有 65 个，其中主营业务收入超 200 亿元的开发区有 44 个，超 500 亿元的开发区有 12 个。南昌高新技术产业开发区继续领跑，南昌经济技术开发区、九江经济技术开发区、南昌小蓝经济技术开发区分列千亿元开发区第二、第三、第四位。

2018 年，江西省规模以上工业生产原煤 530.5 万吨，比上年下降 13.5%；原煤库存量 8.2 万吨，同比下降 3.8%。原油加工量 766.6 万吨，同比增长 9.7%。其中，汽油产量 241.2 万吨，同比增长 15.8%；煤油产量 67.1 万吨，同比增长 16.8%；柴油产量 289.4 万吨，同比增长 0.4%。发电量 1192.5 亿千瓦时，同比增长 12.1%。其中，火力发电量 1056.3 亿千瓦时，同比增长 11.9%；水力发电量 67.6 亿千瓦时，同比下降 17.4%；风力、太阳能、垃圾焚烧等新能源发电量 71.9 亿千瓦时，同比增长 77.1%。

二、2018 年江西省国内贸易环境情况

2018 年，江西省社会消费品零售总额 7566.4 亿元，比上年增长 11.0%（见图 1 - 1 - 3）。其中，限额以上单位消费品零售额 2800.7 亿元，同比增长 10.7%。按经营单位所在地分，城镇市场实现消费品零售额 6399.7 亿元，同比增长 10.9%，其中城区 3693.2 亿元，同比增长 14.1%；乡村市场实现消费品零售额 1166.7 亿元，同比增长 11.6%。按消费类型分，商品零售 6614.7 亿元，同比增长 10.3%；餐饮收入 951.8 亿元，同比增长 15.9%。按行业分，零售业实现零售额 5597.6 亿元，同比增长 10.0%；批发业实现零售额 1015.1 亿元，同比增长 12.4%；餐饮业实现零售额 863.4 亿元，同比增长 15.9%；住宿业实现零售额 90.4 亿元，同比增长 13.3%。

限额以上单位按商品分类的零售额中，商品粮油、食品类比上年增长 16.8%，服装、鞋帽、针纺织品类同比增长 5.6%，日用品类同比增长 14.4%。大宗商品中，汽车类同比增长 6.6%，石油及制品类同比增长 14.7%。消费升级类商品中，化妆品类、建筑及装潢材料类、家具类、中西药品类分别同比增长 19.6%、16.2%、16.1% 和 15.5%（见表 1 - 1 - 2）。

图 1 - 1 - 3　2013—2018 年江西省社会消费品零售总额增长速度

表 1 - 1 - 2　　　　2018 年江西省限额以上单位按商品分类的零售额及其增长速度

类　别	零售额（亿元）	比上年增长（％）
合计	2653.4	10.7
通过公共网络实现的商品销售	192.3	23.9
粮油、食品类	338.5	16.8
饮料类	39.2	12.3
烟酒类	57.2	5.6
服装、鞋帽、针纺织品类	173.1	5.6
化妆品类	24.2	19.6
金银珠宝类	44.0	8.8
日用品类	94.4	14.4
五金、电料类	14.2	9.9
体育、娱乐用品类	5.1	10.0
书报杂志类	42.2	3.7
电子出版物及音像制品类	7.3	1.6
家用电器和音像器材类	143.7	8.3
中西药品类	93.6	15.5
文化办公用品类	28.9	8.4
家具类	53.2	16.1
通信器材类	26.7	- 1.2
煤炭及制品类	7.0	49.9
石油及制品类	461.8	14.7

续　表

类　别	零售额（亿元）	比上年增长（%）
建筑及装潢材料类	52.0	16.2
机电产品及设备类	13.8	3.2
汽车类	855.6	6.6
棉麻类	0.4	4.1
其他类	77.2	16.9

三、2018 年江西省进出口贸易环境情况

2018 年，江西省货物进出口总值 3164.9 亿元，比上年增长 5.1%。其中，出口值 2224.1 亿元，同比增长 0.7%；进口值 940.8 亿元，同比增长 17.3%（见图 1-1-4）。

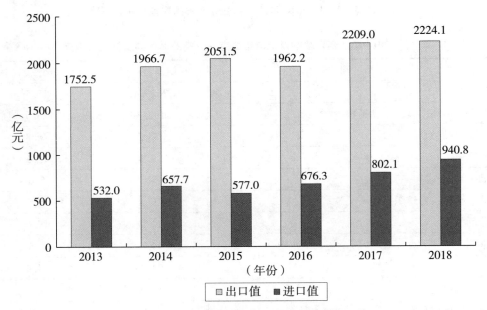

图 1-1-4　2013—2018 年江西省货物进出口值

分贸易方式看，一般贸易出口 1941.3 亿元，比上年下降 0.5%；加工贸易出口 261.6 亿元，同比增长 7.3%。分重点商品看，机电产品出口 927.9 亿元，同比增长 11.2%；高新技术产品出口 357.1 亿元，同比增长 26.8%（见表 1-1-3）。分国别（地区）看，对东盟出口 404.8 亿元，位列第一，比上年增长 16.9%；对美国出口 369.8 亿元，位列第二，同比下降 3.6%；对欧盟出口 307.1 亿元，位列第三，同比下降 2.9%（见表 1-1-4）；对捷克、埃及、哈萨克斯坦、乌克兰、泰国等"一带一路"沿线国家出口同比分别增长 98.1%、82.4%、59.1%、48.1% 和 30.4%。

表 1－1－3　　　2018 年江西省按贸易方式统计货物进出口总值及其增长速度

指　标	金额（亿元）	比上年增长（%）
货物进出口总值	3164.9	5.1
出口值	2224.1	0.7
其中：一般贸易	1941.3	－0.5
加工贸易	261.6	7.3
其中：机电产品	927.9	11.2
高新技术产品	357.1	26.8
进口值	940.8	17.3
其中：一般贸易	591.4	17.3
加工贸易	332.7	14.9
其中：机电产品	402.4	28.3
高新技术产品	299.7	31.3

表 1－1－4　　　2018 年江西省对主要国家（地区）出口值及其增长速度

国家（地区）	出口值（亿元）	比上年增长（%）
东盟	404.8	16.9
美国	369.8	－3.6
欧盟	307.1	－2.9
中国香港	206.9	－2.3
韩国	119.2	－12.2
日本	91.9	15.2
马来西亚	85.1	23.2
印度	79.3	12.3
越南	76.0	9.4
印度尼西亚	65.9	15.4

四、2018 年江西省固定资产投资环境情况

2018 年，江西省全省固定资产投资比上年增长 11.1%（见图 1－1－5）。

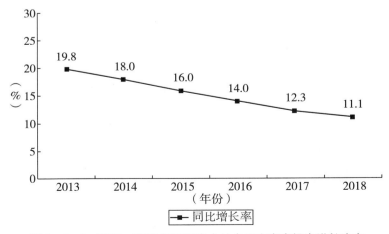

图 1－1－5　2013—2018 年江西省全社会固定资产投资增长速度

分产业看，第一产业投资同比增长 17.2%，占全部投资的 2.7%；第二产业投资同比增长 13.1%，占全部投资的 49.1%，其中工业投资同比增长 13.1%，占全部投资的 48.9%；第三产业投资同比增长 8.9%，占全部投资的 48.2%（见表 1－1－5）。民间投资拉动有力。民间投资同比增长 12.5%，占全部投资的 67.9%，对投资增长的贡献率为 74.3%。基础设施投资增速加快。基础设施投资同比增长 17.7%，比上年加快 9.8 个百分点，占全部投资的 17.2%，比上年提高 0.9 个百分点。

2018 年，江西省推进 1315 个亿元以上项目，省大中型项目完成投资 6075 亿元，省重点工程完成投资 2270 亿元。赣江新区伊顿电气产品生产基地一期、新钢优特钢带等重大产业项目建成投产，皖赣铁路浯溪口水库改线工程、广昌至吉安高速公路、瑶湖机场、神华九江电厂两台百万千瓦机组、东乡 500 千伏输变电工程等项目建成投运，昌景黄高铁、萍莲高速等项目开工建设。

表 1－1－5　　2018 年江西省按行业类别统计固定资产投资增长速度及构成

行　　业	比上年增长（%）	构成（%）
总计	11.1	100.0
第一产业	17.2	2.7
第二产业	13.1	49.1
工业	13.1	48.9
采矿业	−23.8	0.7
制造业	18.2	45.1
电力、热力、燃气及水生产和供应业	−25.1	3.1
建筑业	1.6	0.2
第三产业	8.9	48.2
批发和零售业	−12.7	1.8
交通运输、仓储和邮政业	14.1	4.0
住宿和餐饮业	0.1	0.5
信息传输、软件和信息技术服务业	−6	0.4
金融业	−38.4	0.2
房地产业	4.4	19.0
租赁和商务服务业	12.4	2.3
科学研究和技术服务业	62.1	0.6
水利、环境和公共设施管理业	19.4	13.4
居民服务、修理和其他服务业	−40.4	0.2

（江西省统计局　敬洋）

2018 年江西省物流业发展情况报告

2018 年，江西省通过实施物流降本增效专项行动，推进物流枢纽建设，构建城乡配送体系，推动物流产业集群发展，加快电子商务与快递物流协同发展。全省物流需求保持旺盛，运行效率和服务质量得到提升，对全省经济高质量发展发挥了重要作用。

一、2018 年江西省物流业总体运行情况

（一）社会物流

1. 社会物流需求平稳增长

近年来，江西省经济保持稳定增长，拉动了物流需求，促进了全省物流业的较快发展。2018 年，全省社会物流总额 60287 亿元，同比增长 8.8%，增速较上年提高 0.4个百分点。2018 年江西省社会物流总额构成及其增长速度如表 1－2－1 所示。

（1）贸易批发物流规模快速增长。2018 年，全省贸易批发物流总额 6540 亿元，同比增长 62.5%，占全省社会物流总额的 10.8%，有效促进了全省物流的快速发展。

（2）工业品物流总额增速回落。2018 年，全省工业品物流总额 35505 亿元，同比增长 3.1%，增速较上年回落 5.2 个百分点，占全省社会物流总额的 58.9%。受实体经济下行的影响，全省工业品物流规模出现快速回落，也反映出全省经济处于由中高速增长向高质量发展的转型期，产业结构还在调整。

（3）区域外流入货物物流总额平稳增长。2018 年，全省区域外流入货物物流总额为15309 亿元，同比增长 7.7%，增速较上年提高 0.1 个百分点，占全省物流总额的 25.4%。

表 1－2－1　　　　2018 年江西省社会物流总额构成及其增长速度

指标名称	绝对值（亿元）	增速（%）	构成（%）
社会物流总额	60287	8.8	100
其中：工业品物流总额	35505	3.1	58.9
区域外流入货物物流总额	15309	7.7	25.4
农产品物流总额	2283	3.8	3.8
贸易批发物流总额	6540	62.5	10.8
再生资源物流总额	473	57.7	0.8
单位与居民物品物流总额	177	26.4	0.3

2. 社会物流运行效率有所提高

2018 年，江西省社会物流总费用 3627.5 亿元，同比增长 5.1%，增速较上年回落 5.7 个百分点；社会物流总费用与 GDP 比率为 16.5%，比上年下降 0.1 个百分点，物流运行效率有所提高（见表 1-2-2）。从全省社会物流总费用构成的情况来看有以下三点。

（1）运输费用增长。2018 年，全省运输费用 2285.5 亿元，同比增长 3.6%，增速较上年回落 8.4 个百分点，占社会物流总费用的 63.0%。

（2）保管费用增长。2018 年，全省保管费用为 973 亿元，同比增长 9.5%，增速较上年提高 1.9 个百分点，占社会物流总费用的 27.0%。

（3）管理费用增长。2018 年，全省管理费用 369 亿元，同比增长 4.5%，增速较上年回落 8.3 个百分点，占社会物流总费用的 10.0%。

表 1-2-2　　　　　　　2018 年江西省社会物流总费用构成及其增长速度

指标名称	绝对值（亿元）	增速（%）	构成（%）
社会物流总费用	3627.5	5.1	100
其中：运输费	2285.5	3.6	63
保管费	973	9.5	27
管理费	369	4.5	10

2018 年，江西省社会物流总费用与 GDP 的比率为 16.5%，比上年下降 0.1 个百分点（见图 1-2-1）。

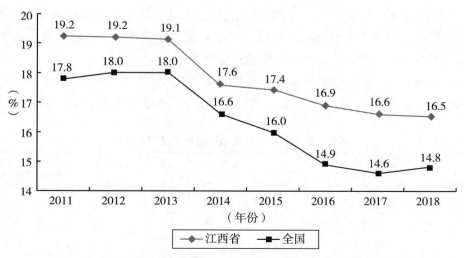

图 1-2-1　2011—2018 年全国、江西省社会物流总费用与 GDP 比率

3. 物流业增加值保持稳定增长

2018 年，江西省物流业增加值 1546 亿元，同比增长 10.3%。物流业增加值占服务业增加值的 15.7%，占全省 GDP 的 7.0%，比上年增长 0.3 个百分点，物流业对社会经济发展贡献较大。

（二）货物运输

2018 年，江西省货运量完成 17.4 亿吨，同比增长 12.8%，增速较上年提高 1.0 个百分点，货运量保持较快增长；货物周转量 4528.3 亿吨公里，同比增长 7.4%，增速较上年回落 0.8 个百分点，货物周转量增长有所放缓。

1. 公路货运量保持增长

2018 年，江西省公路货运量 15.8 亿吨，同比增长 14.2%，增速较上年提高 1.8 个百分点；公路货物周转量 3760 亿吨公里，同比增长 9.5%，增速较上年提高 0.4 个百分点。

2. 铁路货运量增速放缓

2018 年，江西省铁路货运量 0.5 亿吨，同比增长 5.4%，增速较上年回落 5.2 个百分点；铁路货物周转量 530.2 亿吨公里，同比下降 0.4%，增速较上年回落 0.04 个百分点。中欧班列稳健开行，2018 年全省共开行中欧班列 202 列（南昌市 24 列、景德镇市 1 列、鹰潭市 19 列、赣州市 150 列、上饶市 5 列、吉安市 1 列、抚州市 2 列），是 2017 年的 7.7 倍。全省铁海联运集装箱快速班列共发送集装箱 5.84 万标准箱，同比增长 24.2%。

3. 水路货运量保持平稳增长

2018 年，江西省水路货运量 1.15 亿吨，同比下降 0.1%；货物周转量 238.1 亿吨公里，较上年减少 14 亿吨公里。其中，内河运输货运量 1.11 亿吨，货物周转量 195.08 亿吨公里；沿海运输货运量 0.04 亿吨，货物周转量 56.79 亿吨公里。全省港口货物吞吐量 2.5 亿吨，同比增长 66.7%。全省港口集装箱吞吐量 63.5 万标准箱（TEU），同比增长 37.2%。其中，南昌港货物吞吐量 0.288 亿吨，同比下降 12.1%。集装箱吞吐量 19.3 万标准箱，同比增长 44.8%。港口大宗货物和内贸集装箱进出港口量的大幅增长，成为南昌港货物吞吐量的主要增长点。南昌港货物吞吐量增长的主要原因：一是龙头岗综合码头项目建成投产，新增港口集装箱吞吐能力 20 万标准箱、件杂货吞吐能力 180 万吨，使南昌港吞吐能力不断提升；二是铁路、公路运输价格上涨，水路运输的价格优势更显突出；三是水运港口企业加大组货力度，为货主提供更便捷的运输服务。九江港实现货物吞吐量 1.17 亿吨，同比下降 0.25%；集装箱吞吐量 42.9 万标准箱，同比增长 28.3%，继续保持亿吨大港水平（见表 1-2-3）。

表 1 - 2 - 3　　　　　2018 年江西省规模以上港口货物吞吐量和集装箱吞吐量

统计指标	单位	货物吞吐量	集装箱吞吐量	同比增速（％）
九江港	万吨	11689	—	- 0.25
	TEU	—	42.9	28.3
南昌港	万吨	2884	—	- 12.1
	TEU	—	19.3	44.8

4. 航空货邮吞吐量迅猛增长

2018 年，江西省民用航空机场货邮吞吐量 9.1 万吨，同比增长 43.7％，增幅位居全国第 1 位，其中南昌昌北机场货邮吞吐量 8.26 万吨，同比增长 58.1％，增速列全国省会机场首位（见表 1 - 2 - 4）。

表 1 - 2 - 4　　　　　2018 年江西省民用航空机场货邮吞吐量

机场	货邮吞吐量（吨）		
	本期完成	上年同期	同比增速（％）
南昌昌北	82604.4	52262.4	58.1
赣州黄金	5063.1	6628.8	- 23.6
吉安井冈山	2534.9	2219.6	14.2
景德镇罗家	647.4	2120.0	- 69.5
宜春明月山	409.8	370.0	10.8
上饶三清山	121.1	6.6	1734.8
总计	91380.7	63607.4	43.7

5. 快递业务保持快速增长

2018 年，江西省快递业务量完成 6.19 亿件，位居全国第 15 位，同比增长 41.5％，增幅位居中部地区第 2 位；快递业务收入 67.1 亿元，位居全国第 17 位，同比增长 36.4％，增幅位居中部地区第 1 位（见图 1 - 2 - 2）。在快递业务量前 50 位城市中，南昌市以 2.771 亿件排名第 39，上升 2 位；在快递业务收入前 50 位城市中，南昌市以 30.86 亿元排名第 39，上升 2 位。

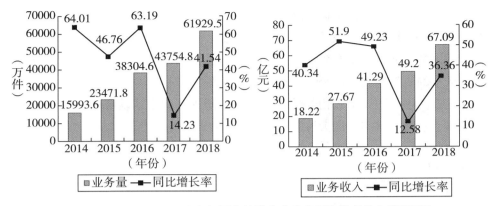

图 1 - 2 - 2　2014—2018 年江西省快递企业业务量和业务收入情况对比

二、2018 年江西省物流业运行存在的问题

（一）物流运行效率不高

2018 年，江西省社会物流总费用与 GDP 比率为 16.5%，比上年回落 0.1 个百分点，但仍高于全国平均水平 1.7 个百分点，在中部六省中居第 5 位（见图 1 - 2 - 3）。

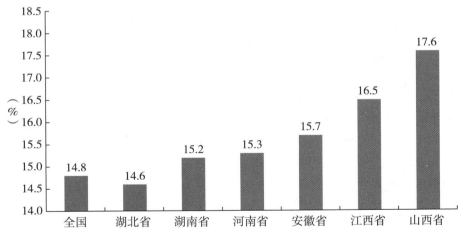

图 1 - 2 - 3　2018 年全国及中部六省社会物流总费用占 GDP 比率

（二）运输结构不合理

2018 年，江西省公路、铁路、水路货运量比例为 90.5∶2.9∶6.6，与上年 89.5∶3.1∶7.4 的比例相比，公路货运量占比较上年增加 1 个百分点，铁路货运量占比较上年下降 0.2 个百分点，水路货运量占比较上年下降 0.8 个百分点，可见江西省货物运输仍是以公路运输为主，铁路、水路在综合交通运输中的优势未得到充分发挥。发展铁

路运输、推进多式联运、调整运输结构是推进物流业高质量发展的重要途径。2018 年全省社会货运量中铁路占比仅为 2.9%，水路占比为 6.6%，公路占比则高达 90.5%，同属中部地区的湖北省、安徽省、山西省公路运输占比均低于 80%。铁路运输成本是水路运输成本的 3 倍左右，而公路运输是水路运输成本的 5 倍左右。大量本应通过铁路和水路运输的中长距离运输由公路运输承担，增加了综合运输成本。2018 年江西省公路、铁路、水路、航空货运量对照如图 1－2－4 所示。

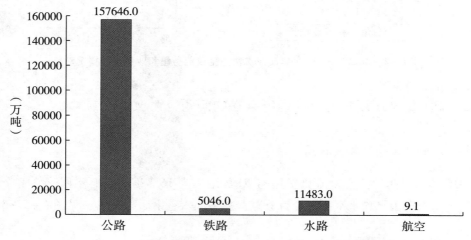

图 1－2－4　2018 年江西省公路、铁路、水路、航空货运量对照

（三）基础设施建设仍然不足

全省 94 个物流园区中能够投入运营的只有 45 个，其中，国家级示范物流园区只有 1 个，省级示范物流园区 7 个。物流园区物流功能单一，综合性物流园区较少，多数物流园区规划不合理，运输方式比较单一，具有多式联运能力的物流园区非常缺乏，物流枢纽建设较滞后。城乡配送网络体系还不完善，城市公共配送中心仍然比较缺乏，高标仓和冷库资源不足。

（四）冷链物流服务能力不足

2018 年，江西省冷库容量为 143.5 万吨，其中主要为低端的冷冻、冷藏库，适合储存水产品的多温库容量仅 12.6 万吨，适合储存果蔬的气调库容量仅 0.6 万吨。全省 62 家规模以上农产品批发市场，只有 8 家建有冷库。人均冷库容量为 0.128 立方米/人，低于全国平均水平 0.156 立方米/人，产地型冷库仅占全省冷库容量的 8.0%。全省冷藏车平均拥有量仅 0.2 辆/万人，远远低于全国平均水平 1.29 辆/万人。全省冷链综合流通率仅 13.0%，果蔬冷链流通率仅 3.9%。全省无冷链物流公共信息平台。

（五）物流龙头企业缺乏

2018 年，江西省 A 级物流企业保有量为 200 家，其中 5A 级 2 家、4A 级 85 家、3A 级 72 家、2A 级 37 家、1A 级 4 家（见表 1 - 2 - 5）。江西省 A 级物流企业总数在中部六省中位居第 3 位（见表 1 - 2 - 6）。全国物流 50 强、仓储企业 100 强尚未有江西企业进入。

表 1 - 2 - 5 各设区市 A 级物流企业分布情况 单位：家

序号	设区市	5A	4A	3A	2A	1A	总计
1	南昌市	2	13	10	2	0	27
2	九江市	0	1	1	3	0	5
3	景德镇市	0	3	7	0	0	10
4	萍乡市	0	3	0	0	0	3
5	新余市	0	4	1	0	0	5
6	鹰潭市	0	4	0	2	0	6
7	赣州市	0	6	33	25	4	68
8	宜春市	0	34	3	0	0	37
9	上饶市	0	2	0	2	0	4
10	吉安市	0	6	10	2	0	18
11	抚州市	0	9	7	1	0	17
	总计	2	85	72	37	4	200

表 1 - 2 - 6 中部六省 A 级物流企业对比 单位：家

省份	5A	4A	3A	2A	1A	总数
湖北	17	199	205	92	2	515
湖南	13	103	86	7	0	209
江西	2	85	72	37	4	200
安徽	3	81	78	25	0	187
河南	10	59	69	11	0	149
山西	3	35	15	2	0	55
总数	48	562	525	174	6	1315

三、2019 年促进江西省物流业发展的措施

（一）优化发展布局

着眼融入"一带一路"、长江经济带、长三角一体化发展和粤港澳大湾区建设，加

强区域功能定位、产业分工、城镇建设与物流发展衔接，促进形成更高水平的开放型物流布局。以构建"一圈引领、两轴驱动、三区协同"的区域发展新格局为引领，重点推进南昌、赣州建设"一带一路"重要节点城市和九江建设长江流域区域性航运中心，着力建设南昌综合型、九江港口型、赣州商贸服务型、鹰潭陆港型等重要物流枢纽，打造全国区域性物流中心。

（二）畅通物流通道

全面建设东进西联、陆海相通、"公水铁空"并进的全方位立体化物流通道，为双向开放提供基础支撑。紧密对接国家高速公路网，完善提升"10纵10横21联"高速公路网，推进普通国省道提质改造和瓶颈路段建设，打造高品质快速交通网。深入实施长江九江段等高等级航道提升系列工程，提前实现赣江、信江三级通航，重点完善九江港、南昌港集疏运体系，建成层次分明、结构优化、功能完善的现代化港口体系。

（三）补齐基础设施短板

落实国家物流枢纽布局和建设规划，构建"通道＋枢纽＋网络"物流基础设施体系。加快重点水运港口和内陆无水港建设，使集疏运和多式联运体系畅通，打造融入国际物流和供应链体系的基础平台。推进国家级、省级示范物流园区建设，打造具有全国影响力的示范物流园区。建设高速公路智慧物流港，打通全省国家高速公路物流节点，实现沿线设区市全覆盖、重要县区覆盖率50%以上。补齐冷链物流基础设施短板，加强农产品产地预冷设施建设，加快城市冷链配送中心建设，规范冷链末端网点。逐步完善以农村物流站场为基础，以县、乡、村三级物流节点为支撑的农村物流基础设施网络。加强快递园区建设，推进快递业与现代农业、制造业、电子商务等联动发展，促进邮政、快递网络开放共享，提升城市末端、农村配送能力。

（四）提高铁路、水路运输比重

加快水运建设，提前至2019年年底完成赣江三级通航目标，重点建设九江港和南昌港港口货运综合枢纽，完善九江港、南昌港集疏运体系，提升多式联运服务水平，新增港口吞吐能力4153万吨和136万标准箱。实施《推进运输结构调整三年行动计划（2018—2020年）》，大力推动"公转铁"，力争三年内实现铁路货运量增长27.5%的目标，铁路货运量在全省货运总量占比由2018年的3%提高到6%。

（五）提升物流信息化水平

深入实施"互联网＋高效物流"行动计划，加大力度推动省级物流公共信息平台做大做强，协调省直部门合力推进省级物流公共信息平台应用，加快推广到所有国家级、省级开发区（产业园），力争实现市、县（区）全覆盖，有效促进货运供需信息实时共享和智能匹配，减少迂回、空驶运输和物流资源闲置；抓好城市配送、冷链物流、医药物流等专业信息平台建设，使公共信息平台与专业平台实现互联互通、资源共享，适时建设江西省物流大数据中心。

（六）实施城乡高效配送专项行动

根据商务部等五部门要求，全面实施城乡高效配送专项行动，构建物流园区、城市物流中心、仓储配送中心、县级物流中心、乡镇服务站和村（社区）服务网点城乡高效配送体系。推动全省 3 个全国第一批城乡高效配送试点建设，启动第二批试点申报。加强与供销、邮政等部门的合作，整合末端配送网点资源。加强与交管、运输、城管等部门的协调，为城市配送车辆通行、停靠、装卸提供便利。

（七）大力培育龙头企业

扩大全省 A 级物流企业规模，新增 A 级物流企业 30 家，其中 5A 级物流企业 1 家。积极推荐符合条件的物流园区申报国家级示范物流园区，开展省级示范物流园区评定工作，开展第七批省级重点商贸物流园区（中心）和重点商贸物流企业认定工作。

（八）加强物流基础性工作

落实社会物流统计制度，每季度发布统计数据。开展物流产业集群统计，每季度发布物流产业集群统计数据。开展物流景气指数统计工作，每月发布全省物流景气指数。引导各设区市开展物流统计工作。开展物流理论研究和专题调研，举办业务培训、高峰论坛、研讨会和专题推介会，组织行业间相互交流和学习。组织编制《江西省物流业发展报告（2018）》。推动物流产教融合发展，开展物流职业技能认证培训，组织物流技能竞赛，大力培育物流专业人才。

（江西省商务厅　傅南）

2018 年江西省道路运输发展情况报告

一、2018 年江西省道路货物运输发展现状

2018 年，江西省营运载货汽车 36.2 万辆、吨位 406.0 万吨。经营业户 12.0 万户，从业人员 51.7 万人，其中驾驶员 43.0 万人。道路货物运输平均运距为 238 公里，比 2017 年减少 10.6 公里，货运平均运距的减少在一定程度上体现出全省区域经济活跃性提高。

2018 年，江西省公路、铁路、水路共完成货运量 17.4 亿吨，货物周转量 4528.3 亿吨公里，比上年分别增长 12.8% 和 7.4%，其中公路运输完成货运量 15.8 亿吨，货物周转量 3760 亿吨公里，同比分别增长 14.2% 和 9.5%。2018 年江西省公路、铁路、水路货物周转量如图 1-3-1 所示。

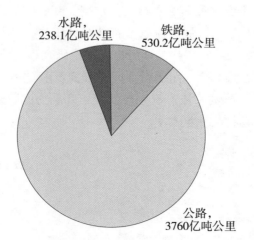

图 1-3-1　2018 年江西省公路、铁路、水路货物周转量

（一）道路货物运输量与货物周转量

道路货运量和货物周转量在总货运量和货物周转量中所占比重分别为 90.8% 和 83%，说明道路货运在综合运输体系中仍占主导地位。2018 年的道路货运量和货物周转量的增长率都比 2017 年高，总体来看道路货运需求总量还未进入增速放缓期。

（二）道路货物运输市场构成

1. 道路货物运输经营业户

2018 年，全省道路货物运输经营户为 115755 户，同比减少 1.4%，其中企业 9447 户，占总数的 8.2%，同比增加 13.8%；个体户 106308 户，占总数的 91.8%，同比减少 2.7%。2018 年，全省道路货物运输经营户的户均车辆数为 3.0 辆/户。

从经营范围看，2018 年全省共有普通货物运输经营户 11.5 万户，同比减少 5.0%；货物专用运输经营户 294 户，同比减少 1.7%；大件货物运输经营户 114 户，同比减少 7.3%；危险货物运输经营户 347 户，同比增加 10.9%（见图 1 - 3 - 2）。全省货物运输经营业户主要以普通货运企业为主，普通货运经营者占总数的 99.34%，但普通货运经营户正在逐步减少。

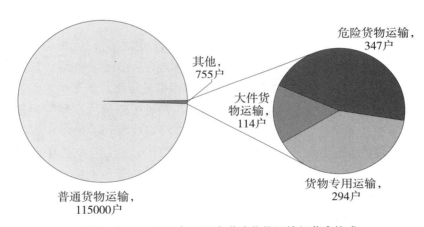

图 1 - 3 - 2　2018 年江西省道路货物运输经营户构成

2. 道路货物运输车辆

全省道路货物运输车辆主要是载货汽车，2018 年全省拥有营运载货汽车 36.2 万辆、吨位数 406.0 万吨，比上年分别增加 3.0%、12.5%。平均吨位为 12.5 吨/辆，比上年增加 2.2 吨/辆，这在一定程度上说明全省营运货车重载化的发展趋势。

3. 道路货物运输站场

2018 年，全省货运枢纽（物流园区）建设项目赣州传化南北公路港完成投资 2 亿元。2018 年，全省道路货物运输站场共有 59 个，其中二级站 2 个，三级站 16 个，四级站 41 个。全省道路货运站场经营户主要集中在赣州、宜春、吉安三市，其中赣州市 45 户、宜春市 11 户、吉安市 3 户。

二、2018 年道路货物运输重点工作推进情况

（一）积极推进无车承运人发展

2018 年 3 月，交通运输部授予江西正广通供应链管理有限公司、江西万佶物流有限公司无车承运人经营许可。同时，为进一步加强对试点企业的运行监测分析，指导两家试点企业在现有无车承运人运单技术规范的基础上，通过系统升级与交通运输部无车承运人试点监测系统接口，增补上报了试点企业的业务资金流水单，进一步提高了业务监测的科学性。2018年8月，试点企业江西万佶物流有限公司顺利实现与税务系统联网，开出省内第一张无车承运人代开增值税专用发票，标志着全省无车承运人试点工作取得新突破。根据对试点企业的调查分析，无车承运人试点企业通过线上资源合理配置，实现线下物流高效运行，促进行业降本增效。试点企业的车辆里程利用率较传统运输企业提高50%，平均等货时间由2～3天缩短至8～10小时，交易成本下降6%～8%。2018年，两家试点企业平台共整合社会车辆4232辆，完成运单36720单，完成货运量68.7万吨，收入运费3.3亿元。

（二）促进物流业降本增效，落实货运车辆安全技术检验和综合性能检测依法合并

为推进货车年检（安全技术检验）和年审（综合性能检测）依法合并政策落地实施，提升道路货运企业和从业人员获得感，江西省交通运输厅发布了《江西省交通运输厅 江西省公安厅 江西省质量技术监督局关于加快推进道路货运车辆检验检测改革工作的实施意见》和《江西省交通运输厅关于印发江西省道路货运车辆检验检测改革工作实施细则的通知》等文件，就扎实推进货车检验检测改革和异地年审提出了具体要求；同时为确保政策落地不走样，江西省交通运输厅印发《江西省交通运输厅 江西省公安厅 江西省质量技术监督局关于转发进一步落实道路货运车辆检验检测改革政策有关工作的通知》，进一步明确任务、时间节点和监督检查要求。2018年，全省共有134家综检机构取得综合性能检测计量认证证书并获得设区市运管机构公告，其中共有130家同时具备安检和综检资质，全省"两检合一"综检机构占比达到97%。

（三）加快建设国家多式联运示范项目

2018年，赣州港"一带一路"多式联运示范项目开通了19条家具内贸班列线路和19条中欧（亚）班列线路，覆盖了国内重要物流节点城市和大部分中亚（欧洲）国家，直接推动赣州跻身全国26个中欧班列主要开行城市行列，成为名副其实的"一带一路"节点城市，加快成为对接"21世纪海上丝绸之路"的起运港和目的港。赣州港成为全国首个开通对接"21世纪海上丝绸之路""同港同价同效率"班列的内陆港，2018年共开行公铁海多式联运班列656列（其中"五定"班列400多列），助推内陆企业降低物流成本，享受沿海国际港优质服务，与沿海地区企业在同一起跑线参与国际竞争，实现了"港口内移、就地办单、海铁联运、无缝对接"。

（四）大力推动农村物流发展

江西省人民政府出台了《江西省人民政府办公厅关于进一步加快推进"四好农村

路"建设的实施意见》，江西省交通运输厅以"镇村公交"示范县和"四好农村路"示范县建设为契机，研究出台了《江西省"四好农村路""运营好"考核指标体系》，加快推进农村物流节点网络体系建设。目标是到2020年，县级农村物流中心覆盖率达100%，乡镇级农村物流服务站覆盖率达50%，村级农村物流服务站点覆盖率达30%，农村物流车辆专业化车型达到30%以上。研究出台了《关于开展农村物流体系示范建设工作的通知》，在南昌市、赣州市、上饶市组织开展农村物流体系示范建设。

（五）强化物流安全管理

进一步加大物流安全管控力度，开展2018年物流安全专项检查督查活动。江西省公安厅、江西省商务厅等十部门联合印发《全省物流安全管理2018年工作要点》。为全面落实物流企业安全主体责任和管理部门行业监管责任，深化物流安全风险防控，夯实物流安全管理基础，九部门联合印发《全省物流安全风险防控实施意见》，针对当前影响物流安全的突出问题、难点问题，进一步整合各方力量，建立和完善相关制度和机制，加快形成行业监管、企业负责、社会协同、法治保障的物流安全风险预防、管控、处置体系，着力实现物流安全管理制度健全、企业责任落实到位、行业监管规范高效、有效遏制违法案件、安全保障机制完善、防控能力全面提升。

三、2018年江西省道路运输发展问题

（一）经营主体结构不合理

从江西省道路货物运输经营主体结构来看，占货运市场92%的仍是以单车运营模式为主的个体运输户，表明全省道路货运市场结构调整效果不明显，集约化、规模化经营程度比较低，市场缺乏龙头骨干企业。从经营性质来看，从事甩挂运输、多式联运等专用运输业户较少，专业化运输比重仍然偏低。

（二）货物运输结构不平衡

公路运输在多种运输方式中仍占主导地位，货物运输结构仍需优化。疏港公路、疏港铁路建设的滞后一定程度上影响了"公转铁、公转水"。

（三）市场监管力度不强

危险货物道路运输行业安全监管信息化基础较为薄弱、系统功能不完善、互联共享不充分，危险货物道路运输源头管控和动态监控力度不够。

（四）物流信息化水平不高

目前全省尚未建立一个能够打破部门、企业、机构、地域间的信息壁垒，实现数

据、信息交换与共享，提供相关物流服务的物流公共信息平台，影响了货运物流业的降本增效。

四、2019 年江西省道路货运发展意见和建议

（一）加大运输结构调整力度

研究制订全省运输结构调整三年行动计划，加强铁路专用线、"两横一纵"高等级航道、港口基础设施重点项目建设，积极推进"公转铁、公转水"。切实提高运输组织水平，减少公路运输量，增加铁路运输量，加快调整运输结构体系，确保到 2020 年，全省货物运输结构明显优化，铁路承担的大宗货物运输量显著提高，港口铁路集疏运量和集装箱多式联运量大幅增长，基本形成与全省经济发展相适应的水运网络，航空货运持续快速发展，重点区域运输结构调整取得突破性进展。

（二）加快推进网络平台道路货物运输

进一步规范新业态发展，大力发展"互联网＋货运"新业态，贯彻落实网络平台道路货物运输经营管理办法，重点培育 3~5 家网络货运品牌企业。积极推广宣传网络货运龙头企业典型案例，使更多企业积极创新，更好地整合资源。

（三）积极推动多式联运发展

继续推动赣州港"一带一路"多式联运示范工程建设，开展全省多式联运示范工程建设，利用全省交通运输专项发展资金重点支持 3~5 家经营多式联运的龙头骨干企业发展，以点带面，推广应用多式联运服务模式。

（四）强化危险货物道路运输安全监管

强化道路运输事中监管，有效防范道路运输重特大安全事故，充分运用科技化、信息化手段切实加强道路运输车辆安全监管工作。督促道路危货运输企业落实动态监控主体责任，提高道路运输行业智能信息化安全监控水平，在道路危货运输车辆中推广应用车载终端 4G 视频实时监控设备。

（五）提升物流信息化水平

推进全省交通运输物流公共信息平台项目建设，平台将于 2019 年完成项目试运行，平台的建成将进一步提升全省交通运输物流行业的信息服务水平和数据共享水平。

（江西省交通运输厅　彭瑜）

2018 年江西省铁路运输发展情况报告

一、2018 年江西省铁路运输发展现状

（一）铁路货物运输量

2018 年，江西省铁路货运量 0.5 亿吨，同比增加 284 万吨，增长 5.4%；铁路货运总周转量 530.2 亿吨公里，同比减少 1.6 亿吨公里，下降约 0.4%；铁路货运总到达量 7438.2 万吨，同比增加 266.2 万吨，增长 3.6%。2018 年江西省铁路部分品类货运量及同比变化如表 1 - 4 - 1 所示。

表 1 - 4 - 1　　　　2018 年江西省铁路部分品类货运量及同比变化

统计指标	发送量（万吨）	同比增运（万吨）	同比增长（%）
矿建	1035.00	261.83	33.86
金矿	508.69	-105.90	-17.23
非金	222.13	2.23	1.01
集装箱货物	462.11	34.27	8.01
煤炭	1328.93	106.41	8.70
钢铁	519.40	-10.39	-1.96
焦炭	382.01	52.74	16.02
水泥	62.14	6.88	12.45
石油	161.23	-2.79	-1.70

（二）铁路货运基础设施

1. 铁路物流基地

新建向塘物流基地（一级）；南昌昌北物流基地（二级）铁路线路基本建设完成，同时推进仓库、集装箱门吊等设备建设；赣州南康物流基地（二级）二期工程建设基本完成，准备投入使用。

2. 铁路货运站

中国铁路南昌局集团有限公司在江西省现有铁路货运营业办理站 108 个，其中特

等站 1 个，一等站 5 个，二等站 14 个，三等站 34 个，四等站 44 个，五等站 8 个，无等级站 2 个。

3. 铁路装卸机械

装卸机械总台数 253 台，其中桥吊 1 台，门吊 45 台，内燃叉车 64 台，电瓶叉车 54 台，装载机 85 台，汽车吊 3 台，抓料机 1 台。

4. 企业铁路专用线

企业铁路专用线 359 条，比上年增加 136 条。在建铁路专用线情况如下。

（1）九江城西港铁路专用线。接轨站为沙浔线七里湖站，线路全长 4.5 公里。九江城西港区运量近期（2020 年）、远期（2030 年）目标分别为 1075 万吨、1575 万吨。其中集装箱运量分别为 660 万吨、1050 万吨，件杂货运量分别为 240 万吨、350 万吨，小汽车运量分别为 175 万吨、175 万吨。2018 年 12 月完成可行性研究设计审查。

（2）定南国盛铁路实业有限公司铁路专用线。新增集装箱线路和集装箱到发业务及门吊设备设施，新建集装箱装卸线 2 条，有效长均为 243 米，装卸有效长均为 168 米。配备 40 吨、35 米悬臂型集装箱门吊 1 台。集装箱场地面积硬化 7100 平方米。2018 年 10 月完工开通。

（3）江西鑫盛石油化工有限公司于都罗坳油库铁路专用线。专用线近期（2020 年）预计到达成品油 15 万吨，品类为柴油、汽油，无发送运量。到达成品油来自泉州、九江、惠州。2018 年开工建设。

（4）上饶坑口铁路专用线。专用线一期（2025 年）预计到发总运量 116 万吨，其中到达 51 万吨，发送 65 万吨，2018 年开工建设。

（三）积极开拓货运市场

1. 加强重点物资运输

做好重点物资运输组织工作，按国家和赣闽两省统一要求，配合江西省和福建省电力企业做好电煤"迎峰度夏"和"迎峰度冬"保供应和提库存工作，积极与各电力企业做好对接，掌握好需求，安排好运力支持，组织好港口的空车配送，确保电煤运输畅通。

2. 落实三年增量行动

发文公布《南昌局集团公司三年货运增量行动方案》，细化 2018 年增量措施，对 2018 年货运量新增 200 万吨目标的完成措施及任务再进行细化分类。对公路转铁路运输量跟踪盯控，建立运输台账和报表。按时间进度掌握货源情况，调整运力安排、装车组织，抓好公路转铁路货源兑现。

3. 优化营销策略

一是开展货运市场调查。对市场货源进行全面调研写实，主动带队走访重点厂矿、企业，摸清企业客户需求变化。结合集装箱运价调整和承运清算制度，用好铁路运价杠杆政策，按照"一企一策"的办法，组织客户进行问卷调查，了解企业供应链和运输情况，建立客户经济活动情况档案。二是做好重点项目（品类）分析。2018年以来，重点对煤炭、金属矿石、焦炭等行业进行专题分析，特别是对生产企业原材料的到达量、运输方式、主要去向、来源地及运价开展市场监控，建立数据监测台账，密切关注市场变化和企业产销动态，及时协调，合理安排运力，保证大宗物资管内运输。三是优化营销方案。贯彻执行承运清算体系，以运输市场价格为尺度，逐步从"单纯议价"向"包量政策"发展，按"季度全调整""月度再优化""每周再完善"组织公司价格领导小组进行货运价格讨论，市场营销策略的针对性、科学性进一步增强。四是确保重点项目见效。根据年度货运任务，以抓重点、保运量、增效益为目标，在充分调研论证的基础上，确定重点营销项目，并建立项目负责制，实行周跟踪分析制度，确保项目及时落地兑现。

4. 稳固大宗货源

一是针对沿海港口禁靠进口煤船舶政策影响，及时掌握煤炭运输市场需求新动向，摸清煤炭需求的企业采购方案、运输路径及季节需求等变化情况，根据"一港一策"模式，加强与沿海各港口对接，研究制订应对方案，科学调整九江、福州、厦门港口分工，优化运力保障措施，提高煤炭运输份额。二是合理利用新港开通和政策优势，以全局效益最大化为原则，做好港口合理分工，通过整列装车、整列挂运，优化装车及运输效率，降低企业物流成本，显著提高运量。

5. 扩大白货市场份额

一是提高河砂运输增量，围绕到站接卸能力、河砂销售通道及区域等因素，推动河砂运输。二是做大集装箱体量。积极应对集装箱政策变化，稳定管内短距运输，及时调整跨局营销方案，重点做大水泥熟料自备箱项目，结合运输市场实际变化情况，采取铁路调整一部分、市场消化一部分原则，迅速调整批量营销项目，稳定和扩大铁路批量零散货物运输量。

6. 抓好快速列车开行

抓好2018年阶段调图方案设计及实施，重点做好区域重点方向货源调研，积极对接"一带一路"，充分利用长江经济带及中部地区崛起等国家战略，对中欧（亚）班列方案进行优化与调整。2018年中欧（亚）班列增至5趟，开辟阿拉山口、二连浩特、满洲里、霍尔果斯4个出口通道。

7. 大力开展多式联运

按照《关于促进多式联运发展的若干意见》要求，把发展多式联运作为货运上量的增长点。主动接触地方政府、企业，联手中国远洋海运集团、中铁集团南昌分公司、福州港、宁波港及第三方物流公司等多家企业，融合政府、海关、船东、港口、物流各方资源，发挥铁路港站、港口对接优势，制订全程物流解决方案，设计铁海运输路径，采取"物流总包＋库前移"的操作方式，提供"准时制服务"，确保班列常态运行。

8. 加快推进中欧（亚）班列

根据"一带一路"倡议，加强政府、铁路、港口、物流企业携手合作，陆续开行赣州、上饶、南昌、鹰潭、抚州、景德镇发往俄罗斯、德国、荷兰、波兰、越南、中亚五国等国家的中欧（亚）班列。

9. 努力拓展冷链运输

加强营销，扩大既有货源运输份额，强化运输组织，加快中铁特货运输有限责任公司（以下简称"中铁特货"）特种冷藏车、机械保温车运输周转。并会同中铁特货对管内冷链运输需求进行市场调研，掌握区域冷链运输需求和公路运输情况。积极利用政府补贴政策，联合中铁特货设计为南丰蜜桔开行"中欧＋铁海联运＋铁铁"混合班列的方案，做大冷链物流市场。

10. 持续发展商品车运输

主动对接江铃、昌河等管内汽车厂家，与中铁特货合作，发挥 JSQ 型车等设备资源和运价政策优势，利用南昌向塘、九江南等物流基地场站货运功能，开发商品车市场。对接五菱、东风、比亚迪、长城、吉利以及部分进口汽车需求，进一步完善物流基地商品车基地的卸车能力、场地堆放能力，尽最大能力满足整列到达和发送。

二、2018 年江西省铁路运输发展问题

（一）铁路物流布局不合理

江西省铁路货场共有 117 个，大部分都是小型货场，日常运量有限，资源配置不合理，管理效率低下，货物周转率低，造成了铁路运力资源浪费。

（二）铁路物流信息化程度低

江西省铁路货运硬件设施信息化配套程度相对落后，物流信息系统管理水平较低，不能与公路、水路等交通运输方式的信息实现共享，铁路物流在信息化建设方面与业务发展不匹配。

（三）铁路物流综合服务落后

铁路物流以货物运输为主，运输工具单一，运输时效性不强，运输手续不够便捷，面对市场需求变化不够灵活，无法为客户提供全方位、多功能的现代化综合物流服务。

（四）缺乏铁路物流专业人才

铁路物流现场工作人员和管理人员，大多是来自铁路专业，未接受过物流专业培训，管理意识和业务技能双重落后，不能适应现代物流业发展的需要，是制约铁路物

流业发展的重要原因之一。

三、2019 年江西省铁路运输发展建议

铁路运输将以深化铁路运输供给侧结构性改革为主线，以三年增量为目标，持续扩大铁路货运市场份额，深化货运价格市场化改革，促进多式联运融合发展，抓货运市场开发，抓专业物流服务，抓装卸车组织，抓设备设施配套，抓货运服务质量，实现货运提质增效。

（一）落实提高"公转铁"运量，提高铁路运输能力

一是加强与当地政府部门的联系，密切关注地方政府出台的相关政策，大力推进公转铁项目实施。紧盯重点企业现有运输径路变化，进一步深入调研，积极与地方政府对接，了解企业搬迁、转型及新企业、园区开办等推进方案，积极承揽公路转移运量。

二是加强运输组织保障。根据货运增量整体方案，做好运输能力保障配套工作。做好基本列车运行图的运力配套，确保大宗货物及港口货物增量的运输能力保障。做好日常运输组织优化，进一步提高运输组织效率。

（二）大力发展集装箱运输，提高集装化水平

利用长江经济带、海铁联运等政策优势，积极开发赣州、南康、吉安等地的出口适箱货源。进口货源从厦门港、深圳港进入后转水路，加快南康进口木材项目等适箱货源项目落地，形成集装箱重去重回运输。

（三）推进铁路专用线建设，解决物流"最后一公里"

推进九江城西港、南昌铁路口岸、抚州宝特物流等铁路专用线建设，满足港口和企业运输的铁路需求。同时配合政府规划，推进九江港站点布局建设工作。推动九江港城西港区、彭泽港区红光作业区及瑞昌港区、彭湖港区铁路专用线开工建设和江西煤炭储备中心铁路专用线能力改造及二期工程建设。

（四）做大做强中欧（亚）班列运输

做好赣州港运能、运力组织，满足中欧（亚）市场需求，积极与中国远洋海运集团、顺丰速运、中国邮政实施战略合作，共同开发海外物流市场，同时积极组织往返对流货源。继续维护好现有班列的开行，加强与江西省商务厅、地市政府部门沟通，为班列的开行提供更好的服务，实现中欧（亚）班列常态化开行。

（中国铁路南昌局集团有限公司　陈亚军）

2018 年江西省水路运输发展情况报告

一、2018 年江西省水路运输发展现状

（一）水运企业及运输船舶数

1. 水运企业

2018 年，江西省共有水路运输经营户 193 家，其中水运企业 167 家，个体经营户 26 家。运输辅助业企业 149 家，其中，省际危险品水运企业 16 家（南昌市 1 家，赣州市 1 家，宜春市 4 家，丰城市 2 家，九江市 3 家，抚州市 5 家），省际普货水运企业 110 家（内河企业 104 家，沿海企业 6 家），省内普货水运企业 6 家，省内旅客运输企业 17 家。

2. 运输船舶

2018 年，江西省共有运输船舶 1917 艘，比上年增加 15 艘，净载重量 252 万吨，12885 个客位，4182 标准箱。2018 年运输船舶平均载重吨位 1314 吨，比上年增加 93 吨，运输船舶向大型化、专业化、标准化方向发展（见表 1 - 5 - 1）。

表 1 - 5 - 1　　　　　　江西省水路运输行业基本情况

年份 项目	2013	2014	2015	2016	2017	2018
水路运输经营户数（家）	306	251	248	244	201	193
运输船舶数（艘）	2135	2010	2087	2061	1902	1917
运输船舶平均载重（吨）	1016	1041	1068	1120	1221	1314

（二）水路货物运输量

（1）2018 年，江西省水路货运量 1.1 亿吨，同比下降 0.07%；货物周转量 238.1 亿吨公里，同比下降 5.5%；港口吞吐量 2.4 亿吨，同比下降 12.9%；集装箱吞吐量 62.2 万标准箱，同比增长 33%。

（2）从全省水路货物运输情况来看，水路货物运输情况与去年基本持平，受经济新常态、沿江非法码头取缔等因素影响，港口吞吐量持续下降，集装箱吞吐量保持稳

定增长态势，全省水路货运行业总体发展平稳。

（三）港航基础设施

（1）港口基础设施。2018 年，江西省港口共有生产性泊位 1124 个，其中深水泊位 169 个，全省港口吞吐能力为 1.68 亿吨、集装箱 63.5 万标准箱。

（2）航道基础设施。2018 年，江西省现有通航里程 5716 公里，其中 I 级航道 156 公里，II 级航道 175 公里，III 级航道 283.5 公里，IV 级航道 87 公里，V 级航道 166.6 公里，VI 级航道 399 公里，VII 级航道 1159.8 公里，等外级航道 3289 公里。2018 年全省高等级航道建设有序推进，其中续建赣江新干航电枢纽、井冈山航运枢纽、石虎塘—神岗山 III 级航道整治工程，新开工信江双港航运枢纽、信江八字嘴航运枢纽等项目，项目总投资 156.2 亿元，航道项目完成投资 31 亿元。

二、保护水域环境，发展绿色航运

（一）推进和落实国家内河船型标准化政策

积极落实国家内河船型标准化政策。2011—2018 年，全省累计完成拆解老旧运输船舶 271 艘，87897 总吨，完成现有运输船舶生活污水防污染改造 1003 艘，934905 总吨。

通过持续推进和实施内河船型标准化，全省运输船舶运力结构得到明显优化，船舶逐步向大型化、专业化、标准化方向发展，船舶节能减排水平进一步提高；运输船舶平均船龄已由 2009 年年底的 12.8 年下降到 2018 年的 10.1 年，运输船舶平均能耗指标由每千瓦小时 230.1 克下降到 220 克，运输船舶平均载重吨位由 492 吨上升到 1314 吨。

（二）积极开展防治船舶污染专项治理

深入推进防治船舶污染水域专项整治活动，强化长江一线水域海事机构协同联动，检查船舶 8488 艘次，涉及危防管理类行政处罚 245 起，处罚金额达 73 万元。

强化干散货码头扬尘治理，加强港口码头垃圾、废污水治理，配合完成了九江长江、赣江、信江沿线 45 家船舶修造企业的除锈排污督查工作。

组织开展码头固废危废安全隐患排查工作，及水上危险废物非法装卸、转移、倾倒运输环节整治行动，检查船舶 1220 余艘次，港口码头 130 余座次，水运企业 135 家。

推进"互联网＋"监管，使海事、船检、运政等管理部门形成监管合力，督促船东做好船舶的维护保养，保障船舶生活污水处理装置能够正常运行，对出现三次污水处理装置不能正常使用或故意不使用污水处理装置的船舶，将被列入失信名单。

三、2018 年江西省水路运输发展问题

（一）铁水联运衔接不畅

全省只有九江港进行了铁水联运，九江港虽有煤炭、矿石等散货中转为主的进港铁路专用线，但铁水联运设施较落后，能力有限，铁水联运量在港口货物吞吐量总量中占比偏低。

（二）港口集疏运体系建设滞后

多数港口没有与铁路衔接，缺少各种运输方式衔接良好且集多种运输方式于一体的综合交通枢纽，大多数港区直接与城市道路网络衔接，部分港区与城市主要道路及对外出入口的衔接通道路况较差。

（三）违法成本过低，"逆淘汰"现象较严重

由于船舶相对运力过剩，恶性压价的情况时有发生，水运市场价格只反映了供求关系的变化，不能准确反映价值。行业"逆淘汰"现象比较严重，依法依规经营的企业往往成本高亏损大，而企业（或个人）违规经营成本较低，给水运市场造成了负面影响。

四、2019 年江西省水路运输发展意见和建议

（一）推进集疏运体系建设

推进南昌龙头岗综合枢纽物流园、南昌龙头岗综合码头二期工程建设，九江港彭泽港区红光作业区综合枢纽物流园开工建设。

推动九江港城西港区铁路专用线等疏港铁路和九江港彭泽港区彭郎矶作业区等疏港公路建设，完善全省主要港口集疏运系统。

加快南昌—九江港一体化建设，充分发挥九江港作为全省区域性航运中心、南昌港作为腹地中心型港口的优势，服务和带动全省社会经济发展。

（二）加快赣江、信江高等级航道建设

加快推进赣江新干航电枢纽、井冈山航电枢纽、万安枢纽二线船闸等项目实施，到 2019 年实现赣江全线三级航道通航。

推进信江八字嘴航电枢纽、双港航运枢纽、界牌船闸改建、界牌至双港渠氏航道整治、双港至褚溪河口湖区Ⅲ级航道整治等项目实施，预计到 2020 年实现信江三级航道通航。

加快建设长江经济带综合立体交通走廊，配合并推动长江干线武汉至安庆段 6 米水深航道整治工程实施。

（三）加快港口码头及配套基础设施建设

不断优化全省港口功能布局，做好赣江、信江主要港口和区域性重要港口规划工作，推进九江港瑞昌港区梁公堤作业区、理文公用码头工程（二期工程）、南昌新昌电厂二期扩建工程等项目的实施，推动九江港彭泽港区红光作业区综合枢纽物流园开工建设。

继续强化非法码头整治工作，重点整治赣江、信江高等级航道和鄱阳湖沿岸非法码头。

加快港口船舶岸电技术和 LNG（液化天然气）新能源应用，有序推进水上 LNG 加注站点的建设及前期工作，积极引导电力推进船舶和 LNG 动力船舶的发展。

（四）引导企业兼并重组，跨界联合、做大做强

推动水路运输公司化运营，提高水路运输规模化效益。优化运输组织，努力推进江海直达运输和公铁水多式联运。引导企业建造大型化、专业化、标准化船舶，预计到 2020 年，全省运输船舶平均吨位达到 1200 载重吨，平均船龄降至 9.5 年。

继续争取和出台鼓励政策，扶优扶强，对优质水运企业给予政策倾斜。引导全省航运企业兼并重组、做优做大做强，朝规模化、集约化、专业化方向发展。推动跨界联合，引入新资本，培育若干个龙头水运物流企业，全面提升全省水运行业发展质量。

（五）加强水运市场监管，提升港口经营管理水平

开展全省水路运输企业安全生产及经营资质专项检查、年度核查，加强运力审批，支持并引导全省航运企业兼并重组、做优做大做强。努力推进水运转型升级，开展辖区企业对推进江海直达运输、江海联运、多式联运相关问题的调研。加强水运企业诚信评价和信用体系建设。

开展安全生产扫雷行动，开展风险辨识、评估、分级管控，督促企业建立"一图、一牌、三清单"。推进水运企业安全生产诚信管理，建立港航企业安全生产黑名单制度，开展企业安全生产标准化达标"双随机"抽查工作。开展全省水路运输安全生产、中小型船舶安全管理、国内航行船舶进出港报告、"平安港航"建设等专项整治行动，强化港航领域安全监管，全面排查隐患及违法违规行为。

进一步规范全省港口管理工作，将港口企业污染防治情况纳入港口经营资质核查工作，规范港口经营市场秩序。继续深化危险货物港口作业安全治理三年专项行动，全方位夯实危货港口安全生产基础。进一步规范全省危险货物安全检查内容，加强港口危险货物安全监督检查。

（六）优化发展环境，助推企业提质增效

支持水路集装箱运输业务发展，构建全省集装箱内支线班轮运输航线网络。支持内外贸集装箱同船运输，提高船舶运行效率。

优化发展环境，提升服务质量。推动港航企业、行业协会与相关金融保险公司签订船舶保险战略合同，在降低船舶保险费用的同时，帮助企业提高防风险能力；与中石化、中石油建立船舶供油价格机制，帮助企业降本增效，为企业和行业发展储力。

落实"放管服"，深化审批改革，提高办事效率。继续加大简政放权力度，最大限度便民利民。继续做好港航行政权限的下放和规范工作，继续跟进国家新取消、下放权力项目的落实与衔接工作；推进行政许可标准化工作。

五、水路运输物流业发展规划

（一）行业规划与布局

推进全省港口总体规划编制或修编工作，做好南昌港、宜春港、吉安港、赣州港、上饶港、鹰潭港总体规划文本的编制工作。

开展全省航道规划研究工作，编制全省航道布局规划。

（二）基础设施建设

积极配合国家长江中游九江至安庆段6米深水航道建设。

加快推进赣江、信江高等级航道项目建设，2019年赣江具备三级通航条件，2020年信江具备三级通航条件。

加快集疏运体系建设，打通物流"最后一公里"。积极推动九江港城西港区、彭泽港区、湖口港区、瑞昌港区的4条疏港铁路专用线建设，强化联运衔接，加强进港铁路配套场站设施设备建设，推进港站一体化运营。

六、水路运输业发展展望

（一）落实省政府鼓励水路运输发展政策

认真贯彻落实省政府出台的鼓励水运发展的相关政策，加强与金融机构对接，争取银行保险资金投向航运企业，开发适合水路运输行业发展的金融产品，预计2020年实现全省船舶登记抵押贷款，解决航运企业长期存在的融资难问题。

（二）着力培育若干个龙头水运物流企业，全面提升全省水运行业发展质量

重点推进江西港航运输有限公司开业，重点支持江西港航建设投资集团有限公司

筹措资金，按国家标准船型新建 2 艘 300～600 标准箱专业集装箱船舶，开辟九江港至上海洋山港、浙江舟山港、浙江宁波港的江海直达集装箱运输航线。

（三）进一步优化全省水路运输组织方式

努力推进江海直达运输和公铁水多式联运，加快水路运输提质增效，更好地服务全省水运经济发展；大力支持水路集装箱运输业务发展，构建全省集装箱内支线班轮运输网络，支持内外贸集装箱同船运输，提高船舶运行效率。

（四）构建现代水运体系，实现江西水运可持续发展

预计至 2020 年，运输船舶的标准化率、节能减排量、技术水平明显提高，全省运输船舶标准化率达到 70%，平均吨位达到 1400 载重吨，平均船龄达到 9.5 年；全省水路运输基本实现企业化经营，船舶总运力达到 240 万载重吨，航运企业规模明显扩大，3 万载重吨以上规模的龙头企业达到 10 家。

（五）发展绿色航运，实现可持续发展

积极推进并扶持节能环保船、标准示范船、江海直达船型、水上电动旅游船型，以及 LNG 清洁能源在水路运输行业的推广与应用；继续严格执行国家有关船舶强制报废制度，加快高污染高耗能的客船、老旧运输船舶、单壳油轮和单壳化学品船的淘汰速度，力争到 2020 年全省内河船型标准化率达到 75%；继续开展港口码头和船舶污染专项治理。

（六）继续落实"放管服"改革，提高行政效率

认真贯彻落实省委、省政府"放管服"部署，继续加大简政放权力度，最大限度便民利民；继续做好港航行政权限的下放和规范工作，继续跟进国家新取消、下放权力项目的落实与衔接工作；推进行政许可标准化工作，完成编制行政许可事项服务指南，改进服务水平；按时报送"一次不跑"事项以及其他水路运输政务服务相关工作。完成政务服务事项"只跑一次"改革在水运管理方面落实到位。

（江西省交通运输厅 彭瑜）

2018 年江西省航空运输发展情况报告

一、2018 年江西省航空运输发展现状

（一）民航机场货邮吞吐量

据中国民用航空局《2018 年全国机场生产统计公报》显示，2018 年江西省民用航空机场货邮吞吐量 91380.7 吨，比 2017 年（63607.4 吨）增长 43.7%，机场货邮吞吐量增速位列全国第一。

全省境内民用航空（颁证）机场共有 6 座，其中 3 座机场货邮吞吐量进入全国前 100 名，南昌昌北国际机场（以下简称"南昌机场"）排名第 31，赣州黄金机场排名第 76，吉安井冈山机场排名第 85。其中南昌机场货邮吞吐量同比增速全国第一，达到 58.1%。南昌机场起降架次全国排名第 31，是省内唯一一个起降架次进入全国前 100 名的机场（见表 1 - 6 - 1）。

表 1 - 6 - 1　　　　　2018 年江西机场货邮吞吐量及起降架次

机场	货邮吞吐量（吨）				起降架次（架次）			
	名次	本期完成	上年同期	同比增速（%）	名次	本期完成	上年同期	同比增速（%）
南昌昌北	31	82604.4	52262.4	58.1	31	108614	89863	20.9
赣州黄金	76	5063.1	6628.8	- 23.6	102	14998	16787	- 10.7
吉安井冈山	85	2534.9	2219.6	14.2	133	6990	6266	11.6
景德镇罗家	134	647.4	2120.0	- 69.5	151	5065	4638	9.2
宜春明月山	150	409.8	370.0	10.8	132	7014	6153	14.0
上饶三清山	174	121.1	6.6	1734.8	158	4558	1634	178.9

注：九江庐山机场于 2016 年 5 月被注销。

资料来源：中国民用航空局。

（二）航空物流基础设施

1. 南昌昌北国际机场

江西省委、省政府近年来高度重视航空产业发展，将其定为全省战略性新兴产业，

并进行重点扶持。江西省发展和改革委员会发布的《江西省综合交通物流融合发展规划（2017—2020 年）》中提出：以南昌昌北国际机场为核心，以赣州黄金机场为补充，建设南昌至乌鲁木齐、西安、厦门、昆明、南宁等"一带一路"沿线主要城市之间的国内干线航线以及赣台、赣港地区航线，联系东南亚等地区的国际航线，打通连接"一带一路"重点地区的高效便捷空中丝绸之路物流通道。依托南昌昌北国际机场和周边区域建设区域性智慧空港物流中心，构建面向国际国内的供应链和航空物流智慧服务体系，积极融入全球产业链、供应链、物流链，打造中部地区重要空港物流中心、长江经济带重要航空枢纽、"一带一路"重要航空货运基地、智慧空港和国际物流港，加快实现"航空产业大起来、航空研发强起来、江西飞机飞起来、航空小镇兴起来、航空市场旺起来"的江西"航空梦"。

2018 年 6 月 15 日，江西省委、省政府会同海关总署、中国民航局及多家航空公司、航空物流企业召开"加快南昌航空货运发展推进会"（见图 1 - 6 - 1），会议促成江西省机场集团公司与 16 家企业签订战略合作协议。新开顺丰航空公司（南昌—香港）和比利时 ASL 航空公司（南昌—列日）两条国际（地区）货运航线，货运航线增至 4 条。2018 年 7 月 1 日，《江西省航空物流发展奖励暂行办法》正式实施。

图 1 - 6 - 1　2018 年加快南昌航空货运发展推进会签约仪式

南昌机场共有机场货站和东航货站两个货邮处理平台。机场货站运营范围包括除东方航空、上海航空外的已开航线货运业务；东航货站仅开展东方航空、上海航空货运运输业务。为配合货运发展需求，南昌机场抓紧完善和升级各种软硬件设施。在人员配置上，一方面积极储备物流专业人才，按"走出去学习交流，引进来内化提升"，加强人员业务技能提升。另一方面，制订新人轮岗计划、培养"多面手"，深挖人才潜力，为提升管理效能提供保障。在硬件提升上，南昌机场货站紧急采购了包括 50 辆散货拖斗车、10 辆行李牵引车等各式保障设备，对建造货站空侧大棚、货机坪硬化、货站围界改造等基础设施项目大力投入资金。

受利好政策支持，2018 年 12 月 24 日，南昌机场全年货邮吞吐量突破 8 万吨，提前7天完成年货邮吞吐量8万吨目标，增速位列全国省会机场首位。其中下半年南昌机场完成货邮吞吐量5.14万吨，同比增长79%，创历史同期新高。

在持续多年的缓慢增长后，2018年南昌机场航空货运业务爆发式增长，机场货邮吞吐量由2017年的5.23万吨增长至2018年的8.26万吨，同比增长58.1%（见图1-6-2）。

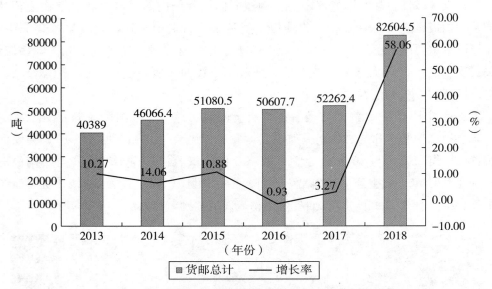

图1-6-2 2013—2018年南昌机场货邮吞吐量及增长率

2. 赣州黄金机场

2018年，赣州黄金机场旅客吞吐量达163万人次，同比增长27%。2018年，赣州黄金机场积极开拓新航线，成功引进祥鹏航空等航空公司，比上年新增哈尔滨、三亚、宁波、绵阳、郑州、丽江、桂林7个通航点。积极加大宣传力度，开展各类媒体的宣传推广活动，加强市场营销措施。2018年赣州机场运营航线22条，通航城市26个（北京、深圳、广州、常州、成都、厦门、福州、重庆、丽江、绵阳、南昌、上海、青岛、郑州、桂林、哈尔滨、三亚、海口、杭州、昆明、南宁、济南、珠海、西安、宁波、湛江），平均周航班量288架次，进出港平均客座率74.8%，平均载运率62.9%。运营的航空公司有12家（南航、国航、东航、四川航空、祥鹏航空、北部湾航空、厦航、江西航空、天津航空、青岛航空、长龙航空、福州航空）。

赣州黄金机场本期改扩建工程于2015年11月29日开工建设，预计2019年完工。本期改扩建工程以2025年为设计目标年，预测旅客吞吐量为220万人次（其中国际旅客20万人次）、货邮吞吐量1.76万吨、飞机起降量为2.4万架次。在本期改扩建工程建设中，将新增1条1040m×23m的平行滑行道和1条垂直联络道，新建11个机位的2号站坪，新建2.2万平方米的T2航站楼等，原T1航站楼预留为国际候机楼。预计

2019 年年底赣州机场将升格为国际机场。赣州机场货站货运办公区面积 85 平方米；货运处理区面积 189 平方米；货物储存区面积 189 平方米；重要物品库 1 个；货运安检通道 1 条；货物地磅秤 2 台，散货平板车 22 台；货物传送车 2 台。主要货源为以脐橙为代表的地方特产水果，以线路板、显示屏为代表的电子工艺设备，服装、装饰花等服装类以及顺丰快件等快递类物品等。

3. 吉安井冈山机场

2018 年，吉安井冈山机场完成旅客吞吐量 65.8 万人次，货邮吞吐量 2534.9 吨，起降航班 6990 架次。吉安井冈山机场现已开通至北京、广州、长沙、上海、海口、西安、深圳、成都、厦门、南京、南宁、宁波、重庆、无锡、贵阳共 15 个城市的航线，执飞航线为 9 条，2018 年新增的 3 条航线分别为"井冈山—长沙""宁波—井冈山—重庆""贵阳—井冈山—无锡"。吉安井冈山机场二期扩建工程预计 2019 年全面竣工。扩建后，新的航站楼由目前的 3340 平方米扩展至 13640 平方米，机位由原来的 2 个扩展至 9 个。吉安井冈山机场出港货以电子产品为主，模具、鱼苗、莲子及其他散货为辅。其中电子产品（显示屏、线路板、车载导航等）约占 60%、鱼苗约占 15%、模具约占 10%、莲蓬约占 10%、其他散货约占 5%。进港货以电子、军工产品为主，快递、水产及其他散货为辅。其中电子产品约占 50%、军工产品约占 20%、快递约占 15%、水产约占 5%、其他散货约占 10%。本地货运物流产品主要来自"吉泰走廊"（吉水至泰和）沿线一带的经济开发区，包括吉安市高新技术开发区、吉安县经济开发区、泰和县工业园区等。吉安井冈山机场除维持现有企业货源外，还将积极开拓本地特产（泰和乌鸡、乌鸡蛋、遂川茶叶、板鸭、井冈山竹笋、安福火腿等）市场，推动航空货运发展。

4. 宜春明月山机场

2018 年，宜春明月山机场共保障航班起降 7014 架次（其中运输 6974 架次，通用航空 40 架次），完成旅客吞吐量 63.98 万人次，完成货邮吞吐量 409.7 吨。通航五年多来，宜春机场运输生产保持稳步增长态势。2018 年 10 月 28 日，宜春机场新增重庆—宜春—宁波航线，已开通的航线由 6 条增加至 7 条，通航城市由 12 个增加至 14 个，进一步密化了航线网络布局。宜春的月山机场的通航和快速发展，为宜春经济发展注入了强劲动力。具有"四时咸宜"美名的宜春拥有丰富的自然生态旅游资源，近年来，每逢冬春旅游旺季，搭乘飞机而来的外地旅客络绎不绝，黄金周等节假日的游客量更是屡创新高，促进了当地生鲜水果、生物医药等高附加值货物的流通。宜春明月山机场站坪扩建工程正在紧锣密鼓建设中，预计 2019 年建成并投入使用。宜春明月山机场出港货物以顺丰快递货物为主，电子配件、鲜蔬等散货为辅。其中快递货物约占 75%、其他散货约占 25%。进港货以顺丰快递货物为主，其他普货为辅。

5. 景德镇罗家机场

2018 年，景德镇罗家机场完成旅客吞吐量 51.3 万人次，起降航班 5062 架次，货邮吞吐量647.395吨。景德镇罗家机场已开通航线7条，新增天津—景德镇—海口航线1条，通达北京、上海、广州、深圳、成都、厦门、西安、宁波、昆明、青岛、天津、海口12个城市。2018年，景德镇罗家机场成功完成"江西快线"首航试飞任务，及"瓷博会""省运会"等重要活动的运力保障任务。

6. 上饶三清山机场

2018年，上饶三清山机场共运送旅客37.5万人次，起降航班4558架次，平均客座率77.8%，货邮吞吐量121.1吨。作为通航仅有一年多的新机场，上饶三清山机场各项指标增速明显，2018年10月8日，上饶三清山机场顺利通过航空安保审计。2018年夏秋航班时刻换季以后，通过托底包机的形式完成了昆明—上饶—哈尔滨航线的布局，结合上饶丰富的旅游资源优势，在海西腹地打造了海陆空立体交通枢纽。

（三）重点物流企业

1. 江西航空深挖资源，持续助力南昌机场货运发展

2018年江西航空新增飞机2架，共计运力规模达到10架。新开通至北京、包头、鄂尔多斯等多个城市的线路。2018年5月，江西航空与广州薛航物流有限公司展开货运包舱合作，创新地以飞行小时为基准收取包舱小时费用，同时按包舱货物运输重量收取货物燃油费用的模式进行合作；实行货运包销后，江西航空在不增加货运销售人力物力投入的情况下，借助包舱人广州薛航物流有限公司的货运销售渠道及货源组织能力提升货运量。2018年下半年江西省政府为支持航空货运发展，出台了奖励政策。江西航空作为江西本土唯一的航空公司，积极响应政府航空货运发展战略，与包舱人达成合作增量奖励分成协议，大力增加货源，提升南昌进出港货邮吞吐量。同时赣州自营航线与南昌机场合作，共同制订了优惠运价、减免进出港操作费等提升货量的方案。

2. 宏远物流为南昌昌北国际机场开辟第一条洲际全货机航线

为推进南昌机场航空物流跨越式发展步伐，南昌机场以"走出去，引进来"的姿态积极学习和考察国内各大物流公司，宣传江西航空货运政策优势，引入大型企业进驻南昌。宏远物流作为"引进来"的代表性企业，为南昌机场带来第一架波音747全货机，开通第一条南昌洲际全货机航线，让南昌机场离"买全球，卖全球"的国际智慧空港物流中心更近一步。自南昌—列日航线开通以来，航班载运率趋近100%，单班往返平均载荷保持在200吨以上。

（四）南昌昌北国际机场国际监管仓

为推进航空货运跨越式发展，南昌昌北国际机场已经启动进境食用水生动物、冰鲜水产品、水果等指定商品口岸功能的申报工作。国际海关快件监管中心、国际邮政处理中心等海关监管区域功能也在同步调研实施。江西机场集团公司于2018年5月启

动南昌昌北国际机场新国际货站建设项目可行性研究等前期工作，新国际货站项目用地位于机场货运区内，项目总用地面积约8.2万平方米，总建筑面积3.6万平方米，包括6个建筑单体，包含国际货站、熏蒸室、海关卡口等配套设施。工程总工期约6个月，工程预计于2019年4月开工，9月竣工。2018年南昌机场国际货邮吞吐量1563.8吨，同比增长235.7%。

二、2018年江西省航空运输发展问题

（一）区位优势较弱，经济欠发达，内生动力不足

从地理区位看，江西省地处中部地区，不像沿海发达省会有着高频率、数量多的货物交换需求，自然资源与地理区位优势较弱。而从外部环境来看，江西省周边省份，武汉天河国际机场、长沙黄花国际机场早已加入两千万级机场行列，而南昌机场在2017年才突破一千万旅客吞吐量大关。武汉天河国际机场和长沙黄花国际机场航空货邮吞吐量均为南昌机场的2~3倍，对江西省临近区域甚至整个中部市场产生很强的吸附效应，分流了江西航空部分货源，对无优势的江西省航空物流业无异于雪上加霜。

从内部环境看，江西省经济发展水平在国内处于相对落后水平，第二产业经济总量和规模较弱，南昌机场目前的出港货物中60%以上为快递货物，高附加值的二产成品、半成品货物占比不足5%，内生动力明显不足。

（二）航空物流成本较高，通关环境待优化

江西省位于我国中东部，公路与铁路网络较为发达，陆运竞争力强且辐射范围广，导致航空货运需求被陆运方式取代。从时效性和运输成本两大关键因素上看，航空1小时圈（800公里以内），江西省陆运的时效性与空运相近，而成本优势明显高于空运。在我国物流成本中运输成本占比过大的情况下，许多货运客户会选择成本最低的运输方式。从2018年的数据来看，江西省总货运量中超过90%为陆运，远高于全国平均水平78%，陆运较为发达，但是，其航空货运占比仅为0.0052%，仅是全国平均水平的1/3，原因之一是航空货运需求外溢至陆运。

江西省近年出口商品结构发展向好，随着产业转型升级的深入，机电、高新技术、医疗等航空指向性产品出口规模持续增长。一方面，口岸资质缺失与国际运输能力不足，造成国际货物外溢至其他口岸；另一方面，国际货物通关作业流程在一定程度上增加了国际货物运输成本。南昌机场海关货物相关业务自2018年2月转移至南昌综保区后，相关业务均在综保区内开展，货物存放在机场国际货仓库，需在两地设置专门的人员和办公场所，物流企业经营、报关等成本均有不同程度的增加。

（三）国际航线网络不健全，口岸功能不完善

南昌昌北国际机场2004年升级为国际机场，但南昌昌北国际机场的国际直飞航班

迄今只通俄罗斯和新加坡、香港、台北、泰国曼谷、芭提雅、巴厘岛等少数亚洲地区，而同为中部省会机场的郑州新郑国际机场、武汉天河国际机场、长沙黄花国际机场，除开通韩国首尔、日本大坂、泰国曼谷、香港、澳门等城市的定期直达客运航线外，还开通了郑州至洛杉矶、芝加哥、阿姆斯特丹、曼谷、首尔、新加坡等国际定期货运航线。而南昌昌北国际机场直至 2018 年才开通两条国际（地区）货运航线，大量国际货物仍通过其他机场中转至世界各地，这让许多航空货运相关企业无奈放弃了江西航空货运市场。同时部分航空公司只根据自身情况发展，对江西省机场航线的开发力度不足；江西航空货运业经营理念和形式较为滞后，外贸企业对江西省机场空运能力的认知度不高，导致航空货源被周边机场倒吸。不难发现，缺乏直飞国际航班是制约南昌机场货运发展的"硬伤"之一。作为江西省最大机场的南昌昌北国际机场国际直航航线稀少与迅速增长的货运需求量严重失衡，制约了江西省外商投资企业、高新技术企业的发展。

中部地区郑州、武汉、长沙、合肥等的机场，都已开通进境水果、进境食用冰鲜产品、进境食用水产品等指定商品口岸功能，2018 年，南昌机场尚未开通任何指定商品口岸，直接导致大量内生需求的国际进口货物必须通过其他机场指定口岸转运入赣，增加运输物流成本。在省委、省政府的高位推动下，申报指定商品口岸工作正在积极推进中。

目前南昌机场货量结构主要以普货为主，邮件为辅，普货占比达到八成以上。普货中以国内货为主，国际货占比很少。2013—2018 年南昌机场货邮吞吐量结构如表1 – 6 – 2 所示。

表 1 – 6 – 2　　　　　　　　**2013—2018 年南昌机场货邮吞吐量结构**

年份	货邮总计（吨）	货物						邮件总计（吨）
		普货总计（吨）	普货占比（%）	国内普货（吨）	国内普货占比（%）	国际普货（吨）	国际普货占比（%）	
2013	40389.0	33735.6	83.53	32419.7	96.10	1315.9	3.90	6653.4
2014	46066.4	37202.5	80.76	35490.0	95.40	1712.5	4.60	8863.9
2015	51080.5	41343.8	80.94	39725.0	96.08	1618.8	3.92	9736.7
2016	50607.7	42948.2	84.86	41264.9	96.08	1683.5	3.92	7659.5
2017	52262.4	43179.2	82.62	41773.9	96.75	1405.3	3.25	9083.2
2018	82604.5	71926.4	87.07	70367.6	97.83	1558.8	2.17	10678.1

三、2019 年江西省航空运输发展建议

随着全球化进程的快速推进，航空货运依托速度快、灵活性强的独特优势，成为全球供应链的重要组成部分。据统计，航空货运量虽然仅占全球贸易总量的1%，但运

输的货物价值却占全球贸易总价值的35%。在此背景下，航空物流业对助推经济结构优化升级具有重要意义。江西省委、省政府对南昌航空货运定下目标为：2020年货邮吞吐量20万吨，2025年货邮吞吐量100万吨。为尽早实现江西省委、省政府提出的江西"航空梦"新目标，江西省机场集团公司明确6个"起来"发展思路：腹舱载运高起来、国内货机多起来、国际货机飞起来、口岸功能开起来、硬件短板补起来、航班架次多起来。

（一）腹舱载运高起来

按目前南昌机场客运航班分析，年可利用腹舱资源为10万~12万吨，其中包含无货源支持的旅游航线腹舱。在实际利用率仅有48%的情况下，南昌机场积极协调顺丰速运、中国邮政、"四通一达"（申通、圆通、中通、百世汇通、韵达）快递公司提高"陆转航"比例，并积极引进外省"地空中转"货物。要完成2020年20万吨和2025年100万吨货邮吞吐量目标，必须加强利用政策引导维持客机腹舱高载运率。在未来航班时刻愈发紧张的环境下，将有限的资源利用率最大化是必然的选择。

（二）国内货机多起来

根据市场规律，国内货机的开通更多依靠快递企业的自身需求，南昌机场已开通的国内货运航线仅两条，均为快递企业自营航线，机型偏小，单条航线年贡献货量约0.4万吨。国内货机可拓展的空间为加密或新增南昌至国内快递集散中心城市机场航线，增开国内货机将为南昌机场成为航空物流枢纽提供必要条件。南昌机场现有的进出港流向城市仅有深圳、南宁、南京、北京、成都、西安、重庆、昆明等国内航空货运热门目的地，亟须增加货运航线，南昌至西部、东北地区方向的货运航线潜力巨大。

（三）国际货机飞起来

国际航线是开放型经济的重要标志之一，纵观航空货运枢纽机场，无一不是国际货运航线密度大、国际货邮占比高。为完成长远货邮吞吐量目标，南昌机场提升客机腹舱载运率的同时，要实现跨越式发展，更好地满足外向型经济的需求，亟待加大国际货运航线的开发力度。目前，南昌机场仅开通南昌—列日、南昌—香港两条国际（地区）货运航线，至北美、南亚、西亚、俄罗斯、日本等方向的线路也是我国进出口贸易主线路。国际货运航线潜力巨大，未来须开通更多国际货运航线，完善航线布局，让南昌机场真正成为"买全球，卖全球"的航空物流枢纽。

（四）口岸功能开起来

机场各项口岸功能的完善是引入国际航线的重要基础之一，除国际一般贸易外，近年来国际快件、跨境电商、指定商品等多元化业态也蓬勃发展。2018年6月，江西省发改委印发《加快内陆口岸建设推动形成全面开放新格局工作方案》（以下简称《方案》），对全省在加强口岸规划建设、提升口岸开放功能、发展口岸物流集群、完善口岸信息平台、加大口岸支持力度等方面进行了具体规划。《方案》明确将加快南昌北国际机场 T1 航站楼改造工程的实施，按照国家颁布的口岸查验基础设施建设标准和智慧空港建设要求，力争 2019 年上半年完成改造工程并通过验收、投入使用。南昌国际邮快件监管中心建设，于 2018 年获批并建成投入使用，推动开展跨境电商试点。2018 年 7 月 13 日，国务院已经批复北京、武汉、南昌等 22 个城市，新设一批跨境电子商务综合试验区。南昌是全省首个跨境电商综合试验区。只有开通更多的口岸功能，才能丰富江西省整体的生态环境，为不同形式的国际航线开通创造先决条件。

（五）硬件短板补起来

完备的硬件设施是实现跨越式发展不可或缺的先决条件，南昌机场新国际货站项目计划已在稳步推进中，南昌昌北国际邮件中心二级库工程、南昌昌北国际快件中心二级库工程、南昌机场海关办公备勤楼及机场空运通关楼改造项目计划按时推进，相关项目的投产将有利于货运发展。未来，T3 航站楼及货运专用通道的建设将继续完善南昌机场航空物流枢纽建设需求，从基础上提升硬件设施短板。

（六）航班架次多起来

航班架次是航空货运发展的基石，也是保障南昌机场实现跨越式发展的根本。2017—2018 年航班架次增速迅猛过后，民航局时刻批复缩减，南昌机场航班架次增长速率放缓，现有架次增长速率与 2019 年货邮吞吐量增长 50%、2020 年增长 67% 的货量硬性目标失衡。只有航线运力增强，优质航线资源增加与奖励政策并行才能吸引更多大型物流企业利用航空资源优势发挥最大运输效能。

（江西空港航空地面服务有限公司　刘新宇）

2018 年江西省物流产业集群发展情况报告

一、2018 年江西省物流产业集群总体运行情况

（一）物流产业集群规模稳步增长

（1）物流产业集群运行平稳。2018 年，全省 50 个物流产业集群实现主营收入 2690.8 亿元，同比增长 8.6%；物流企业平均收入利润率为 8.7%；物流企业资产规模同比增长 6.2%。2018 年江西省各设区市物流产业集群主营收入如图 1-7-1 所示。

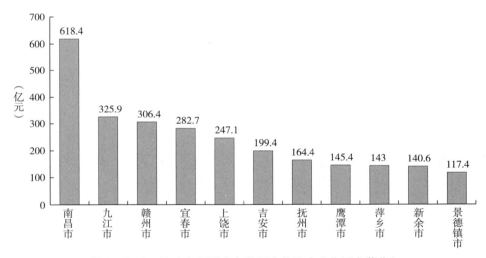

图 1-7-1　2018 年江西省各设区市物流产业集群主营收入

（2）物流需求增长放缓。2018 年，全省 50 个物流产业集群内工业、批发和零售业企业销售总额同比增长 3.3%。其中，工业企业销售总额同比增长 2.3%，批发和零售业企业销售总额同比增长 5%。

（3）市场主体量质齐升。2018 年，全省 50 个物流产业集群内有物流企业 18826 家，占全省总量的 83.6%，比上年提高 3.5 个百分点；全省 50 个物流产业集群内 A 级物流企业总数达 176 家，占全省总数的 88%。其中：5A 级 2 家，4A 级 78 家，3A 级 58 家，2A 级 34 家，1A 级 4 家；全省 50 个物流产业集群内物流企业从业人员总数为 103.6 万人，同比增长 3.4%。

（4）物流基础设施稳步发展。2018 年，全省 50 个物流产业集群内物流企业拥有仓库面积共计 1792.6 万平方米，同比增长 3.3%；货运车辆 51.0 万辆，同比增长 3.5%。

（二）物流标准化、信息化建设持续提升

（1）标准托盘使用率有所上升。南昌市、九江市作为全国第三批物流标准化试点城市，引领示范效应逐渐显现。2018 年，全省 50 个物流产业集群内 1200mm × 1000mm 标准托盘市场占比 20%，企业标准托盘总数同比增长 15%。南昌市、九江市物流标准化试点城市 1200mm × 1000mm 标准托盘租赁量与自购量比例为 4∶1，比上年略有提升。其中，南昌市试点企业自购和租赁标准托盘 12.4 万片，标准托盘占比 97.9%，标准托盘租赁率达 51.3%，试点企业带板运输率达到 37.4%。九江市试点企业托盘总量 20.8 万片，其中标准托盘 16.5 万片，标准托盘占比 80%。其中，自购标准托盘 9.4 万片，租赁标准托盘 7.1 万片，标准托盘租赁率达 43.0%。

（2）物流信息化投入不断提高。2018 年全省产业集群内重点物流企业信息化投入同比增长 23.5%。其中仓储型、运输型、综合型物流企业信息化投入同比分别增长 26.9%、22.8%、23.7%。省级物流公共信息平台会员数已经突破 100 万，平台撮合交易量 78 亿元，货物总吨位 384 万吨。

（三）物流降本增效成效进一步体现

（1）实体企业物流成本增速回落。2018 年，全省 50 个物流产业集群内工业、批发和零售业企业物流成本同比增长 6.1%，增幅比上年回落 0.9 个百分点，连续三年增速回落。

（2）物流费用率有所回升。全省 50 个物流产业集群内工业、批发和零售业企业物流费用率（物流费用占销售额的比重）为 8.7%，比上年提高 0.2 个百分点。其中，工业企业物流费用率为 9.3%，比上年提高 0.1 个百分点，批发和零售业企业物流费用率为 7.8%，比上年回落 0.1 个百分点。

（3）工业企业购销比率略有增长。全省 50 个物流产业集群内工业企业购销比率 82.7%，比上年提高 0.6 个百分点，工业企业原材料库存及资金占用成本略有上升。

（四）重点物流产业集群加快发展

1. 向塘综合物流产业集群

向塘江西省物流中心依托铁路物流基地和口岸，成为连接"一带一路"的重要物流节点和内陆开放高地。2018 年，向塘铁路口岸开通了 3 条中欧班列线路、4 条铁路联运外贸班列线路，开行赣欧班列 24 列、铁海联运班列 301 列，发送集装箱 1.7 万 TEU。铁路发送商品车 5.4 万辆，到达 2.6 万辆。召开了向塘（小蓝经济技术开发区）江西省物流中心广州投资说明会，与国美电商运营中心、苏宁易购江西运营中心、菜

鸟网络江西运营中心、唯品会江西运营总部、中远口岸国际货运、万佶公铁联运省级物流分拨中心、中特商品车物流基地、维龙汽车零部件电商产业园 8 个重大项目顺利签约，总投资 108 亿元。2018 年向塘综合物流产业集群实现物流主营收入 44.9 亿元，同比增长 9.6%。

2. 南康家具物流产业集群

南康家具物流产业集群依托赣州港，打造成为"全国乃至世界的家具集散地"，并借助"一带一路"实现"买全球木材，卖全球家具"。南康家具市场使用的原料木材来自全球 50 多个国家和地区，家具产品销往全球 100 多个国家和地区。南康家具物流产业集群内有 460 多家物流企业，其中 A 级物流企业 15 家。拥有运营专线 1350 条，开通了 19 条中欧（亚）家具班列线路，17 条家具内贸班列线路，开行赣欧班列 150 列，其中出口 112 列，进口 38 列。2018 年家具成品物流发出约 28 万车次，发送总量约为 810 万吨（约合 4428 万立方米），赣州港完成货物吞吐量约 1020 万吨，同比增长 70%。出口集装箱 40.8 万 TEU，同比增长 71.4%，外贸进出口 25.8 亿元。家具产业实现产值突破 1600 亿元。2018 年集群实现物流主营收入 101.4 亿元，同比增长 12.6%。

3. 樟树医药物流产业集群

樟树医药物流产业集群依托樟树医药产业，形成全省最大的医药物流集散中心。共有医药物流企业 38 家，医药仓库面积超 15 万平方米。其中，五洲医药有自动化仓库面积 8.3 万平方米，江西仁翔药业仓库面积 5.56 万平方米。集群内有各种配送车 1000 余辆，冷库 7000 平方米。2018 年集群实现物流主营收入 84.6 亿元，同比增长 11.3%。

（五）细分领域快速发展

（1）城乡高效配送推出新举措。2018 年，江西省认真贯彻落实商务部等五部门联合印发的《城乡高效配送专项行动计划（2017—2020 年）》，推进城乡高效配送体系建设，体现在四个方面。一是采用竞争方式遴选试点城市。江西省商务厅采取竞争性遴选方式会同省公安厅、省交通运输厅、省邮政管理局、省供销合作社组织专家评审，确定了抚州市、鹰潭市两个省级试点城市，争取省财政 800 万元资金支持。重点支持城乡配送中心标准化改造、末端网点整合、信息化建设等。推荐赣州市、宜春市、鹰潭市申报全国城乡高效配送试点城市。二是创新试点方法。两个省级试点城市在确定实施方案时，广泛动员各类企业参与，提出试点思路，制定试点标准，让更多企业参与试点，通过专家辅导使参与企业按照试点标准实施。政府部门及时掌握试点进展和动态，当企业接近或达到试点标准时，指导其参与申报扶持资金。三是开展专题培训。受江西省商务厅的指导和委托，赣物联等行业协会、大专院校对试点城市进行专业培训，制定试点项目相关标准，提出试点要求，宣传试点政策，普及试点有关知识，学习城乡配送典型案例。四是培育城乡配送载体。通过开展招商引资，引进京东、苏宁、唯品会、菜鸟网络等知名配送企业在向塘江西省物流中心、赣州港、九江港、宜春樟树等地落户，形成一批城乡高效配送的基础设施。

（2）冷链物流快速发展。为加快构建"全链条、网络化、严标准、可追溯、新模式、高效率"的现代冷链物流体系，推动全省冷链物流产业健康有序发展，保障农产品和食品消费安全，促进农民增收和居民消费升级，2018年江西省商务厅、江西省发展和改革委员会、江西省交通运输厅、江西省农业农村厅、江西省市场监督管理局5部门启动《江西省冷链物流发展规划（2018—2022）》编制工作，计划2019年发布。2018年，南昌冷链物流产业集群实现主营收入63.6亿元，同比增长8.7%；全省冷库容量达到143.5万吨，同比增长11%，在建冷库容量达到113.2万吨，规划冷库容量达到59.5万吨，平均每万人拥有冷库容量达到309吨；共有冷藏车944辆，同比增长26.3%，冷藏车每万人拥有量为0.20辆，冷藏集装车266辆，保温车117辆；全省冷链物流运输总量405.5万吨，同比增长15.3%。

（六）龙头企业不断壮大

通过培育和引导，物流产业集群内龙头企业数量不断增加，规模不断扩大。如南昌城市配送物流产业集群内的江西三志物流有限公司在全国零担30强排名第7位，货量10强排名第5位，零担货量485万吨。江西三志物流有限公司是一家集货运、仓储、信息为一体综合型物流公司，拥有700多名股东和10000多名员工，货运网络遍布将近47个省市，商业模式采用释放股权的形式，与当地大型专线运输企业建立子母公司关系，从而吸引企业加盟。向塘综合物流产业集群内的江西阿南物流有限公司在中国冷链物流百强排名第98位，企业专注于为生鲜、熟食、牛奶、蛋糕、中央厨房冷藏、冷冻产品等连锁品牌企业提供城市门店一站式仓储、冷链配送服务，主要承接全国各地冷链整车、干线物流运输、配送业务。昌西南商贸物流产业集群内的江西蓝海物流科技有限公司是全国物流百强企业第89名，获得全国先进物流企业荣誉，企业物流中心区占地面积11万平方米，已建成6万多平方米仓库以及六层综合办公信息大楼，2018年实现销售收入36816.56万元。鹰潭有色金属物流产业集群内的江西铜业集团（贵溪）物流有限公司进入全国先进物流企业行列，企业先后承接了江铜集团出口铜运输任务、康西铜业大型设备运输任务、贵溪冶炼厂三期改造及30万吨铜冶炼扩建项目大型设备运输任务、江铜集团多批出口注册铜运输任务，充分展示了企业的综合运输实力。广昌汽运物流产业集群内的江西正广通供应链管理有限公司、井开区综合物流产业集群内的江西万佶物流有限公司成为全国无车承运人试点企业。赣州传化南北公路港、鹰潭市现代物流园被中国物流与采购联合会评为"2018年优秀物流园区"。九江城东农产品物流产业集群内的九江市新雪域置业有限公司由三星级冷链物流企业升级为四星级冷链物流企业。江西庆华起重装卸有限公司获2A级企业信用等级。认定省级重点商贸物流园区（中心）2家，省级重点商贸物流企业10家。

二、2018 年江西省物流产业集群发展问题

（一）物流基础设施薄弱

多式联运设施不衔接。全省多式联运设施主要分布在南昌市、九江市、赣州市等物流节点城市，其中南昌向塘铁路港还未建设多式联运设施，九江水运口岸长期以来没有解决铁路进港问题，赣州港缺乏大型货物集散中心，南昌昌北国际机场和赣州黄金机场缺乏转运联运设施；南昌银燕物流基地、赣州红土地物流园、九江林安商贸物流园、鹰潭现代物流园等 24 个已投入运营的物流园，普遍缺乏多式联运设施，均不具备两种以上运输方式。

高标仓储资源不足。高标仓（净高大于 9 米，配有货架和装卸月台及喷淋设施）是仓储业重要的基础设施，因租约签订时间较长，资金回笼较快，也是稀缺资源。2018 年，全省通用仓储面积 1792.6 万平方米，高标仓面积约 233.1 万平方米，占比 13%。其中南昌市仓储面积 277 万平方米，高标仓面积占全市仓储面积的 27%。

公共设施投入不足。全省铁路、港口、机场等交通基础设施均由政府投资建设，而为实体经济和民生服务的物流基础设施均由社会资本投入。全省 129 个大型零售企业自营配送中心，只为企业内部提供配送服务，不具有公共属性。如南昌华润万家配送中心、南昌百货大楼配送中心均为自有门店提供配送服务。沃尔玛、家乐福、欧尚、麦德龙、大润发等大型外资商业超市在南昌市均未建设自营配送中心，由其区域配送中心提供配送服务或供应商自配。各大商业超市各自为政，配送频率增高，给南昌市交通增加了很大压力。快递末端网点都由各快递公司自行投资布点，不具备公共属性，无法共享。

（二）物流标准化水平不足

物流标准体系建设滞后。随着现代物流产业的发展，全省物流的标准化程度还有待进一步提高，特别是在大系统的配合性方面还需努力。目前物流标准化体系建设刚起步，物流地方标准、团体标准还未建立起来。企业参与积极性不高。2018 年，全省物流行业地方标准只有两项。

未形成开放式托盘循环共用体系。因江西省市场规模偏小，国内知名托盘租赁服务企业不愿意进入江西省市场，全省托盘租赁服务主要依靠江西省本地两家托盘租赁服务商，但租赁服务网点缺乏，在托盘服务质量和运营水平上有较大不适。由于企业对信息化建设认识不足，周转箱循环共用信息化建设还没有开始。

企业物流标准化意识不强。全省多数企业物流标准化意识淡薄，缺乏对物流标准化的认识。全省 1200mm×1000mm 标准托盘普及率为 21%，比全国平均水平（28%）低 7 个百分点，省内企业带托运输率约 5% 左右。除南昌市、九江市的物流标准化试点

企业以外，全省大部分企业仍习惯使用非标托盘。部分企业使用尺寸符合要求，但材质较差的非标托盘。标准托盘（或周转箱）在内部使用较多，与上下游产业供应商之间的循环共用少。

（三）物流信息化水平不高

物流公共信息平台建设滞后。省级层面，虽然建立了省级物流公共信息平台，但由于是民营企业投资建设的平台，省直各部门普遍担心信息不安全，不愿意上传数据，无法实现信息互通，数据共享。市级层面，也就只有 5 个市建立了市级物流公共信息平台。县级层面，寻乌县建立了全省首个县级物流公共信息平台。物流公共信息平台建设滞后，对全省物流资源整合能力不足，服务水平还没有实现大的突破，无法在一个平台上实现物流领域的市场服务和政务服务集成功能。

物流企业信息化水平不高。据统计，全省物流企业信息化率不足 40%，物流园区信息化率不足 50%，主要原因是物流企业信息化建设投入不足。但物流企业为了获取货源信息，不得不临时使用货源地各式各样的信息平台，这些平台不仅服务质量得不到保证，收费还较高，给货运司机带来了较重的负担。如在零担货运行业，货车司机每到一地接单都要按要求下载使用各类货运 App（手机软件），并交纳一定比例的服务费用。物流园区普遍缺乏信息化服务，入驻企业享受不到信息服务，影响行业发展。

三、2019 年江西省物流产业集群发展建议

（一）推进物流产业集群发展，增强物流产业发展后劲

加速物流产业集群化是实现物流业高质量跨越式发展的重要前提和条件，重点从以下四个方面发力。

一是围绕打造内陆双向开放高地推进集群发展。加快向塘铁路港、赣州港基础设施建设，扩大赣欧（亚）班列开行城市、班列线路及数量，进一步推动铁路口岸建设，把陆路口岸及物流基地打造成全省对接"一带一路"重要物流节点和内陆双向开放高地。

二是围绕国家物流枢纽建设推进集群发展。根据国家物流枢纽规划总体布局，将南昌市、九江市、赣州市、鹰潭市纳入国家物流枢纽承载城市，重点围绕陆港型、港口型、商贸物流型、生产服务型 4 种类型推进物流枢纽建设。其中，南昌市依托向塘江西省物流中心建设陆港型、商贸物流型、生产服务型物流枢纽，赣州市依托南康家具物流产业集群及赣州港建设商贸物流型物流枢纽，九江市依托城西港建设港口型物流枢纽，鹰潭市依托国家级现代物流园区建设陆港型物流枢纽。

三是围绕特色产业推动集群发展。根据全省特色产业布局，重点推动赣州脐橙、高安陶瓷、新干箱包、南丰蜜桔、景德镇陶瓷、鹰潭有色金属等特色产业，积极引导

京东、阿里巴巴等知名企业在产地建设物流基地和产地仓，鼓励农夫山泉等知名企业围绕特色产业开展深加工，发展原浆橙汁供应链体系。

四是围绕"招大引强"推动集群发展。继续推动传化集团加快赣州公路港、向塘公路港等"五中心一枢纽"（经济中心、金融中心、科技中心、文创中心、对外交往中心、综合交通通信枢纽）智能公路港项目建设，推动向塘江西省物流中心京东、菜鸟网络、苏宁、唯品会、口岸二期建设、商品车物流等重大项目建设。推动高安陶瓷物流产业集群正广通物流园、林安物流园等项目建设。推动赣州冷链物流中心、赣州智慧物流信息平台"吉集号"等重大项目建设。

（二）构建城乡高效配送网络，推进物流基础设施建设

加强物流基础设施建设，优化和整合全省城乡高效配送网络，重点抓好以下两个方面。

一是建设城乡高效配送基础设施。按照《商务部关于城乡高效配送绩效评估指南》要求，引导全省深入实施城乡高效配送专项行动，组织赣州市、宜春市、抚州市、鹰潭市实施试点，培育重点企业，优化试点模式，总结典型案例。建设一批城市物流中心、公共配送中心、快递分拣中心、货运集散中心、冷链物流中心等基础设施，形成省、市、县三级物流中心及配送中心体系。认定一批省级城乡高效配送示范中心和城乡高效配送重点企业。

二是构建商品配送网络。重点建设以华润万家、绿滋肴特产超市、步步高、江西国光、坚强百货、九江联商为龙头企业的快速消费品配送网络；以九州通药业、五洲医药、仁翔药业、江中药业为龙头的药品配送网络；以深农批、玉丰集团、南昌肉联厂、新太好为龙头的冷链物流配送网络；以苏宁电器为龙头的家电配送网络；以京东、阿里巴巴、唯品会、苏宁易购为龙头的电商配送网络；以顺丰速运、邮政、"三通一达"（申通快递、圆通快递、中通快递、韵达快递）为龙头的快递物流配送网络；由邮政局、供销合作社为牵头的农村物流末端配送网络。

（三）全面推进物流标准化建设，着力提升物流运行效率

物流标准化从标准托盘推广应用切入，促进包装箱、周转箱（筐）、货运车厢、集装箱等物流载具标准衔接，提升物流上下游设施设备和服务标准化水平。重点做好以下五个方面的工作。

一是广泛推广应用标准托盘。重点在快消品、农产品、药品、电商、家电、家具、服装等适用领域，推广应用通过质量认证的1200mm×1000mm标准托盘，减少一次性托盘、非标托盘的生产和使用，鼓励托盘租赁企业提供租赁服务。建立开放式托盘循环体系，支持托盘租赁服务商在全省建立租赁服务网点。建立省级托盘循环共用信息化系统，各设区市设立循环中心及交换点，开展托盘租赁线上下单、线下配送到户服

务，做到随到随租，随租随退。

二是推动单元化物流载具与标准托盘衔接配套。产品制造环节使用符合 600mm×400mm 模数系列的包装箱，商品流通环节使用 600mm×400mm 模数系列的周转箱（筐），运输环节推广外廓尺寸为 2550mm（冷藏货运车辆外廓 2600mm）的货运车辆。对仓库、配送中心、零售门店等物流设施进行标准化建设和改造，对存储、装卸、搬运、分拣、包装等设备进行更新。

三是组建全省物流标准化联盟。以江西省物流与采购联合会为依托，以南昌市、九江市的物流标准化试点企业、全省各类企业为载体，组建全省物流标准化联盟，在联盟范围内，统一托盘租赁和循环共用，为各类企业提供符合标准、通过质量认证的托盘租赁、维修、配送等服务。积极加入粤港澳大湾区物流标准托盘共用联盟，开展全省标准化论坛、研究、交流等活动。

四是积极开展物流地方标准制定。由江西省物流标准化技术委员会制订年度计划，围绕托盘循环使用、非木质平托盘、水果周转箱（筐）使用规范制定出地方标准，围绕冷链物流、药品物流、农产品物流制定团体标准。

五是开展物流标准化示范创建。在全省范围内开展省级物流标准化示范创建，认定一批省级物流标准化示范企业，对带托运输、托盘租赁、托盘信息化、标准化提升改造取得明显成效的企业争取政策支持。

（四）着力推动物流信息化建设，提升物流智能化水平

现代物流发展的标志是信息化、智能化，先进技术被广泛使用，大数据、云计算成为趋势，物流信息化建设要抓住以下三个重点。

一是进一步完善省级公共信息平台建设。不断充实、丰富省级物流公共信息平台的功能，通过物流运行显示屏实时显示全省物流大数据。不断推动省级公共信息平台政务数据整合，把公路、铁路、水运、航空、快递等运行数据有效整合，形成物流运行大数据。

二是推动物流园区智慧化。全省物流园区全面启动智慧工程，利用互联网、移动通信及 5G 网络的迅速发展机遇，要求新建物流园区建立智能物流系统，原有的物流园区进行智慧物流系统改造，以适应 5G 网络时代的到来，发展智能装卸、智能停车、园区智能预约。

三是利用无车承运人政策优势整合物流资源。加快形成中小物流企业提供开具增值税发票服务的政策优势，进一步整合各类物流资源，完善平台开具税票的服务，使中小物流企业、个体货运司机更方便地享受信息撮合、信息交易、互联网金融等各类综合性服务。

（江西省物流与采购联合会　胡冲　龚志琴）

2018 年江西省快递业发展情况报告

一、2018 年江西省快递业发展现状

（一）行业快速发展

1. 市场规模

2018 年，全省快递服务企业业务量 6.2 亿件，同比增长 41.5%；快递业务收入 67.1 亿元，同比增长 36.4%。近五年，全省快递业发展整体呈小幅震荡上扬趋势，保持正向增长，但受上游电商发展出现阶段性饱和、及时配送等新型业态冲击、企业内部快运网络分流等因素影响，2015 年和 2017 年出现了增速下行的情况。2018 年，审慎包容监管原则得到全面贯彻落实，随着《快递暂行条例》出台，快递业迎来政策红利的集中释放，特别是快递车辆便捷通行、末端网点免于备案等创造性制度的实施，为行业进一步发展铺平了道路。以拼多多为代表的社交电商崛起，引导电商消费市场下沉，点燃了县域农村居民的消费热情，为快递业发展增添了新的动力。2018 年，行业发展呈现了高开高走态势，除 2 月受假期因素影响导致行业指标出现下降外，全年行业指标保持了快速上扬势头（见图 1 - 8 - 1 至图 1 - 8 - 3）。

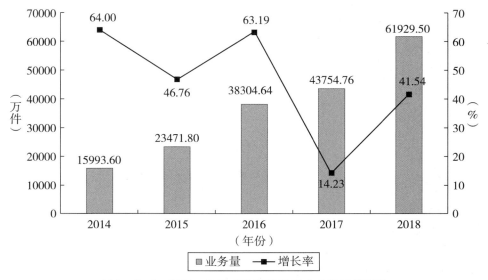

图 1 - 8 - 1　2014—2018 年江西省快递业务量增长情况

快递业务量排名前五位的设区市依次是南昌市、赣州市、九江市、上饶市和吉安市，其快递业务量合计占全省全部快递业务量的81.5%。快递业务收入排名前五位的依次是南昌市、赣州市、九江市、上饶市和宜春市，其快递业务收入合计占全省全部快递业务收入的82.2%。

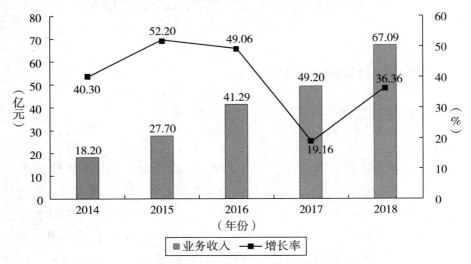

图1-8-2 2014—2018年江西省快递业务收入增长情况

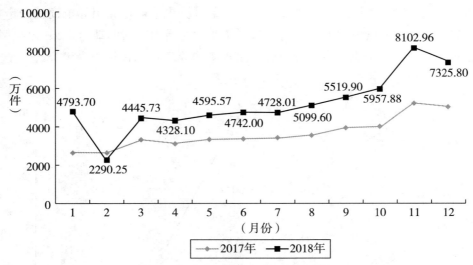

图1-8-3 2017—2018年江西省快递业务量情况

2. 产品结构

异地快递业务增势突出。全年异地快递业务量51771.3万件，同比增长40.3%；实现业务收入42.1亿元，同比增长36.6%。

同城快递业务增长显著。全年同城快递业务量9670.1万件，同比增长49.6%；实现业务收入 8.2 亿元, 同比增长 48.0%。

国际及港澳台快递业务增速放缓。全年国际及港澳台快递业务量 488.2 万件, 同比增长 28.3%; 实现业务收入 2.6 亿元, 同比下降 16.4%。

同城快递业务占比小幅上升。同城、异地、国际及港澳台快递业务量占比分别为 15.61%、83.60% 和 0.79%, 业务收入占比分别为 12.15%、62.80% 和 3.93% (见图 1-8-4)。

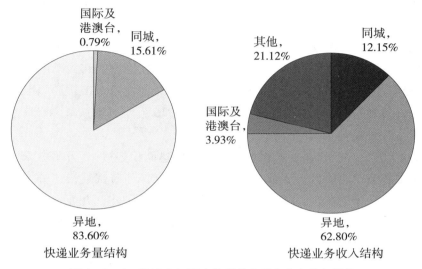

图 1-8-4　2018 年江西省快递业务量和业务收入结构

3. 服务能力

2018 年, 江西省快递企业拥有快递服务汽车 0.35 万辆, 同比增长 6.8%; 拥有计算机 1.1 万台, 同比增长 3.68%; 拥有手持终端 2.3 万台, 同比增长 18.86%。全省快递 (快运) 服务线路共 0.24 万条, 总长度 (单程) 28.8 万公里。

4. 服务质量

对江西省快递服务公众满意度进行了测评, 结果显示, 2018 年全省快递服务公众满意度为 83.2 分, 比 2017 年提升 0.8 分。主要品牌寄递时限进一步缩短, 时限准时率进一步提高。通过开展快递服务质量专项监测, 客观反映用户对快递服务的意见和建议, 研究解决阻碍行业服务质量提升的主要问题。

(二) 网络升级提速

1. 园区建设持续发力

江西省 11 个地市基本建成快递园区, 园区县级覆盖率达 50%, 入园快递企业处理场地总面积 93 万平方米, 园区的聚集效应、带动效应、支撑效应不断显现。南昌国际邮 (快) 件监管中心、南昌快递 (电商) 物流园、中国邮政 (鹰潭) 邮件处理及仓储物流中心、九江市邮政 11185 呼叫中心、九江新能源物流产业园等一批重点项目加速推进。2018 年，全行业对分拨仓储设施设备年度投资总额达 17 亿元，运营能力大幅提升，最高邮（快）件日处理量突破 1200 万件，"双 11"期间累计处理邮（快）件超过 1 亿件。

2. 分拨节点改造扩容

（1）江西省 9 个快递企业新建分拨中心，新建面积超过 8.1 万平方米。韵达快递赣州市公司在传化集团物流园区新建分拨中心一处，占地面积 1.1 万平方米。圆通总部在上饶市横峰县新建赣东转运中心，项目总投资 5000 万元，占地 2.7 万平方米；上饶市百世汇通分拨中心新建场地总面积约 1.3 万平方米；上饶市中通快递、顺丰速运在经济技术开发区新建集散中心；上饶市德邦快递、安能物流在大鼎电商快递物流园新建处理场地，占地面积 0.6 万平方米；品骏快递总部在新余市快递园区建立区域转运分拨中心，负责赣西地区快递中转，占地面积 0.15 万平方米；新余市恒通（百世汇通）快递设立快件集包站。

（2）江西省 10 个快递企业扩建分拨中心，扩建面积超过 10 万平方米。江西省中通快递分拨中心第二期项目 6.7 万平方米开工在建，江西省圆通快递分拨中心第二期项目 1.3 万平方米开工在建。顺丰速运樟树市分拨中心扩建。九江市主要快递企业扩建分拣中心 6 处，新增处理场地 0.7 万平方米。新余市圆通快递中转中心扩建 0.06 万平方米。

（3）江西省 1 个快递企业改建分拨中心。鹰潭市申通快递转运中心实现改建，对快件处理流程工艺进行优化调整，增加自动扫描识别设备，满足大小件分流、中转到港分流等操作需求。

3. 网络末端加速下沉

快递末端服务集约化、平台化发展，逐步形成上门投递、智能快件箱投递、平台投递等多元化末端服务体系。全省涌现出快邮合作、交邮合作、供邮合作、快快合作等多种合作方式，形成以九江瑞昌、宜春铜鼓、上饶洋口、吉安天河等多个典型案例，共享模式在全省推广。继续巩固快递"三进"成果，全省建成并投入使用的智能快件箱 0.6 万组，快递末端公共服务站点 0.3 万个，农村公共取送点 0.2 万个，快递网点乡镇覆盖率、高校快递规范化服务覆盖率均达到 100%。

（三）产业协同加强

加快打通产业上下游步伐，大力发展"寄递＋"，积极拓展产业链，推动行业服务现代农业、制造业供给侧结构性改革取得成效。全省"寄递＋"单品年业务量超过千万件的金牌项目达 6 个，是全国数量较多的省份之一，产业融合发展态势喜人，服务现代农业成效突出。打造邮政快递服务现代农业"一地一品"大项目 21 个，带动业务总量突破 4540 万件，带动农业总产值突破 45 亿元。2018 年赣南脐橙快件业务量超

2000 万件，支撑当地农民脐橙销售收入达 15.4 亿元。赣南脐橙项目获评全国快递服务现代农业金牌项目。服务制造业发展迅猛。打造邮政快递服务制造业项目 31 个，带动业务总量突破 8371 万件，带动产业总产值突破 134 亿元。其中，景德镇陶瓷快件业务量 2684 万件，支撑产业产值 25 亿元；南昌进贤文港毛笔快件业务量 1020 万件，支撑产业产值 20 亿元；南康家具快件业务量 300 万件，支撑产业产值 56 亿元。电商协同不断拓展，多产业融合发展蓬勃兴起，全省邮政快递企业服务近 10 万家电商企业，涌现出诸如江西捷一商务服务有限公司等一大批协同发展的骨干企业。通过电商、快递线上线下平台，把 4.3 亿件农特产品、工业品的电商快递包裹卖到全国，实现了由"寄包裹"向"产包裹"转变。

（四）绿色快递发力

贯彻落实习近平总书记坚决打好污染防治攻坚战，推动生态文明建设迈上新台阶系列重要讲话精神，践行新发展理念，增强做好生态环境保护工作的责任感、使命感，把绿色发展理念贯穿到邮政管理工作的全环节、全过程。制定《江西省推进快递业绿色发展的实施方案》，大力宣传绿色快递，贯彻落实《快递封装用品》系列国家标准和《邮件快件包装填充物技术要求》等行业标准，推广使用新能源汽车、绿色包装物、环保周转袋、电子运单等产品。邮政企业开展绿色邮政行动，实施绿色包装项目。全省邮政业电子运单使用率达到 95.7%（顺丰速运等品牌企业电子运单使用率 100%），环保周转袋使用量 17 万个，新能源汽车 365 辆，建成绿色标准化网点 418 处，设置快递包装回收网点 710 处。

（五）安全形势稳定

江西省邮政业安全生产水平不断提升，未发生安全责任事故。省安委会对快递企业、快递员分别授予了"安全生产达标岗""优秀班组长"称号。持续完善安全监管体系，推动设立省级邮政业安全中心。狠抓寄递安全"三项制度"落实，积极推广实名收寄信息化应用，全省邮件、快件实名率稳定在 99.5% 以上，位居全国前列。

二、2018 年江西省快递业发展问题

2018 年，江西省快递业呈现了快速发展的良好势头，在服务经济社会发展、便利群众生活等方面取得了良好的经济效益和社会效益，得到了社会各界的一致肯定。但我们也清醒地认识到进入新时代，产业链的上下游企业和人民群众对行业的服务提出了更高的要求，行业发展水平、服务能力与不断增长的高质量寄递需求之间仍然存在着较为突出的矛盾。

（一）认识上存偏差，政策红利难释放

电商与邮政快递是一体之两翼、驱动之双轮，必须统一谋划、统一部署、统一推进、统一实施，做到协调一致、齐头并进。但实际工作中"重电商轻邮政快递"普遍存在，各地出台的政策把邮政快递作为电商配套工具，政策措施针对性不强，往往难以落地兑现，影响邮政快递业发展，也影响邮政快递服务电商、现代农业、制造业。

（二）发展较粗放，融而不合显尴尬

目前，在江西省"邮政快递+现代农业+制造业"项目中，有的处在起步、磨合阶段，有的甚至在合作中产生矛盾，比如价格、服务、速度等方面。生产企业、电商企业追求低价和速度，邮政快递企业追求利润，双方黏合度不高，供应链整合上存在分歧，高附加值服务动能未充分释放。

（三）末梢未打通，农产品上行不畅通

全省县、乡、村三级快递物流体系建设刚起步，各地扶持力度差异大，推进进度不一。由于农村运输线路长、用户分布面广、运输成本高、业务规模小、企业利润低等因素，现有的农村邮政快递网点基本都在亏损，稍好的也只是微利，各快递企业无法做到在农村不计成本大面积布局，即便是现有网点，服务能力也无法持续保障，成为制约农产品上行、工业品下行的瓶颈。

三、2019 年江西省快递业发展建议

对标全面建成与小康社会相适应的现代邮政业目标，践行"人民邮政为人民"的宗旨，不断优化发展环境、提升治理能力、夯实工作基础，坚决打好三大攻坚战，在提高质量效益、降低运行成本和保障安全稳定上狠下功夫。预计全年快递业务量完成 8 亿件，同比增长 30%；快递业务收入完成 86 亿元，同比增长 28%。

（一）推进政策保障落地

组织做好"十四五"规划前期重大问题研究，及时启动"十四五"规划编制。配合做好快递业系列标准的对接工作，加大各项标准的培训和宣贯力度。扎实推进邮政业服务民生工作的落实，争取出台促进包括快递业在内的邮政业健康发展的政策措施。贯彻落实关于支持民营经济发展的若干意见，着力解决制约民营快递企业发展瓶颈。加强快递末端服务车辆管理和规范，进一步完善车辆通行政策。

（二）加快基础设施建设

继续推进邮政基础设施和网点改造，提升网点服务能力和水平。推动智能投递终

端纳入地方民生工程，加强快递末端综合服务建设。完成国际邮件互换局申报，加快建设国际邮（快）件监管中心。持续抓好九江市邮政11185呼叫中心项目、鹰潭市邮件处理中心、南昌市顺丰电商产业园等重点项目建设，增强行业供给能力。支持中国邮政、顺丰速运、圆通快递等航空货运项目落地，对接航空物流发展，助力全省跨境电商发展。继续推进快递园区建设，协调解决用地难、融资难等问题，规范园区管理，提升园区服务功能和信息化水平。

（三）推动快递提质增效

践行高质量发展理念，鼓励企业延伸服务链条，加强与上下游合作联动，提高冷链、医药、大包裹等高附加值产品的中高端服务能力，加快与电子商务、现代农业、先进制造业等关联产业融合发展，促进企业转型升级、提质增效。拓展"快递＋现代农业"服务格局，继续培育"快递＋脐橙"式的金牌项目，推广"寄递＋农特产品＋农户"模式，鼓励企业开发同城寄递、原产地直供直递等业务，打造特色农产品"直通车"。鼓励企业发展供应链物流，深度服务景德镇陶瓷、南康家具等制造业。大力推动"寄递＋跨境电商"，积极服务"一带一路"倡议和长江经济带发展战略，深度服务南昌国家跨境电商综合试验区建设。

（四）践行绿色发展理念

引导企业承担社会责任，稳步推进快递业包装的依法生产、节约使用、充分回收、有效再利用，实现"低污染、低消耗、低排放，高效能、高效率、高效益"的绿色发展。组织开展形式多样的绿色邮政宣传活动，倡导消费者践行绿色用邮生活方式，普及绿色包装和回收利用知识，营造"绿色用邮，人人有责"的良好氛围。将绿色发展作为对市场主体监管的重要内容。推动邮政业绿色运输与配送，开展行业绿色包装试点，增加绿色包装产品供给，提高邮政快递企业电子运单使用率。

（江西省邮政管理局　陈国彪　熊伟）

2018 年江西省仓储业发展情况报告

2018 年，江西省积极推动城乡高效配送专项行动，构建城乡配送体系，较好地促进了仓储业发展，全省仓储业呈现稳步增长态势，为促进全省经济高质量发展发挥了重要作用。

一、2018 年江西省仓储业发展现状

（一）行业规模不断扩大

（1）企业数量。2018 年，江西省仓储业企业法人单位 125 家，同比增长 4.2%。其中中型企业 35 家，小微型企业 90 家（见图 1 - 9 - 1）。

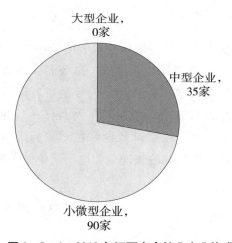

图 1 - 9 - 1   2018 年江西省仓储业企业构成

（2）从业人数。2018 年，江西省仓储业企业从业人数 12204 人，同比增长 3.1%。本科以上学历的从业人数 2642 人，同比增长 0.8%；仓储岗位从业人数 9562 人，同比增长 0.5%。从总体人员构成情况来看，本科以上学历的从业人数占总从业人数的 21.6%。

（3）资产总额。2018 年，江西省仓储业资产总额达到 135.2 亿元，同比增长 0.8%。其中固定资产 49.1 亿元，同比增长 0.26%。

（4）仓储设施。2018 年，江西省通用仓库面积 293.8 万平方米，比上年增加 15.1

万平方米，其中立体库面积增加1.2万平方米，楼房库面积增加6.0万平方米，平房库面积增加8.3万平方米。冷库面积为76.1万平方米，其中冷却物冷库为52.2万平方米，冻结物冷库为23.9万平方米。货场74.9万平方米，与上年持平（见图1-9-2）。

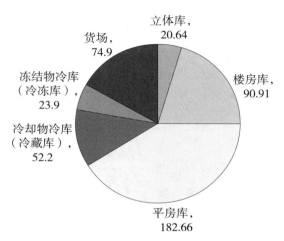

图1-9-2 2018年江西省仓库面积情况（单位：万平方米）

（二）行业运行情况总体向好

（1）货物吞吐量。2018年，江西省仓储货物吞吐量3126.94万吨，同比增长3.8%。

（2）平均库存量。2018年，江西省仓储业平均库存量981.43万吨，同比增长14.09%。根据货物吞吐量与平均库量测算，江西省仓储业年平均货物周转3.19次。

（3）仓储配送量。2018年，江西省仓储配送量1298.17万吨，同比增长12.26%。

（4）加工包装量。2018年，江西省仓储加工包装量101.52万吨，同比增长0.4%（见图1-9-3）。

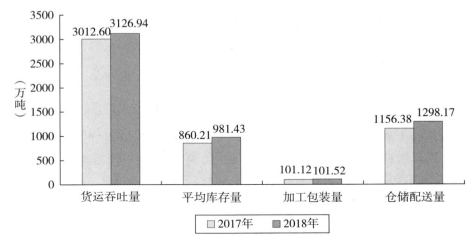

图1-9-3 2017—2018年江西省仓储业运行情况

（5）仓库租金。2018年，江西省除立体库租金保持平稳以外，其他各类仓库租金均有所上升。其中楼房库租金由上年的2.83元/平方米·天增加到2.84元/平方米·天，同比增长0.4%；平房库租金由上年的2.96元/平方米·天增加到2.98元/平方米·天，同比增长0.7%；冷藏库租金由上年的7.08元/平方米·天增加到7.11元/平方米·天，同比增长0.4%；冷冻库租金由上年的9.12元/平方米·天增加到9.83元/平方米·天，同比增长7.8%；货场租金由上年的1.23元/平方米·天增加到1.24元/平方米·天，同比增长0.8%。冷冻库租金上涨显著，表明全省冷冻货物需求在增长，冷冻库设施受到市场青睐（见图1-9-4）。

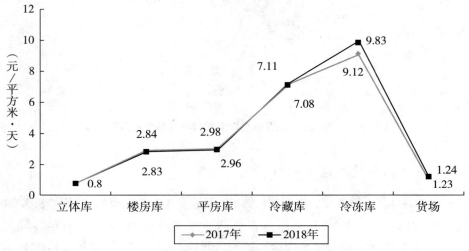

图1-9-4 2017—2018年江西省仓储租金运行情况

（6）仓库空置率。2018年，江西省各类仓库的空置率进一步下降。立体库空置率为23.48%，同比下降0.03个百分点；楼房库空置率为19.52%，同比下降0.11个百分点；平房库的空置率为19.02%，与上年持平；冷藏库空置率为20.23%，同比下降0.02个百分点；冷冻库空置率为11.04%，同比下降0.01个百分点，反映全省仓库使用率在不断提高，资源利用效率不断提升（见图1-9-5）。

（三）行业效益持续上升

（1）主营业务收入。2018年，江西省仓储业实现主营业务收入68亿万元，同比增长2.3%。从收入结构来看，仓储业务收入为49.2亿元，同比增长4%；干线运输收入6.3亿元，同比增长2.5%；其他收入12.5亿元，同比下降0.8%。仓储业务收入、干线运输收入、其他收入占主营业务收入比例分别为72.3%、9.3%、18.4%（见图1-9-6）。与上年相比，仓储业务收入与干线运输收入占比有所增长，其他收入占比有所回落。

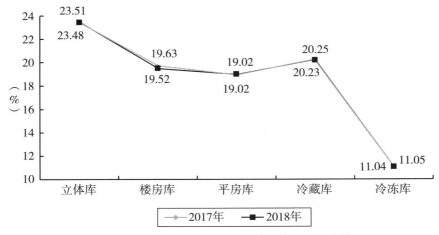

图 1 - 9 - 5 2017—2018 年江西省各类仓库空置率情况

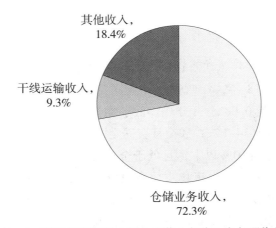

图 1 - 9 - 6 2018 年江西省仓储业主营业务收入中各项收入比例

从仓储业务收入构成来看，仓库租金及服务费收入为 16.4 亿元，同比增长 4.6%；加工包装收入 1.7 亿元，同比增长 3.3%；配送收入 29.5 亿元，同比增长 3.1%；其他仓储收入 1.6 亿元，同比增长 10.9%。占仓储业务收入的比例分别为 33.3%、3.4%、60.0%、3.3%，配送收入是仓储业务收入的主要来源（见图 1 - 9 - 7）。

（2）主营业务成本、利润及收益率。2018 年，江西省仓储业主营业务成本为 66.3 亿元，同比增长 0.7%；实现主营业务利润 17.1 亿元，同比增长 6.1%；利润总额 167.8 亿元，同比增长 0.1%。全省仓储业净资产收益率达 35.6%，同比增长 0.4 个百分点。

（3）仓储业工资总额。2018 年，江西省仓储业工资总额为 5.4 亿元，同比增长 8%。全省交通运输、仓储和邮政业在私营单位就业人员平均年收入达到 4.4 万元，同比增长 13.2%。

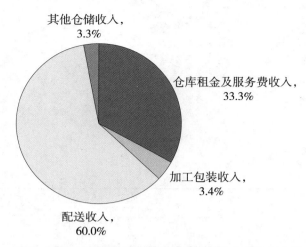

其他仓储收入，
3.3%

仓库租金及服务费收入，
33.3%

加工包装收入，
3.4%

配送收入，
60.0%

图 1 - 9 - 7   2018 年江西省仓储业收入中各项收入比例

（四）行业贡献度仍然较弱

（1）纳税总额。2018 年，江西省仓储业纳税总额为 1.6 亿元，同比增长 1.9%。

（2）投资总额。2018 年，江西省仓储业固定资产投资额为 1.1 亿元，同比增长 5.4%，增幅较上年回落 0.08 个百分点，低于物流业（含交通运输、仓储和邮政业）固定资产投资总额增幅（14.1%）和全社会固定资产投资总额增幅（11.1%）。仓储业固定资产投资增幅下降到 10% 以下，且低于全社会、物流业固定资产投资增幅的主要原因有四个：一是仓储业主要由市场主体来投资，政府作为投资主体的投资较少；二是仓储业项目用地控制较严，市场主体获得用地概率越来越小；三是电商、零售、快递等市场主体仓储设施未纳入仓储业统计范围；四是用于城乡配送的仓储设施还没有得到完全重视，建设力度较弱。

二、2018 年江西省仓储业发展问题

（一）缺乏大型仓储企业

江西省仓储业市场主体总体不强，缺乏大型仓储企业。在全省 125 家仓储企业中，大型仓储企业为零，主要以中小仓储企业为主，充分反映江西省仓储行业实力不强，为市场提供的仓储服务十分有限。因江西省产业结构较为单一，工业实力不强，消费能力较弱，对仓储的需求不足。现有的仓储企业实力较弱，业务单一，覆盖领域较窄，对大型仓储企业吸引力不强，导致来赣投资的大型仓储企业较少。

（二）高标仓储缺口较大

2018 年，江西省高标仓面积只占全省仓库面积总量的 13%，因高标仓投资规模较

大，中小型仓储企业难以承受，为了保证业务开展，只能使用普通仓或级别更低的仓储，以降低运营成本，维持企业生存。现有的仓库不能满足现代物流需求，仓储标准化建设水平较低，老旧仓库和厂房改建的仓库仍被大量使用。

（三）仓储业设施建设仍面临重重困难

江西省仓储业设施随着城市化不断推进，原有的仓储设施较为落后，与城市现有的现代化商业综合体、便利店、快递网点、住宅小区与共同配送需求不匹配，配送中心与现有交通管理存在较大矛盾，造成"最后一公里"配送难度加大。现有的仓库无法发挥巨大作用，很多非流通市场主体盲目建设仓储设施，自己不使用，往往外租给市场主体使用，但由于功能与物流企业难以匹配，给作业带来很大难度。目前，仓储用地审批非常困难，距城市较近地区政府不供地，较远地区又导致企业配送成本高，企业不愿意搬迁，只能在城市附近租用低标准仓库使用。

（四）仓储运营业态仍然落后

近年来，随着电子商务的快速发展以及电子商务进农村示范项目逐步推进，农村县以下以中小型仓库为主，以满足电商客户的需求。全省仓储业主要以普通货物为主，功能相对单一，对新型业态的支持不足。满足于市场各种需求的专业性不够，如"中央大厨房"的生鲜食材配送、中药材及药品配送、服装及鞋帽等专业性配送发展不足，仓储业的细分领域分工不明确，不能满足市场消费升级的需求。

（五）仓储业服务的公共性还没有体现

江西省现有仓库都是市场主体自建或自营，参与城市配送或城乡高效配送的企业在满足自身配送需求的前提下，也会面向社会适度开放。全省尚未出现真正意义上的公共配送中心，导致社会资源整合不够，不能实现共享。

三、2019 年江西省仓储业发展建议

（一）江西省仓储业的发展趋势

1. 实体零售转型推动仓储业加快发展

随着永辉超市、王府井百货、万象城、万达广场、苏宁易购、阿里巴巴零售通、铜锣湾等知名企业进入江西省，百货大楼、购物中心、商业综合体发展迅速，京东强势入驻江西省，新零售带来的消费需求不断上升，推动线上线下融合发展。新零售通过供应链体系，将仓库资源与生产、批发、零售、仓储等环节实现协同发展，提升了供应链整体效率，全面降低物流成本。

2. 城乡高效配送推动仓配销一体化

近年来，江西省积极推动城乡高效配送专项行动，实施城乡高效配送试点，构建物流园区、配送中心、末端网点三级配送体系。引导商贸流通企业重点围绕服务对象完善配送模式，从单纯配送企业向仓配销一体化企业转型，控制整个供应链体系，实现一体化运营。农村物流通过末端整合，利用仓储设施为上下游企业、网点提供统一配送服务，提高服务质量，推动仓配销一体化的发展。

3. 仓储业态多元化发展

随着经济高质量发展，仓储企业通过自身转型升级，加强与各类企业的深度融合发展，在仓储现代化水平不断提高的前提下，通过"仓储+前置仓"模式，提高配送的效率；通过大数据的应用，发展数字化物流，使仓储企业与终端网络相互衔接。满足电商多元化、分散化、时效化，高频率、多频次配送要求，不断创新为实体经济提供仓配的能力。满足工业智能化、精细化要求，加强与先进制造企业的合作，提升配送的精准性、协同性，增强仓储企业的服务能力，降低企业的物流成本。满足消费即时性、便捷性要求，加强与零售企业的合作，提升配送的及时性。

4. 冷库发展越来越"热"

冷库在冷链物流中起着重要的作用，全省亟须补齐冷链物流短板，重点是扩大冷库的规模，提升冷库建设的质量，完善冷库的功能。重点发展农产品批发市场冷库设施、农产品产地预冷设施以及农产品进出口冷库设施，满足消费不断升级的需要。推动城市冷链配送中心冷库建设，加强城市商超、便利店、社区店等末端周转冷库和县乡冷库建设。发展智能冷库，实现对各类冻品的温度控制，满足群众对美好生活的追求。

（二）促进江西省仓储业发展建议

1. 提高高标仓的比例

各地要根据市场需要建设高标仓，提高高标仓的比例。在快消品、农产品、电商、药品、家电等领域扩大高标仓的使用范围，提高仓储的现代化水平。积极引进国内外知名企业来赣投资高标仓，扩大全省高标仓的规模和质量。

2. 推动仓储业标准化建设

全省仓储业全面推广应用 1200mm×1000mm 标准托盘和 600mm×400mm 系列包装模数的周转箱（筐），围绕标准托盘的应用提升改造装卸月台、货架、叉车、传送带、分拣设备及射频条码等仓储设施，提高带托运输比例，降低物流成本。

3. 完善仓储业体系

仓储业是现代物流业的重要基础，也是城乡高效配送的重要载体。要形成以城市仓储为主体，农村仓储为纵向的仓储体系。形成以快速消费品、农产品、家电、药品仓储为主体，危险品、生产资料、商品车堆场等为横向的仓储体系。形成综合性冷库为主体，专业性冷库为纵向的冷库体系。

4. 扩大仓储业对外开放程度

仓储业也是对接"一带一路"倡议的重要切入点，通过在保税物流中心、铁路口岸、航空口岸、水运口岸建设一批货物进出口仓储，特别是发展跨境电商仓储、进口冷链仓储、药品仓储等，使仓储与口岸设施相互衔接，与便利店、专卖店、高档超市对接，鼓励有实力的企业在境外建立仓储和配送网点。

5. 开展智能仓储示范建设

全省开展智能仓储示范建设，培育 3～5 家智能仓储示范企业，推进 2～3 家智能仓储企业列入国家智能仓储示范名单。推动现有仓储使用机器人堆垛机，智能叉车、托盘等智能化仓储设施，提高仓储智能作业水平。

（江西省商务厅　傅南）

2018 年江西省物流人才教育发展情况报告

一、2018 年江西省物流人才教育与培养现状

据省教育厅统计，2018 年全省开设物流相关专业的院校共 63 所，其中本科院校 22 所，高职高专 34 所，中职 7 所；在校学生 12732 人（见表 1-10-1）。具体情况如下。

（一）本科院校教育

2018 年，全省共有 22 所本科院校开设物流管理、物流工程等相关专业，在校学生数为 6571 人。

表 1-10-1　　　江西省 2018 年普通本科院校物流人才培养情况

开设物流专业院校数量（家）	学历层次	专业代码	专业名称	在校生人数（人）
22	本科	110210	物流管理	10
		120600	物流管理与工程类	220
		120601	物流管理	4715
		120602	物流工程	297
	专科	580313	物流工程技术	2
		620505	物流管理	348
		630901	物流工程技术	8
		630903	物流管理	971
合　计				6571

（二）高职高专教育

2018 年，全省共有 34 所独立设置的高职高专院校开设物流管理、物流金融管理等相关专业，在校学生数为 5751 人。其中 4 所独立设置的高职院校开设有五年一贯制物流服务与管理专业（见表 1-10-2）。

表 1 - 10 - 2 　　江西省 2018 年独立设置高职高专物流人才培养情况

开设物流专业院校数量（家）	学历层次	专业代码	专业名称	在校生人数（人）
34	大专	620505	物流管理	470
		630903	物流管理	5156
		630904	物流金融管理	50
	大专（五年制）	121900	物流服务与管理	75
合　计				5751

（三）中等职业教育

2018 年，全省共有 7 所独立设置的中等职业学校开设物流服务与管理专业，在校学生数为 410 人（见表 1 - 10 - 3）。

表 1 - 10 - 3 　　江西省 2018 年独立设置中职物流人才培养情况

开设物流专业学校数量（家）	院校类型	专业代码	专业名称	在校生人数（人）
7	中专	121900	物流服务与管理	410

二、2018 年江西省物流人才教育与培养存在的问题

近年来，国内各方面为专业物流人才的培养做了大量工作。教育部成立了物流教育行业指导委员会，于 2015—2018 年更新了高等职业教育专业目录，设置了 6 个物流专业，开展了专业标准、专业实训标准等标准化建设。但全省培养的学生离用人单位的要求仍有差距。

（一）市场契合度不高

从全省物流教育专业分布来看，目前各类院校尚未在专业设置上紧密契合全省区域经济发展和行业发展趋势，主要专业方向只停留在传统宽泛的物流管理专业，仅江西水利职业学院 1 所高职院校开设了物流金融管理专业。物流管理课程设置没有针对性，无法真正实现物流专业人才培养。

（二）产教融合度不深

产教融合，是促进教育链、人才链与产业链有机衔接的重要举措。物流人才教育没有深度合作的物流企业作为依托，造成了目前各院校物流专业方向不明确。各类院校虽有一些校企合作项目，如有的职业院校开设了"顺丰班"等企业冠名班，但受政

策环境影响等因素，校企合作产教融合程度不深，没有以物流为主的校企合作联盟、职业教育集团等产教融合平台，"校热企冷"较为普遍。

（三）人才培养模式单一

各类院校基本根据传统模式组织教学，没有充分开展现代学徒制等人才培养模式探索，教学、教法、教师改革较为缓慢，物流教育方面的教学成果、教学资源库、在线精品课程等成果不够丰富，学生在相关赛事上的成果不突出。

三、2019 年江西省物流人才教育与培养建议

（一）加强各类院校专业建设指导

要对各类院校加强专业建设的指导，支持和鼓励有条件的院校结合全省经济产业布局，开设物流信息技术、冷链物流技术与管理、铁路物流管理、港口物流管理、航空物流等与全省经济社会发展和行业发展趋势高度契合的相关专业。建立物流职业教育基地，建设物流公共实训中心，提高物流实训设备的利用率，提升物流实训教学水平，加强物流专业人才培养能力。

（二）创造良好产教融合政策环境

对积极开展校企合作、产教融合的院校和企业给予政策支持。一方面要给予相关院校更大的办学自主权、人事权，积极鼓励相关院校和企业建立健全自主聘任企业工程技术人员、高技能人才兼任教师的管理办法，相关院校通过校企合作、技术服务、社会培训等所得收入，可按一定比例作为绩效工资来源；另一方面要建立产教融合型企业认证制度，对进入产教融合型企业认证目录的企业，给予"金融＋财政＋土地＋信用"的组合式激励，并按规定落实相关税收政策。

（三）推动人才培养模式改革探索

积极鼓励相关院校在校企合作、产教融合的基础上，与合作企业开展现代学徒制和企业新型学徒制人才培养模式的探索，校企共同研究制订人才培养方案，及时将新技术、新工艺、新规范纳入教学标准和教学内容，运用现代信息技术改进教学方式方法，为全省物流行业通过智能化、信息化转型升级和高质量发展助力。

（江西省教育厅、江西省人力资源和社会保障厅）

2018 年江西省冷链物流发展情况报告

随着社会经济的发展，全省对食品等产品的营养、新鲜度及安全和质量提出了更高的要求。加快冷链物流发展可以最大限度保证产品品质和质量安全、降低损耗并防止污染，确保果蔬、肉类、水产品等生鲜农产品在生产、储藏、运输、销售到消费的各个环节中始终处于规定的低温环境下，减少流通过程中的产品损耗和质量下降，实现生鲜食用农产品跨区域流通、常年均衡销售，促进农民稳定增收，提高生鲜食用农产品的市场供给量，保障食品的质量与安全，切实改善民生，促进经济增长。

一、2018 年江西省冷链物流行业发展情况

2018 年全省冷链物流总额达到 976 亿元，同比增长 14.82%；全省冷链物流总收入 58.56 亿元，同比增长 7.98%（见表 1 - 11 - 1）。

表 1 - 11 - 1　　　　　2016—2018 年江西省冷链相关指标情况

指标 年份	冷链物流总额（亿元）		冷链物流总收入（亿元）	
	江西省	全国	江西省	全国
2016	720	33900	47.74	2250
2017	850	40000	54.23	2550
2018	976	48100	58.56	2886

（一）冷链物流市场发展需求潜力大

全省农业资源丰富，盛产蔬菜、水果、水产品、生猪、肉禽等各类农产品。2018 年，全省蔬菜、水果、肉类等生鲜农产品产量 2588.8 万吨，同比增长 2.4%，其中蔬菜 1537 万吨，同比增长 3.2%，水果 470.2 万吨，同比增长 3.3%，肉类 325.7 万吨，同比增长 0.9%，水产品 255.9 万吨，同比增长 2.2%。全省果蔬、肉类、水产品一直保持较高产量，为冷链物流发展创造产地优势。

（二）冷链基础设施不断完善

2018 年，全省现有冷库容量 143.5 万吨，同比增长 11%。在建冷库容量 113.2 万

吨；规划冷库容量 59.5 万吨（见图 1-11-1）。万人拥有冷库容量 309 吨。共有冷藏车 944 辆，同比增长 26.3%，冷藏车每万人拥有量为 0.20 辆；冷藏集装箱车 266 辆，保温车 117 辆。2018 年，全省企业冷链物流运输总量 405.5 万吨，同比增长 15.3%，全国星级冷链物流企业有 4 家，全国百强冷链物流企业有 1 家。

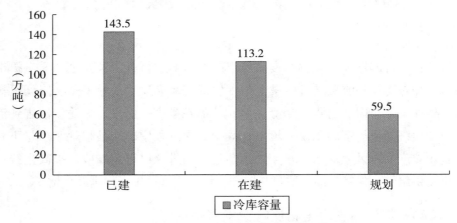

图 1-11-1 2018 年江西省冷库容量情况

（三）做好冷链物流发展顶层设计

2018 年 6 月，省商务厅全面开展《江西省冷链物流发展规划（2018—2022）》（以下简称《冷链规划》）专题调研工作，前往全省 11 个设区市深入冷链物流企业开展实地走访调研，了解企业经营状况、存在问题及发展方向，为《冷链规划》编制工作提供依据。同时，为构建以昌九地区（南昌市和九江市）为核心，以赣中南、赣东北、赣东南、赣西四大发展地带为支撑的"一核四带"发展格局提供有力支撑，全力做好全省冷链物流发展顶层设计。

二、2018 年江西省冷链物流行业发展问题

（一）冷链基础设施薄弱

（1）各区域冷库分布不均衡。从全省区域分布来看，全省冷库主要分布在昌九地区、赣西区域，此两区域冷库容量占全省冷库容量的 65.12%，赣东南区域的冷库容量仅占全省冷库容量的 10.10%。冷库分布不均衡导致冷链物流成本偏高。

（2）部分地区冷链基础设施结构失衡。全省尚未形成多功能的区域性农产品冷链物流基地，缺乏城市大型生鲜产品配送中心。冷库类型上，肉类冷冻库多于果蔬冷藏库，仓储型冷库多，具有分拣、加工、包装、配送、服务等配套功能的冷库较少，城市经营性冷链设施多于农村农产品产地冷链设施。一方面，产地冷库建设相对滞后，

果蔬预冷、冷藏设施明显不足；另一方面，部分地区消费型冷库存在低水平重复建设，部分生产型企业因为只经营季节性农产品，冷库仅供工厂内部使用，造成冷库利用率偏低。

（二）冷链物流标准化、信息化建设落后

目前全省已建成的绝大部分冷库中制冷设备陈旧老化，冷库场地、月台、库门及冷库内部的柱距布局等设计难以与物流标准化有效对接。如景德镇市某公司容量 1500 吨的冷库是 20 世纪 70 年代初建的，由于使用时间太久，技术相对滞后，制冷效果远不如以前，致使有些速冻产品无法储存，而且冷库的制冷剂是氨，相对来说，安全系数较低。新余市某批发市场占地面积 1.4 万平方米，作为主城区内蔬菜水果批发的集散地，年交易额超过 5 亿元，但大多冷库使用的技术较老，设施普遍陈旧老化，仅限于肉类、鱼类的冷冻和储藏，功能比较单一，安全隐患多。而且，全省冷链物流企业信息化水平较低，大多数冷链物流企业在日常运营中仅仅简单运用 ERP（企业资源计划）、财务管理系统、车辆定位系统等，订单管理系统、仓储管理系统、运输管理系统、温湿度记录系统等业务系统使用较少。

（三）冷链断链现象亟待解决

（1）预冷环节。目前产地型冷库容量仅占全省冷库容量的 8%，农产品产地预冷设施和低温存储设施严重缺乏，无法为全省生鲜农产品提供质量保障服务，而且冷藏车数量不足，生鲜农产品"最先一公里"问题依旧严峻。

（2）仓储环节。目前全省已建成冷库多为设备老化、堆垛粗放、管理落后、事故隐患多的老旧冷库，冷库月台多为露天开放式月台，无法实现全封闭式作业，装卸搬运均在常温环境下进行，断链现象极为严重。

（3）运输环节。2018 年，全省冷藏车数量为 944 辆，冷藏车每万人拥有量为 0.2 辆，远低于全国平均水平（1.286 辆）。目前全省"最后一公里"问题依旧突出，冷链运力无法满足全省人民生活需求，同时也无法保障冷链运输食品安全。运输、配送环节温控手段相对粗放，冷藏运输及配送过程缺乏监控，难以满足现有人民的生活需求，运输环节中"板车＋棉被""冰块加棉被"的运输方式依然存在，先进的全程温度自动控制没有得到广泛应用。冷链物流各环节的设施、设备、温度控制和操作规范等缺少统一标准，冷链物流各环节的信息资源难以实现有效衔接，相关管理办法和操作规范跟不上冷链物流的发展。生鲜农产品运输由于缺乏冷藏车，大部分采用常温运输，货运车辆无温控设施，无法保障品质安全。而且，部分冷链运输车辆为降低冷链物流的成本，间断性地关闭制冷设备，造成冷链中断，可能对食品、药品的成分造成破坏，威胁人民健康。

（四）冷链物流龙头企业缺乏

2018 年，中国百强冷链物流企业中江西省的入选企业仅有 1 家。目前全省多数冷链物流企业为中小企业，提供的服务存在区域局限性，管理粗放、运营模式落后，区域竞争力不强，缺乏冷链物流龙头企业。而且，由于冷链企业经营规模不足、服务标准不统一，导致冷链资源无法共享，企业运营成本较高。

（五）冷链物流营商环境有待优化

随着人们对冷链的需求不断增加，政府对冷链物流的发展越发重视，2018 年启动《江西省冷链物流发展规划（2018—2022)》编制工作，从顶层设计上为整个江西省的冷链物流发展提供了一个有力的补充。但是，与冷链物流企业干系重大的物流用地、减税降费、用能、融资、城市通行、绿色通道等方面却鲜有配套方案。营商环境亟须优化，以促进全省冷链物流行业快速发展。

（六）冷链人才缺失

全省冷链物流行业战略和运营管理人才、冷链专业技能人才严重缺乏，大专及以上学历冷链物流从业人员仅占冷链物流从业人员的 5.5%。随着社会年龄结构的改变和人力成本的逐年增加，智能化成为冷链物流行业发展的新趋势，行业急需一批懂得"冷、链、物、流"的新型专业人才。

三、2019 年江西省冷链物流行业发展建议

（一）加强冷链物流基础设施建设

为重点解决冷链物流"最先一公里"和"最后一公里"问题，完善全省冷链物流体系，促进冷链物流健康发展。根据各地实际需要，加快建设各类具备保鲜、冷藏、冷冻、预冷、运输、查验等功能，标准化程度较高的冷链物流基础设施。鼓励产地型、中央厨房型、中央及区域配送型等类型冷库建设，优化冷库结构，发展增值服务，满足居民对生鲜农产品的需求。

（二）提高冷链物流标准化、信息化水平

（1）加强冷链物流标准的制修订及宣贯工作。依托江西省物流标准化技术委员会，开展冷链物流标准化制修订及推广工作。根据全省冷链物流发展情况，制修订符合全省需求的冷链物流地方标准及团体标准，健全标准化建设的体制机制，完善全省冷链物流标准化建设顶层设计。积极推动冷链运输设施和技术装备标准化，加快标准托盘、周转箱、冷藏箱等载运单元在冷链物流运输、仓储和配送流程中的应用。积极推行符

合国际规范的质量安全认证和市场准入制度，组织开展冷链物流相关国家标准、行业标准、地方标准的宣贯工作，鼓励和引导企业制订冷链物流团体标准，实行食品全程监控和质量追溯制度，自我公开服务标准，优化市场竞争环境。

（2）推动建设全省冷链物流信息系统。依托各类生鲜农产品优势产区、重要集散地区和城市等集中消费地区，建立冷链物流公共信息平台，为供应链上下游企业数据交换及信息共享提供渠道，整合分散资源，发挥整体优势和规模优势，共享基础设施、配套服务和信息，降低运营成本，提高效率。

（3）推广先进技术及设施设备。加强各种高性能冷却、冷冻设备，自动化分拣、清洗和加工包装设备，冷链物流温控设施以及经济适用的农产品预冷设施、移动式冷却装置、节能环保的冷链运输工具、先进的陈列设备、监控追溯系统、RFID（射频识别）、物联网等冷链物流装备及技术推广，加强全过程质量安全管理体系和信息溯源体系建设，提高全程管控能力。

（三）加大冷链物流监管力度

（1）建立食品质量全程监控平台。在零售终端、餐馆、酒店等关键环节把好准入关，全面实施索证、索票，逐步推行温湿度全程可监控、可追溯。对相关供应、批发、零售、仓储、运输、市场等责任主体的依法依规经营情况进行定期抽查，向社会公布抽查结果，力求信息透明，形成部门监督、公众监督、舆论监督齐抓共促的管控态势。

（2）通过采用GPS、GNSS（全球导航卫星系统）、RFID、5G、传感器技术、移动物流信息等物联网技术及信息化管理系统、视频监控系统、温度监控管理系统、仓储信息管理系统、温湿度记录系统等，对食品溯源、质量安全等方面进行监管，完善食品溯源体系。

（3）鼓励冷链物流企业、科研机构、行业协会等参与冷链物流产品监控、追溯系统、大数据平台、交易平台等建设，建成共建共享的智慧物流生态圈。

（四）培育、引进冷链物流龙头企业

（1）培育本土优秀冷链物流企业。对本土优秀冷链物流企业加大政策扶持，支持冷链物流企业通过改造升级或兼并重组，形成经济实力雄厚、经营理念和管理方式先进、核心竞争力强的大型冷链物流企业，通过规模化经营提高冷链物流服务的一体化、网络化水平。支持现有的中小型冷链物流企业完善服务功能，提升服务能力，引导传统物流企业转型升级。

（2）引进省外冷链物流龙头企业。大力引进国内外具有先进技术的冷链物流服务商和设备供应商在江西省设立分支机构，为全省冷链物流发展带来新技术、新理念、新模式，推动整个行业服务水平的提高。

（五）强化冷链物流专业人才培养

积极促进企业、行业协会、高校、科研机构间的产学研合作对接，开展冷链物流职业技术培训和继续教育，形成多层次的人才教育、培训体系。鼓励企业与高等院校、中职学校等合作建立产学研基地、实习实训基地，提高冷链物流相关人才的实践技能，培养大量符合省情的基础型、服务型、综合应用型、管理型冷链物流人才。健全完善冷链物流中高端人才引进的激励机制，加大冷链物流高层次人才引进力度。委托相关机构对冷藏加工企业、生产流通领域从业人员进行在职培训，提升其技能水平，提高冷链管理规范化、标准化水平。

（六）加强冷链物流统计工作

建立冷链物流行业统计制度，加强行业数据收集、分析、发布等基础工作。发挥行业协会作用，开展冷链社会物流核算、冷链仓储、冷链运输等行业统计分析，为科学判断行业状况、预测发展态势，指导企业经营决策和为政府部门制定行业发展政策提供依据。

（江西省物流与采购联合会　胡冲　朱博文）

第二部分
区域发展

2018 年南昌市物流业发展情况报告

一、2018 年南昌市物流业发展总体情况

(一) 物流业总体运行情况

1. 货物运输

(1) 公路运输情况。2018 年，全市公路货运量 14198 万吨，同比增长 14.2%；公路货物周转量 2894242 万吨公里，同比增长 9.6%。

(2) 铁路运输情况。2018 年，全市铁路货运量 327 万吨，同比增长 19.8%。

(3) 水路运输情况。2018 年，全市水路货运量 1123.1 万吨，同比增长 0.1%；水路货物周转量 424080 万吨公里，同比增长 0.09%；南昌港口吞吐量 2883.5 万吨，同比下降 12.12%；集装箱吞吐量 193079 标准箱，同比增长 44.83%。

(4) 航空运输情况。2018 年，南昌昌北国际机场货邮吞吐量 8.26 万吨，全国排名第 31 位；同比增长 58.1%，增幅在全国居第 1 位。

(5) 邮政快递情况。2018 年，全市邮政寄递服务业务量 1.29 亿件，同比增长 7.44%；邮政寄递服务业务收入 2.43 亿元，同比增长 22.31%；全市快递服务企业业务量 2.77 亿件，同比增长 49.21%；快递业务收入 30.86 亿元，同比增长 39.86%。

2. 物流企业

2018 年，全市物流行业企业总数超过 1900 家；A 级物流企业 27 家，其中 5A 级 2 家，4A 级 13 家，3A 级 10 家，2A 级 2 家；四星级冷链物流企业 1 家；省级重点商贸物流企业 15 家，重点商贸物流园区 (中心) 5 家；五星级仓库 2 家，四星级仓库 1 家，三星级仓库 2 家；仓储服务质量金牌企业 1 家。代表性物流企业如下。

(1) 江西顺丰速运有限公司，是顺丰速运有限公司全资子公司 (以下简称：江西顺丰)，拥有员工 7900 人，自有营运车辆 316 台，租用车辆 600 台，营业网点 297 个，2018 年 9 月 26 日，顺丰航空 B737 - 300 型全货机开启 "南昌—香港" 航线，目前拥有两架自有全货机 ("南昌—深圳" "南昌—香港" 航线) 落地南昌昌北国际机场。2018 年江西顺丰在南昌市经济技术开发区购置 178 亩，投资额预计 6.5 亿元，总建筑面积 9 万平方米，建设顺丰电商物流产业园；在赣州市赣州开发区，购置 200 亩，投资额预计 8 亿元，总建筑面积 14 万平方米，建设顺丰电商物流产业园；在瑞金市建设脐橙预

处理中心，场地建筑面积 2000 平方米，项目总投入 300 万元。2018 年营业收入总额 15.34 亿元，纳税总额 3396 万元。赣南橘、橙揽收 464.6 万件，运费收入 1.01 亿元，带动经济产值 2.6 亿元；军山湖和鄱阳湖闸蟹揽收 15.71 万件，运费收入 574 万元，带动经济产值 3000 万元。

（2）江西医物通医药有限公司，是一家大型集药品流通及电子商务为一体的药品、医疗器械流通企业，已和 30 多家医疗器械经营公司达成医疗器械第三方储存、分拣及配送一体化合作。2018 年使用标准托盘 5000 片，标准托盘使用率达 95% 以上，商品带托盘运输率达 30%；城市配送车辆占总车辆的 55%，配备有信息化设备、终端结算设备的车辆占标准车辆的 100%；同实施标准化前相比，公司物流效率提升 50%，物流成本降低 20%；推动上游供货商、代理商直送配送中心 30% 以上的货物实现带托盘运输，推动 15% 以上供货商、代理商参与托盘循环共用，推动以周转箱和随车托盘为送货单元向下游门店配送；2018 年销售额 2 亿元，实现年交易额 5 亿元，利润 200 余万元，上缴税金 100 余万元。

（二）物流基础设施情况

2018 年，南昌市对外运输通道建设明显提速，初步形成以高速铁路、干线铁路、高速公路为骨干，普通公路、市域铁路、水路为支撑的多层次综合交通网，有效连接长三角、粤港澳大湾区等主要城镇化地区和省内各设区市。综合交通枢纽建设逐步推进，多种运输方式一体衔接的现代枢纽站场相继投入使用，服务保障能力明显增强。民航运输业基本形成覆盖国内主要城市，连接东南亚、东欧等地区的航空网络。交通运输体系逐步完善，运载能力不断增强，为物流业提供良好的运输环境。

1. 公路建设情况

2018 年，南昌市共有普通国省干线公路 29 条，总里程达到 987.46 公里（含匝道 17.58 公里），其中国道 6 条、里程 285.35 公里，省道 23 条、里程 684.53 公里，国道二级及上公路比例达到 100%；全市普通国省干线公路路网密度 13.3 公里/百平方公里，全市普通国省干线公路 PQI 指数（路面质量指数）为 81.6。续建完成 G105 国道南昌市银三角至新村段、S416 万埠至八景段等 4 项改建工程，共计 48 公里；新开工建设 S218 安义互通至石鼻镇段、S416 乔乐至西山段等 3 项改建工程，共计 20.5 公里；在 S218 安义互通至石鼻镇段改建工程首次试点采用 BIM（建筑信息模型）技术和倾斜摄影技术；实施完成新乙桥、八一桥等 4 座危桥改造。南昌市拥有列入"十三五"交通运输部项目库及省级项目储备库的项目共 18 个，里程共计 305 公里，建设完成后，全市国、省道二级以上公路比例提升至 81%，省道二级以上公路比例提升至 76%。2018 年完成农村公路通自然村公路建设 49.6 公里及 25 户以上居民的自然村通公路建设任务；危桥改造项目完工 18 座，干线公路改造已完工 44.5 公里（县道升级改造 27.2 公里，乡道双车道改造项目 17.3 公里）。

2. 铁路建设情况

南昌市是京九大动脉（京九铁路）上唯一的省会城市，京九铁路贯穿其间，沪昆铁路穿行而过，北接昌九城际铁路，东连向莆铁路，成为中部地区紧密连接长三角、珠三角、海峡西岸并辐射西部地区的发达区域路网中心，在全国路网承东启西，连通南北的枢纽地位和作用日益凸显，是展示富裕美丽幸福现代化江西省的重要窗口。南昌西站是江西省内最大的高铁车站，在全国铁路车站排名第 16 位。从南昌站出发的列车覆盖华南、华中、华东、华北、东北、西北、西南等地区的主要城市，是华东地区重要的站点城市，是中国 44 个重要铁路客运站之一。南昌铁路口岸专用线正在招标，预计 2020 年投产；乐化新昌电厂专用线已完成可行性研究，预计 2020 年开工建设。

3. 水路建设情况

2018 年全市共有省际、省内运输船舶和省内客船共 143 艘，运力（载重吨）达 31.04 万吨，其中普通货运船舶 89 艘，船舶运力 211654.5 吨；集装箱船 32 艘，船舶运力 75515 吨（3734TEU）；化学品船 18 艘，船舶运力 21354 吨；液货船 4 艘，船舶运力 1895 吨。南昌港的港口吞吐量完成 2883.5 万吨，其中集装箱吞吐量完成 19.3 万TEU；南昌籍水运经营业户的船舶 2018 年完成水路货运量 1123.1 万吨，同比增长 0.10%，完成货物周转量 424080 万吨公里，同比增长 0.09%。

4. 航空建设情况

南昌昌北国际机场（以下简称"南昌机场"）对 T1 航站楼北区改造顺利通过验收并投入使用；3 号倒班宿舍楼主体结构封顶、货运仓库改扩建项目有序推进；南昌机场三期扩建前期工作全面启动。南昌机场三期扩建前期工作预可行性研究报告进入设计程序，总规修编和三期扩建任务分工全面落实。江西省机场集团公司打破常规补充硬件短板，提升腹舱载运率，完善口岸功能，首次开通南昌—列日、南昌—香港等货运国际（地区）航线，南昌机场圆满完成货运量 8 万吨目标。航空市场充分发掘，多式联运成效显著，南昌机场客运站资质正式获得批复，航线网络不断完善。江西省机场集团公司各干、支线机场开通的定期航线累计达 182 条，比上年增加 30 条；开通的定期通航城市累计达 151 个，比上年增加 24 个。南昌机场新开无锡、茅台等 7 个国内支线航点和莫斯科、新加坡、清迈等国际定期航点。

（三）物流园区情况

全市已建成物流园区 21 个，其中有两家物流园区已提升、扩建（昌南农产品物流中心三期、江西桑海医药产业物流中心）。

传化智联（股票代码：002010）是传化集团旗下 A 股上市公司，是国内领先的公路物流行业平台整合运营商，传化智联"公路港"物流园区运营模式得到国家发展改革委等五部门联合发文推广。江西传化晨达公路港由传化智联控股，运营期间被江西省商务厅授予第六批"江西省重点商贸物流园区"，获得小蓝经济技术开发区"同心创业奖"。

2018 年，园区营业收入 1.28 亿元，其中物流业务收入 0.91 亿元；入驻企业 40 家；上缴税金约 465 万元；年营业收入超 500 万元的企业有 10 家。吸引了中路物流有限公司、传化畅宇供应链管理有限公司入驻，两家企业已成为县规模以上企业；圆通快递、韵达快递、中通快递、天天快递营业部，百果园、省灯具协会、华艺卫浴、美孚润滑油等商贸批发企业入驻园区，其中百果园租赁 2900 平方米仓库拟改造成冷库。园区财经服务中心、餐饮、充电桩、小卖部等配套服务齐全，有中高层管理人员 51 人，大专以上学历从业人员 47 人，专业资格人员 38 人，叉车 20 台，分拣系统 10 条，1200mm×1000mm 标准托盘 1000 片以上。中路物流、赣广物流、赣马物流、星邦物流等入驻企业使用 ERP、TMS（物流运输管理系统）、WMS（仓库管理系统）、PMS（工程生产管理系统）等信息化系统以及"陆运通"等车货匹配 App。

（四）物流产业集群发展情况

南昌汽车物流产业集群、向塘综合物流产业集群、南昌城市配送物流产业集群、南昌保税物流产业集群、南昌冷链物流产业集群、南昌临空物流产业集群、昌西南商贸物流产业集群、南昌高新物流产业集群被列入全省 50 个物流产业集群。八大产业集群 2018 年实现主营收入 618.4 亿元，同比增长 8.55%，位居全省第一。物流产业集群的发展为进一步促进物流业降本增效、促进全市物流业高质量发展提供了有效保障。

向塘综合物流产业集群：向塘镇的江西省物流中心加速建设，向塘铁路口岸一期项目正式封关运行；总投资 5 亿元、占地 193 亩、建筑面积达 8 万平方米的平安物流南昌物流中心项目已建成投入运营；总投资 3 亿元、占地 98 亩、建筑面积达 3 万平方米的招商局物流集团南昌配送中心项目已建成投入运营；国家一级铁路物流基地（一期）已完成三对调车线铺轨，货 6 道、龙门吊基础建设完成，牵出线便道填筑完成 500 米，集装箱区新建装卸区完成，两个仓库建设完成 90%；南昌铁路口岸二期铁路专线可行性研究方案已审核通过，正在编制初步设计，非涉及铁路的可行性研究、初步设计已完成评审。

（五）重点物流领域发展情况

1. 物流标准化

2018 年，物流标准化试点验收完成，共有 14 家企业承担的试点项目通过了验收，核定奖补资金共计 4367.85 万元，试点项目带动社会投资总额 125742.91 万元，试点前后社会物流总费用占城市 GDP 的比率由 17.2% 降至 15.69%；与此同时，标准托盘占比较试点前提升了 59.23%，标准托盘租赁率达 51.27%，试点企业带板运输率较试点前提升了 32.95%，装卸工时效率较试点前提升了 103.3%，车辆周转率提升了 79%；货损率较试点前减少 1.21%；企业物流成本占主营业务收入的比重由试点前的 72.9%

降至 57.9%。

在全市五大行业中构建了初步适应城市物流标准体系的五大新模式。

一是与制造业龙头企业配套物流行业创新带板运输新模式。南昌市永胜物流有限公司为江铃集团汽车零部件生产供应商提供优质的长途运输、仓储、配送第三方物流服务过程中使用标准托盘，采用带托运输的循环共用新模式。公司通过标准化试点建设，托盘的使用量达到 2500 片，使用率达到 90% 以上，其中租赁托盘占比达到 80% 以上，仓库存储率提升 20% 以上，仓库环境大为改善，节省了 50% 以上装卸劳动力，降低了 50% 的装卸成本，企业作业效率提高 30%~50%，货损率降低 80%，车辆带板运输率达到 75% 以上，推动 20% 以上的供货商参与托盘循环共用。物流标准化项目全面投产运行后，新增产值 1000 万元，车辆运输周转率提升 30%，人工成本降低 20%，新增利润 100 万元。

二是图书发行行业采用带板运输新模式。江西新华发行集团有限公司旗下江西蓝海物流科技有限公司综合考虑图书包装尺寸不一、门店分拨数量不同、车辆满载率匹配以及相应作业设备等因素，积极在上游印刷厂、分拨中心、下游门店推行使用标准托盘，创新形成了图书发行行业带板运输新模式。经标准化试点建设，图书的装卸效率从 10 吨/小时提升至 15~20 吨/小时，企业物流仓储作业效率提升 20% 以上；在场地不变的情况下，仓储容量从 10 万件提升至 40 万件，物流仓储效率提升 300%。

三是以零售行业龙头企业带动托盘循环共用新模式。以江西省零售龙头企业江西洪客隆百货投资有限公司为代表，利用自身的地位和贯穿上下游的纽带作用，致力于推动南昌市乃至全省的托盘循环共用新模式。2018 年 12 月，江西洪客隆南昌配送中心 1200mm×1000mm 标准托盘内部循环使用量 2.1 万片，标准托盘使用率达到 100%，标准托盘租赁率达到 100%，带托运输率达到 59%。

四是医药物流行业带动的带板运输新模式。以江西医物通医药有限公司、国药集团江西医疗器械有限公司、江西益康爱华医疗器械有限公司为代表，在全市医药物流行业实现药品、医疗器械带板运输新模式。江西益康爱华通过标准化试点建设，标准托盘使用租赁率达 54.5%，带板运输率达 59%，物流专线效率提升 50%。国药集团江西医疗器械有限公司通过标准化试点建设，物流费用率由试点前的 1.80% 降低至 1.60%，同比降低 11.1%；企业物流效率由 3 吨/小时提高至 4 吨/小时，同比提高 33.3%。

五是冷链物流行业实现带板运输新模式。以江西玉丰实业有限公司的 5 万吨库容标准化冷链基础设施升级改造为基础，通过全程带托运输、一托到底、不倒托、以托计费等创新模式，有效提高冷库利用率，降本增效，提升了全省冷链物流标准化水平。通过全程带托运输及标准化叉车作业，使用标准托盘、标准化货笼、标准化货架等标准化设施设备，用工成本由 40 元/吨降低至 11 元/吨，装卸工时效率比试点前提升 100%，车辆周转率达 16 次/天。货损率较试点前降低 8 个百分点。企业物流成本占主营业务收入的比重比试点前下降 8 个百分点。

2. 物流信息化

全市以江西尧泰供应链管理有限公司的"风快"平台和"马力冷运"平台为依托，以南昌市国家智慧物流配送示范城市项目为着力点，引导物流企业应用互联网、物联网、云计算、大数据等先进技术，整合物流配送资源，打造智慧物流配送体系，发展现代物流业态。2018 年，"风快"平台累计交易票数 2.07 万票，支付交易额 2.6 亿元，注册会员数达 5101 家，车辆数 1523 辆。"马力冷运"平台服务对象累计达 5364 家，平台成交金额达 2.1 亿元，成交吨数 41.93 万吨。

二、2018 年南昌市物流业发展存在的问题

（一）物流行业指导监管难

目前，全市物流业发展涉及商务、发改、交通、海关、口岸、国土、规划、税务、工业和信息化等多个职能部门，管理资源较为分散，未形成有效合力。

（二）物流企业运行效率低

目前全市物流企业大部分仍然呈现"小、散、乱"现象，物流企业信息化、智能化、专业化程度不高，经营模式比较落后，企业管理水平较低，物流资源浪费现象严重，造成物流企业运行成本偏高。

（三）现代物流业开放水平低

全市未有效打通多式联运国际物流通道，如南昌昌北国际机场航空物流港口岸开放度不高，综保区服务平台功能未有效发挥，向塘铁路物流港国家一类口岸建设还在积极申报中，中欧、中亚等国际货运班列运行效果有待加强等。

三、2019 年南昌市促进物流业发展的措施

持续引导、推进物流标准化建设；大力发展城市高效配送体系建设；以智慧装备运用为基础，积极有效推进智慧物流建设；快速推进江西省物流中心——向塘物流港建设。

（一）持续引导、推进物流标准化建设

在全国物流标准化试点建设经验基础上，进一步引导南昌市物流企业践行物流标准化建设，持续推广符合国家标准《联运通用平托盘主要尺寸及公差》（GB/T 2934—2007）要求的 1200mm×1000mm 标准托盘（含笼车、周转箱等）及其循环共用。

（二）大力发展城市高效配送体系建设

以全国物流标准化试点及全省城市共同配送试点为基础，结合推进电子商务与快递物流协同发展的契机，大力发展城乡高效配送工程，培育一批城乡高效配送骨干企业，构建物流园区、城市物流中心、县级物流配送中心、乡镇配送节点、村级公共服务点及末端网点的城乡高效配送网络，促进快递、供销合作社、商超、便利店、物业、社区等末端资源有效组织和统筹利用；优化城市配送车辆便利通行政策，共同推动城市配送运输与车辆通告管理工作取得实效。

（三）以"03专项"试点示范工作为引领，积极有效推进智慧物流建设

依托全市的物流标准化、城乡高效配送及电子商务与快递物流协同发展的持续推进，鼓励、支持物流企业运用智慧物流装备，进一步提高装备的标准化、智能化，从而提升配送能力和配送效率，降低物流成本。积极推进南昌市在智慧物流领域开展"新一代宽带无线移动通信网"国家科技重大专项（简称"03专项"）成果转移转化试点示范工作。

（四）快速推进江西省物流中心——向塘物流港建设

充分发挥市商务局主动性，积极对接向塘物流港项目建设，配合相关职能部门、南昌县政府，加强项目协调、指导，帮助项目找准定位、解决困难、推进发展。充分利用向塘物流港现有区位优势及"江西省物流中心"契机，加快建设向塘一级铁路物流基地、一类口岸、保税物流中心"三位一体"的向塘物流港，实现资源集中、业态集聚、功能集成的"千亿商贸综合体"。

（南昌市商务局　高扬）

2018 年九江市物流业发展情况报告

一、2018 年九江市物流业发展总体情况

（一）物流业总体运行情况

1. 社会物流运行

（1）社会物流总额情况。2018 年，全市社会物流总额 7219.04 亿元，同比增长 8.47%。从物流总额构成看，工业品物流总额 5492.12 亿元，同比增长 9.90%，占全市社会物流总额的 76.08%；农产品物流总额 217.46 亿元，同比增长 6.76%，占全市社会物流总额的 3.01%；区域外流入货物物流总额的 1472.35 亿元，同比增长 2.72%，占全市社会物流总额的 20.40%；单位与居民物品物流总额的 17.65 亿元，同比增长 48.71%，占全市社会物流总额的 0.24%；再生资源物流总额的 19.46 亿元，同比增长 55.59%，占全市社会物流总额的 0.27%（见表 2 - 2 - 1）。

表 2 - 2 - 1　　　2018 年九江市社会物流总额构成及其增长速度

指标名称	绝对值（亿元）	增速（%）	构成（%）
社会物流总额	7219.04	8.47	100
其中：工业品物流总额	5492.12	9.90	76.08
区域外流入货物物流总额	1472.35	2.72	20.40
农产品物流总额	217.46	6.76	3.01
再生资源物流总额	19.46	55.59	0.27
单位与居民物品物流总额	17.65	48.71	0.24

（2）社会物流总费用与 GDP 比率情况。2018 年，全市社会物流总费用 395.22 亿元，同比增长 12.20%；与 GDP 比率为 14.64%，同比下降 0.10 个百分点。其中，运输费用 238.88 亿元，同比增长 9.51%，占全市社会物流总费用的 60.44%；保管费用 110.48 亿元，同比增长 15.45%，占全市社会物流总费用的 27.95%；管理费用 45.85 亿元，同比增长 19.36%，占全市社会物流总费用的 11.60%。

（3）物流业增加值情况。2018 年，全市物流业增加值 191.91 亿元，同比增长 9.96%，占第三产业增加值的 16.72%，占全市 GDP 的 7.11%。

（4）物流业总收入情况。2018 年，全市物流业总收入 337.97 亿元，同比增长 10.51%。

2. 货物运输

（1）公路运输情况。2018 年，全市公路货运量 13817 万吨，同比增长 14.17%；货物周转量 281.94 亿吨公里，同比增长 9.56%。

（2）铁路运输情况。2018 年，全市铁路运输货运量 1334 万吨，同比增长 4.38%；货物周转量 50.2 亿吨公里，同比增长 4.19%。

（3）水路运输情况。2018 年，全市水路运输货运量 1112 万吨，同比下降 2.19%；货物周转量 44.09 亿吨公里，同比下降 22.58%。九江港货物吞吐量 11688.62 万吨，其中，瑞昌港区 2018 年货物吞吐量 3926.43 万吨，占总量的 34%；城西港区货物吞吐量 129.5 万吨，占总量的 1%；城东港区货物吞吐量 1103.68 万吨，占总量的 9%；湖口港区货物吞吐量 4477.42 万吨，占总量的 38%；彭泽港区货物吞吐量 747.72 万吨，占总量的 6%；上港集团九江港务有限公司货物吞吐量 1303.86 万吨，占总量的 11%。集装箱吞吐量 42.93 万标准箱，首次突破 40 万标准箱大关，其中，上港集团九江集装箱码头完成 40.51 万标准箱，瑞昌理文物流有限公司完成 2.41 万标准箱。

（4）邮政快递情况。全市邮政寄递服务业务量累计完成 7996.67 万件，同比增长 3.95%；邮政寄递服务业务收入 1.02 亿元，同比增长 4.71%；全市快递服务企业业务量完成 6209.09 万件，同比增长 60.48%；业务收入完成 5.42 亿元，同比增长 49.35%。

3. 物流企业

全市物流行业企业总数超过 1500 家，A 级物流企业 5 家，其中 4A 级 1 家，3A 级企 1 家，2A 级 3 家。四星级冷链物流企业 1 家，省级重点商贸物流企业 3 家，重点商贸物流园区（中心）3 家。代表性物流企业如下。

（1）九江联商物流有限公司。2018 年，公司积极开展城乡高效配送工作，倾力打造统仓统配管理模式，提供专业物流服务，实现城乡配送快消品库存商品约 2240 件，库存周转率同比增长 19.3%，城乡带托运输率达 85%，营收额同比增长 22.36%。

（2）上港集团九江港务有限公司。2018 年，公司航班总量同比增长 10.5%。公司发挥九江水运库滚装运输的优势，接洽上海通用等长江下游汽车厂商，运营九江北—横岗等多条水铁联运专列，多式联运发展步入正轨。成功运营"散改集"运输项目，为江西省及赣北周边企业提供了多渠道的物流解决方案。

（二）物流基础设施情况

1. 公路建设情况

"十三五"全国公路路网规划调整后，九江市规划 27 条国、省道，里程共计 1827.324 公里。国道二级及以上公路里程为 773.181 公里，占国道总里程的 87%。省道二级及以上公路里程 592.768 公里，占省道总里程的 65%。2018 年，为保证"重大项目见效年"深入实施，实现项目建设力度大、推进快、成效好的目标，针对重点项目累计完成投资 21.43 亿元，保障了项目建设进度的大幅推进。昌九地区（南昌市和九江市）"四改八"改扩建、城区高速公路收费站"拆四建二"工程以"边建边通"模式实现了建设高速度和高效率，特别是"拆四建二"项目，用 7 个月的时间，快速、高效、安全地完成了项目建设；都九高速鄱阳湖二桥项目按照预期规划顺利合龙，与景婺黄、九景、永武等高速公路连线，打通了纵贯江西省北部的快捷通道。2018 年农村公路建设固定资产投资 14.57 亿元，完成农村公路建设任务 1037.72 公里，完成危桥改造 200 座，建成安保工程 895.1 公里。

2. 铁路建设情况

2018 年，全市铁路通车总里程达 516 公里，形成了"两横两纵"国家干线、客运专线和城际铁路网，长江中下游铁路枢纽地位日益呈现。开通运营的京九、武九、合九、铜九、九景衢铁路和武九客专、昌九城际总里程居全省前列。在建的安九客专，九江境内线路长 17.2 公里。根据省政府要求，昌九客专项目预计在 2019 年开工建设，九江市域里程约 90 公里，目前已完成可行性研究评审。同时，全市有 4 条疏港铁路专用线纳入交通运输部"十三五"规划。

3. 水路建设情况

2018 年，经长江岸线和非法码头整治后，九江港沿江共有码头 140 座（其中生产经营性码头 101 座，非经营性码头 39 座），泊位 240 个（其中货运泊位 178 个，客运汽渡泊位 7 个，企业工作泊位 22 个，公务军用泊位 33 个）。全市鄱阳湖及内河库区共有码头 38 家，泊位 236 个（其中旅游泊位 196 个），1000 吨以上深水泊位 12 个，码头最大靠泊能力 3000 吨；港口经营企业 10 家（含危货港口经营企业 2 家），生产经营性码头 27 座。2018 年全港完成货物吞吐量 11688.6 万吨，同比下降 0.25%，集装箱吞吐量 42.93 万标准箱，同比增长 28%，港口货物吞吐连续 4 年保持亿吨水平，集装箱吞吐量增长呈迅猛态势。九江口岸完成外贸进出口货运量 1594.38 万吨，进出口集装箱船舶 4641 航次，受国际贸易形势影响同比略有下降。

4. 航空建设情况

九江庐山机场改扩建工程按照时间节点有序推进，计划 2019 年实现复航目标。

（三）物流园区情况

2018 年全市各类物流园区共 22 个，但综合物流园区和专业物流中心等大型物流载体缺乏。2018 年全市粮、棉、油、猪、蔬菜、水果等农产品物流量增速可观，九江市进口肉类指定口岸项目建设完成，2018 年九江市重点打造新雪域物流园，推动九江市冷链物流发展。

九江市新雪域物流园规划用地 187.01 亩，总建筑面积 31 万平方米，总投资 12 亿元，集聚各大市场常态运营商户约 2000 多家，形成了以批发为主，配送为辅的货物流通方式，其中仓库面积为 85282 平方米，物流运输车辆 80 多台。二期冷库九江进口肉类指定口岸项目是国家市场监督管理总局批复筹建的江西省目前唯一的进口肉类指定口岸项目，建设投资 1.5 亿元，总库容 4 万吨，集进口肉类冷链查验和存储为一体，年进口肉类综合查验能力为 14 万吨。于 2017 年动工开建，2018 年 12 月建成并通过海关预验收。

（四）物流产业集群发展情况

1. 物流产业集群运行平稳

2018 年，全市 6 个物流产业集群实现主营收入 326.0 亿元，同比增长 9.1%；物流企业平均利润率为 8.9%；物流企业资产规模同比增长 6.8%。

2. 物流需求增长放缓

2018 年，全市 6 个物流产业集群内工业、批发和零售业企业销售总额比上年增长 5.3%。其中，工业企业销售总额增长 3.4%，批发和零售业企业销售总额增长 6.1%。

3. 市场主体量质齐升

2018 年，全市 6 个物流产业集群内物流企业 1300 家，占全市总量的 87.2%，比上年上升 0.2 个百分点；全市 6 个物流产业集群内物流企业从业人员总数为 7.8 万人，同比增长 4.2%。

4. 物流基础设施建设稳步增长

2018 年，全市 6 个物流产业集群内物流企业拥有仓库面积共计 229.0 万平方米，同比增长 2.8%；货运车辆 2.8 万台，同比增长 2.9%。

（五）重点物流领域发展情况

1. 水运基础设施建设

九江市是长江沿岸沿江开放开发城市之一，有通江达海的优势。近年来，全市加快将区位优势转化为物流发展优势，立足本地主导产业，完善码头基础设施建设，做大港口物流规模，重点培育上港集团、金沙湾港务等第三方大型港口物流企业。瑞昌理文造纸、亚东水泥，湖口神华煤电、方大九钢厂，濂溪区煤炭储备中心等一批大型企业均自有 5000 吨级以上港口码头。九江港已经成为钢铁矿石、水泥产品、纸制品、粮食、化肥等大宗商品大进大出的重要通道。上港集团二期集装箱码头 2020 年年底完工后，整个码头的年通过能力将达到 60 万标准箱，彭泽红光作业区综合枢纽码头 2019 年底建成运营后，年通过能力将达到 65 万标准箱，将极大提升九江市港口集装箱集散能力。

2. 口岸平台建设

全市进口口岸在运营的 1 个，正在验收的 1 个，正在申报的 2 个。进口肉类指定口岸项目建设已经完成，并通过海关验收。进口水果指定口岸和汽车整车进口口岸正在申报中，申报工作进展顺利。九江综合保税区于 2018 年 9 月 4 日通过国家审批，经济技术开发区按照有关标准正在积极建设中。

3. 商贸流通市场

全市促进消费工作取得显著成效。2018 年，全市社会消费品零售总额 752.1 亿元，同比增长 11.2%。以新雪域物流园为中心的"1 + 7"农产品商圈市场接近饱和，亟须进一步扩大规模、升级发展。城市配送方面，初步形成了以联盛集团为龙头的快消品配送和以新雪域为龙头的冷链仓储配送两大共同配送平台。近 5 年来，全市中心城区新增商贸综合体面积约 483.67 万平方米，九方购物中心、联盛快乐城、新天地购物广场、万达广场等集购物、餐饮、娱乐、休闲等一站式消费体验中心相继建成营业。九江市成为赣、鄂、湘、皖四省毗邻区域的消费聚集地，辐射中部地区的农副产品、建材家居材料的集散地。

4. 物流标准化

物流标准化工作开展以来，先后 21 个项目完成了试点建设，17 个项目通过验收，共安排财政奖补资金 4369.18 万元。通过两年的试点工作，企业标准化意识有所增强，托盘循环共用服务体系初步建立；标准托盘及配套设施设备使用率显著提高，标准托盘租赁率达 43%；企业物流降本增效明显，装卸搬运单元成本降低了 7.56 元/吨，在试点前的基础上降低约 40.6%，物流成本占营业收入比例由 16.35% 下降至 11.24%。

二、2018 年九江市物流业发展存在的问题

（一）物流园区基础设施建设薄弱

全市共有 22 个物流园区，但多数园区规模较小，辐射能力不强，物流集聚效应不明显，综合物流服务能力较弱。从物流园区类型来看，一是陆路物流园区相对缺乏，基础设施相对薄弱；二是港口物流园区基础设施建设相对完善，但企业间资源共享率不高，对社会物流促进作用不强。

（二）水运优势资源发挥不充分

九江市地理区位优越，水运发达，长江过境长度 152 公里，年流量 8900 亿立方米，与南昌市、武汉市、合肥市、长沙市等省会城市相距不远。2018 年，全市水路货运量仅占货运总量的 6.7%，同比下降 1 个百分点，水运优势未得到有效发挥。由于岳阳市、芜湖市的竞争及省内铁海联运分流货源，九江口岸的货源集聚能力在逐年下降。2018 年，九江港集装箱吞吐量为 42.93 万标准箱，远低于芜湖港（80.3 万标准箱）和岳阳市城陵矶口岸（50.5 万标准箱）。全市港口基础设施建设大而不全，配套疏港铁路和疏港公路建设严重滞后，导致水、陆物流分割，多式联运不畅，未能充分发挥九

江市水运优势实现物流资源集聚效应。

（三）物流企业规模较小

全市物流企业大部分仍呈现出"小、散、乱"现象，物流企业规模化、专业化、多元化、标准化、信息化程度不高，物流企业核心竞争力及综合服务水平较弱，资源集聚能力不强，经营模式相对落后，市场竞争不规范，在物流资源、数据及信息共享方面需不断提升。2018年，全市A级物流企业共有5家，仅占全市物流企业总数的0.33%，其中4A级1家，3A级1家，2A级3家。

（四）物流信息化水平不高

目前，全市依托江西万佶物流有限公司建立了集信息发布、撮合交易、信用监管等服务功能为一体的物流信息服务平台，但该物流信息平台尚未与政府部门实现信息互通，物流信息覆盖面不广，无法提供高效的信息共享服务。而大多数物流企业物流信息化程度较低，尚未建立完善的信息化管理体系，信息化意识相对薄弱，物流信息管理和技术手段落后，无法满足全市现代物流的发展需求。

三、2019年九江市促进物流业发展的措施

物流业是贯通第一、第二、第三产业，衔接生产与消费的"动脉"，是实体经济运行的重要支撑。九江市具有优越的区位优势，要紧紧抓住长江经济带、"一带一路"倡议等机遇，在强规划、打基础、引项目上持续用力，推动物流产业健康快速发展。积极发挥政府在物流业发展中规划引领、战略布局方面的导向作用，抓紧编制《九江市物流业发展总体布局规划》。新项目要遵循物流产业发展规划，合理布局，避免重复建设、无序竞争。在项目立项审批中应充分征求行业规划引导意见。

（一）推动物流枢纽及通道建设

九江市处于赣、鄂、皖、湘四省交界处，在区位上具备成为物流枢纽的优势，须加强水路、铁路、公路等基础设施建设衔接，提高物流效率，增强九江物流枢纽的集聚能力。同时，国家发展改革委将九江市定位为港口型国家物流枢纽承载城市，为建设便捷通畅骨干物流通道，将重点打造九江港至西南地区、上海水运航线，打通九江附近水运体系，加快推进疏港公路、临港铁路专用线建设，健全市域物流通道体系，提升货物进出能力和效率。在水运及货运政策扶持方面，参照上下游城市经验出台相关补贴政策，支持水铁联运、"五定"外贸直航发展，带动货源聚集，实现物流业降本增效。

（二）加强陆路综合物流园基础设施建设

基于全市陆路综合物流园相对缺乏、公路运输货运量占货运总量83.1%等现状，

建议在工业生产集聚区、商贸交易集聚区等物流节点，支持有条件的物流企业建设能够满足公共需求的陆路综合物流园、公路港、配送中心等基础设施，实现货源集聚及统仓共配，降低物流运营成本，提高物流效率，提升九江集散货辐射能力。

（三）强化铁路通道建设，提高港口多式联运效率

通过整合既有铁路货站资源，建设瑞昌港区、城西港区、城东港区、湖口港区、彭泽港区的铁路专业线，完善铁路集疏运通道，加强跨区域运输，以适应新形势下区域内运输需求。打通铁路进港"最后一公里"，提升港口的综合服务能力并扩大辐射范围，发展以集装箱为核心的铁路运输组织方式，实现铁、水、公路运输无缝对接，提供全程综合服务，集约利用现有资源，提高物流服务效率，构建集装箱多式联运体系，促进铁水联运、公水联运等多式联运发展。同时引进专业的多式联运龙头企业，加强与中欧班列对接，充分发挥港口及铁路优势，实现九江市至上海市、重庆市"天天班轮"的常态化运行。

（四）加强物流企业培育引进

一是制定支持物流企业"做强、做大"的招商政策，培育引进一批网络化、规模化、平台化发展较强的国际、国内知名物流企业。

二是培育引入智慧物流平台企业，通过运用"互联网＋"、物联网和区块链技术，创新物流运营模式，提高全市物流行业核心竞争力。

三是鼓励现有运输、仓储、货代、联运、快递等传统物流企业通过兼并重组、联盟合作等方式实现规模扩张、资源集聚、功能整合，树立物流行业品牌，提升一体化服务能力。

（五）完善物流公共信息服务平台

应用大数据、云计算、物联网等先进信息技术，强化物流公共信息服务平台功能，建立物流企业信息开放体系，引导企业参与物流公共信息服务平台建设，推动物流公共信息服务平台向智慧物流公共信息服务平台发展，提高物流业信息化、标准化、智能化水平。

（九江市商业管理办公室　胡凯）

2018 年景德镇市物流业发展情况报告

一、2018 年景德镇市物流业总体发展情况

（一）物流行业总体运行情况

1. 货物运输

（1）公路运输情况。2018 年，全市公路货运量 4036 万吨，同比增长 14.1%。

（2）铁路运输情况。2018 年，全市铁路货运量 8.2 万吨，同比下降 42.6%。

（3）航空运输情况。2018 年，全市货邮吞吐量 647.395 吨，同比下降 69.46%。

（4）邮政快递情况。2018 年，全市快递服务企业业务量累计完成 2675.52 万件，同比增长 3.09%；业务收入累计完成 2.45 亿元，同比增长 10.18%。

2. 物流企业

2018 年，全市物流企业 401 家，A 级物流企业新增 3 家，总数达 10 家，其中 4A 级物流企业共 3 家，3A 级物流企业新增 3 家，共 7 家。代表性物流企业如下。

（1）景德镇恒达物流有限公司。景德镇恒达物流有限公司是国有控股上市公司"江西长运"物流板块的核心企业，主要从事商品车零公里运输和普通货物运输业务，注册资金 5100 万元，国家 4A 级物流企业，省级重点商贸物流企业。占地 3000 多平方米，现拥有可调配商品运输车 200 多辆，主要承接吉利、上汽通用、上汽大众、众泰、比亚迪、江淮汽车、北京现代、奔驰、柳汽、长安福特、长城汽车等商品车的公路运输往返业务。已在台州、慈溪、北仑、湘潭、长沙、合肥、芜湖、武汉、成都、重庆、广州、深圳、龙岩、厦门、北京、天津、上海、南京、盐城、黄岛、杭州 21 个省会及经济发达城市经销商和主机厂连成物流网络；2018 年零公里整车运输完成 27.92 万台，营业收入为 30516.25 万元，相比上年提高 9%；利润总额为 2205.17 万元，同比回落 9%。

（2）江西联源物流有限公司。江西联源物流有限公司于 2012 年 5 月成立，注册资金 1000 万元，国家 4A 级物流企业，为江西省交通运输与物流协会常务理事单位，主要从事道路货物普通运输、集装箱运输、货物联运、国际货运代理、仓储、装卸服务以及汽车零配件销售，采用铁路、公路、水运、多式联运等方式为客户提供运输服务，运输网络遍布全国，属于多种运输联运的综合型运输企业。公司拥有江西景德镇、江

西九江、河北唐山、河北邯郸、山东济宁、内蒙古乌海 6 个运输基地，运输业务也由原来单一的炭黑运输发展到炭黑、瓷砖、药品、机械设备、汽车配件以及陶瓷洁具等多元运输。2018 年被中国物流与采购联合会评为国家首批 A 级物流企业"信用体系建设共建单位"。2018 年共运输货物 2.75 万车，发送货物总重约 80 万吨，实现营业收入 19952.74 万元，资产总计 4997 万元，全年上缴税收 1305.65 万元。

（二）物流基础设施建设情况

1. 公路建设情况

全市通车公路总里程 4781.298 公里，公路密度为 87.43 公里/百平方公里。其中高速公路 4 条共计 192.13 公里（G56 杭州至瑞丽高速公路 47.3 公里、G35 济南至广州高速公路 84.42 公里、德兴至南昌高速公路 43.71 公里、祁门至浮梁高速公路 16.7 公里）；国道 2 条（G206、G351）共计 175.989 公里；省道 13 条共计 562.621 公里；县道 40 条共计 645.575 公里；乡道 282 条共计 1345.076 公里；村道 1957 条共计 1870.932 公里。（县道中乐平市 296.961 公里；浮梁县 285.397 公里；昌江区 51.284 公里；珠山区 14.933 公里。乡道中乐平市 534.894 公里；浮梁县 603.225 公里；昌江区 190.814 公里；珠山区 16.143 公里。村道中乐平市 1009.64 公里；浮梁县 634.178 公里；昌江区 158.125 公里；珠山区 68.989 公里）全市公路以高速公路为主干、以国（省）道干线公路为骨架、以农村公路（县、乡、村道）为干支相结合，形成内通外畅的公路网络。景德镇市已建成了东、南、西、北方向 4 个高速收费站，交通路网四通八达，公路运输较为便利。

2. 铁路建设情况

全市现有皖赣铁路和景涌铁路，其中皖赣铁路境内长 104.3 公里，乐平市境内皖赣线全长 37 公里；景涌铁路运营里程 41 公里。呈南北走向的皖赣铁路线与东西走向的九景衢客货两用铁路线在景德镇市珠山地区交叉。皖赣铁路线在景德镇市设有浮梁、景德镇站（货运东站）、景德镇南、鲇鱼山四个客货场站，主要是以货物运输为主；九景衢客货两用铁路线在景德镇市设有景德镇北一个站，以客运为主。

3. 水路建设情况

全市水路通航总里程达 132 公里（含支流南河），航道等级偏低，等级最高的为景德镇—凰岗的 5 级航道；景德镇市现拥有 5 座码头，生产用泊位 18 个，最大停泊能力 300 吨，其中 100 吨级泊位 7 个、300 吨级泊位 11 个、工作泊位 6 个。

4. 航空建设情况

全市现有 4C 级民用机场一座，位于市区西北面的浮梁县洪源镇罗家村，机场离城区较近，城市发展建设因净空保护要求受到限制，机场改扩建又因离市区太近无法扩建，相互制约。目前，机场迁建正在认证当中。

（三）物流园区情况

2018 年，全市中心城区主要有 7 个较大规模的物流中心、7 个自发形成的物流聚集区和 12 处主要的货运停车场。7 个较大规模的物流中心包括景德镇市远航物流中心、景德镇市冠东物流中心、景德镇市金三角物流中心等；7 个自发形成的物流聚集区主要集中在玲珑路、火车站、天宝桥和白鹭大桥及机场路、三河村 2 个快递聚集区；12 处主要的货运停车场主要集中在洪源北汽昌河基地附近、206 国道沿线、景北出入口和天宝桥等处。景德镇拟建一主一副 2 个物流园区，1 个农副产品专业物流中心，2 个城市配送中心，目前正在选址论证中。

赣东北综合物流园。位于景德镇西北部洪源组团内（景西高速出口处），西接九景高速，北临 206 国道，为杭瑞高速、济广高速和景婺黄（常）高速公路所环绕，交通和地理位置优越，占地面积 5600 亩。园内有会展中心、游客集散中心、长途客运中心、公交枢纽中心、汽车城、大型货车停车场、物流批发市场、货物仓储、物流保税、生产加工区等十大功能区。陶瓷物流中心、汽车物流中心、航空制造物流中心、机电物流中心、国际物流中心和商贸配送中心等均建在该园。该园是景德镇市最大的物流产业开发区和物流企业集中地，其业务以服务景德镇及周边地区为主并向赣东北地区辐射。

（四）物流产业集群发展情况

景德镇陶瓷物流产业集群、乐平综合物流产业集群列入全省 50 个物流产业集群。两大集群 2018 年实现主营收入 117.4 亿元，同比增长 8.22%。

（五）重点物流领域发展情况

1. 电商物流

2018 年，全市陶瓷特色产业联合京东集团和阿里集团共同举办了 3 场产业平台对接会，积极支持景德镇市陶瓷企业和产品入驻知名平台，现场签约企业 300 余家，入驻单品 4500 多种。经大数据统计分析，全市在主要第三方交易平台注册并产生交易的企业和网店超过 61000 余家，陶瓷类企业和网店 58000 余家，占比 93.8%。利用电子商务这一新兴销售模式改造陶瓷产业，以打造"网上瓷都"为目标，依据线下瓷都资源优势，积极鼓励企业建立自主交易平台，现有上线的如中瓷网、中瓷商城、景瓷网等本土陶瓷电商第三方交易平台。通过美陶电子商务孵化基地等 4 个电商基地和唐龙陶瓷、昌南电商等 17 家企业的示范引领，促进产业聚集发展。通过推进示范体系建设，培育了众臣电商、格莱美、贝汉美、欧瑞雅等年销售近亿元的电商企业，推动了物流业的发展。

2. 口岸物流

2018 年 9 月 28 日，全市首趟中欧班列（景德镇至莫斯科）正式开行。该趟中欧班列装载 43 个集装箱，总价值约 374 万美元，全程运行 10257 公里，从江西省景德镇市始发，经满洲里市通关和换装后，接入俄罗斯西伯利亚铁路，终到莫斯科，运输时间约 14 天。开通景德镇市中欧班列，是把"景德镇"千年品牌深度融入国家"丝绸之路经济带"的重要举措，是景德镇市历史上第一列直达欧洲的班列，必将对促进景德镇市对外开放产生积极而深远的影响。

二、2018 年景德镇市物流业发展存在的问题

（一）缺少全市层面的统一规划，物流园区建设滞后

全市物流园区发展建设较为滞后，区域性综合物流枢纽和多功能、大型现代化、专业化的物流园（中心）缺乏。物流园（中心）布局分散，规模小、功能不完善、各中心之间配套性和兼容性差，系统功能残缺，不同运输方式之间缺少有效连接，园区（中心）多为各部门、平台或企业自行建设，缺少全市层面的统一规划引导。

（二）物流企业规模小，集中程度低

全市物流市场格局分散，缺乏行业龙头企业。物流企业 400 余家，A 级物流企业只有 7 家，其中 4A 级企业只有 3 家，呈现"多、小、散、乱、弱"态势；物流企业发展水平较低，网点分散、规模较小、层次偏低、效益低下、秩序混乱。市场竞争不规范、货物总量小、部分物流企业证照等手续不齐全，标准化水平低，绝大多数物流企业设备简陋、技术落后、信息化设施建设滞后。企业专业化程度不高，物流运输、仓储的现代化水平不高，物流中心和配送中心建设及集装箱运输发展缓慢，行业实力和竞争能力弱。

（三）物流标准化、信息化建设滞后

全市大部分物流企业是传统行业转型而来的中小企业，物流包装、设施、托盘等物流基础设施标准化程度低，机械化、自动化作业程度低，尚未建立物流公共信息平台，物流信息化建设滞后，已不能满足现代物流发展需要。

三、2019 年景德镇市促进物流业发展的措施

（一）加强统筹规划，区域协同发展

全市现代物流业规划，必须放在景德镇国家陶瓷文化传承创新试验区建设的总体框架内。统筹规划区域之间、城乡之间、行业之间物流业发展布局，协调和衔接好物

流基础设施建设，优化整合现有物流资源和物流设施，提高物流设施的利用效率，做大做强物流企业。

（二）培育和引进龙头企业，扶持中小企业

鼓励物流企业的兼并、重组，引导资金、管理、人才等要素向有规模、有效益、有档次的大型物流企业集中，重点培育和引进一批具有核心竞争力、技术领先、主营业务突出、带动力强的龙头物流企业；鼓励中小型物流企业与大型物流企业规模化服务配套，开展专业化特色服务，满足多样化物流需求。同时，在信贷政策、用工制度、发展环境等方面，积极扶持中小物流企业发展，增强中小企业的活力，形成结构合理、竞争有序的市场格局。

（三）加强标准化建设，推进物流一体化

坚持技术标准先行，加快物流技术标准体系建设和推广应用，综合集成仓储、运输、货代、包装、搬运、流通加工、配送、信息处理等多种功能，推进物流一体化运作，提高物流效率。

（四）加强物流公共信息平台建设

建设全市物流公共信息平台，整合供应链上下游的物流信息资源，为物流企业、商贸流通企业、生产制造企业、第三方服务企业及个人提供集成化的信息服务和交易服务。本着实用、方便、安全、可兼容的原则，由工业和信息化、农业、商业、工商、税务和"一关三检"（海关、商品检验、动植物检验、卫生检验）等部门根据实际情况建设企业、行业内部物流信息平台，注重各企业、行业物流信息系统平台之间的数据交换接口，并与其他地区及全国性的物流公共信息平台相连接。

（景德镇市商务局　罗小亮）

2018 年萍乡市物流业发展情况报告

一、2018 年萍乡市物流业发展总体情况

（一）物流业总体运行情况

1. 货物运输

（1）公路运输情况。2018 年，全市公路运输货运量 4190 万吨，同比增长 14.20%；货物周转量 66.02 亿吨公里，同比增长 9.60%。

（2）铁路运输情况。2018 年，全市铁路货物运输量 514.70 万吨，同比下降 14.0%。

（3）邮政快递情况。2018 年，全市邮政寄递服务业务量累计完成 2697.38 万件，同比增长 2.30%；快递业务量完成 1385.93 万件，同比增长 31.90%；快递业务收入 1.42 亿元，同比增长 32.3%。

2. 物流企业

2018 年，全市共有 4A 级物流企业 3 家，重点商贸物流企业 8 家，重点商贸物流园区 1 家。代表性物流企业如下。

（1）江西安智物流股份有限公司。2018 年，公司营业收入 3.27 亿元，毛利率 4.27%，归属于挂牌公司股东的净利润同比增长 94.45%。公司是萍乡市辖区内第一家上市物流企业，以外贸出口、仓储运输业务为主，是国家 4A 级综合型物流企业，是国内最早从事出口烟花爆竹运输的专业物流承运商之一，曾荣获"中国化工物流 30 强企业"。

（2）江西天来实业有限公司。2018 年，公司以市场为中心，以钢铁仓储、物流、加工为重点，全面完成公司经营目标，完成仓储改造建设面积 1.5 万平方米，全年货物吞吐量达到 95 万吨，实现营业收入 4555 万元，是一家集国内贸易、物流信息服务、物流运输、仓储服务于一体的综合型公司，自备和长期挂靠货运车辆 200 余台，业务遍及江西、湖南、广东、广西、重庆等多个省市。

（二）物流基础设施情况

萍乡市地处江西西部，是赣西地区重要的交通枢纽。市域对外交通目前以公路和

铁路为主体框架，航空运输依托湖南长沙黄花国际机场和江西南昌昌北国际机场，水路运输尚未开通。目前公路主要由沪昆高速萍乡段（昌金高速）、319国道、320国道构成主框架，铁路有浙赣铁路电气化新线经过。

1. 公路建设情况

全市目前公路主要由沪昆高速萍乡段（昌金高速）、319国道、320国道构成主框架，铁路有浙赣铁路电气化新线经过。2018年，萍乡市公路通车里程7800公里，其中，高速公路通车里程118公里。民用汽车保有量22.15万辆，比上年增长13.9%。萍洪高速、昌栗高速、吉莲高速顺利通车，高标准改造了武功山大道、安源大道、迎宾南大道等城市主干道，打通了建设东路、无专南路、龙腾路等城市断头路。构筑了以昌金高速、萍洪高速为高速通道，以319国道、320国道交叉组成的"大十字"主干线，形成了贯通全市、通达四邻、延伸全国的交通路网格局。

2. 铁路建设情况

全市沿沪昆铁路、沪昆客专、衡茶吉铁路线上共有8个火车站，其中萍乡站、萍乡北站为客运站，姚家洲站、白源站等其余6个为货运站，全市共有铁路正线约128公里（沪昆铁路65公里、沪昆客专54公里、衡茶吉铁路莲花段9公里），沪昆联络线（老浙赣线）12公里，站线约长100公里。全市范围内有1条专用铁路和29条铁路专用线，合计约83公里，其中安源区境内22条、湘东区境内8条、芦溪县境内1条（华能安源电厂专用线经安源区、芦溪县）。正在规划中的渝长厦高铁，将在萍乡市设站，届时，渝长厦高铁与沪昆高铁将在萍乡市相交，有望成为高铁枢纽中心。

（三）物流园区情况

全市正在运营的重点物流园区有四顺物流园、萍乡市鑫滟农副产品批发市场、江西烟花爆竹物流中心等（见表2-4-1），在建的有赣湘物流园（上栗）、中国供销·萍乡农产品物流园等。

表2-4-1 2018年萍乡市重点物流园

序号	物流园区名称	占地面积（亩）	仓储面积（平方米）	入驻企业（家）	主营业务收入（万元）	货运量（万吨）
1	四顺物流园	150	20000	17	3120.6	160
2	萍乡市鑫滟农副产品批发市场	24	11000	30	6721	200
3	中国供销·萍乡农产品物流园	568	380000	在建		
4	江西烟花爆竹物流中心	350	17400	2018年监装3105个集装箱		

（1）中国供销·萍乡农产品物流园。该物流园由中国农批公司下辖的萍乡中合农产品市场有限公司投资建设和运营管理，是萍乡市和安源区重点招商引资项目，江西省重点建设项目。项目位于安源区中环南路与萍安大道交汇处，紧邻中环南路，距安源区人民政府仅4公里，距萍莲高速南出口仅8公里，规划用地面积568亩，总建筑面积近50万平方米，总投资额20亿元。项目分两期建设，其中一期规划用地面积340亩，建筑面积38万平方米。项目建成后，短期将实现年交易额约50亿元，最终将实现年交易额100亿元，直接增加就业岗位上万个，间接拉动3万~5万人就业。项目将依托中国农批公司的资源，实现农副产品的互联互通，推动萍乡市及周边地区农产品生产、加工、流通的转型升级。

（2）四顺物流园。该物流园位于城市交通运输主要节点的芦溪县工业园区，交通便利，距离G60（沪昆高速昌金段）约2.5公里，距离320国道约2公里，离芦溪县铁路货运站7公里，占地面积150亩，其中已建三栋大楼：综合大楼、物流共享仓库、信息化中心，拥有大型停车场、超市、住宿、食堂等综合性服务场所，入驻物流快递企业15家、电子商务公司3家，办公面积1万平方米，仓配一体化仓库1.5万平方米，大数据展示中心1000平方米，大件风电叶片堆场200亩（约13.3万平方米）。是针对城市配送、生产制造业、商贸流通业等多元对象而规划的一家综合性服务型物流园区。

（四）物流产业集群发展情况

全市主推打造三大物流产业集群，分别为萍乡烟花鞭炮危险品物流产业集群、萍乡电子商务物流产业集群、萍乡汽车产业集群。2018年全市物流产业集群实现主营业务收入132.4亿元，同比增长8%。

（五）重点物流领域发展情况

1. 烟花爆竹产业物流

2018年，萍乡市上栗县烟花爆竹产业共有生产企业401家（其中规模以上企业119家）、印刷企业36家、原材料生产企业7家、销售公司150余家、零售网点59家、物流公司7家、机械制造和加工厂51家、出口贸易公司39家、燃放公司7家，基本形成了造纸、包装、印刷、产品研发、生产、运输、营销、燃放等一系列环节较为完善的产业链。2018年，监装出口烟花爆竹5614标准箱，同比增长12.91%，出口烟花爆竹价值超过15亿元。为推动烟花爆竹出口通关便利化，上栗县率先成立了县级口岸办，专门负责口岸、物流建设和管理，与海关、国检建立了促进物流业发展综合联席机制，成功打造了赣西地区第一个公路口岸作业区，将沿海港口功能搬入内地，建立无水港。

2. 城市配送物流

2016年8月，萍乡市成为全省第三批城市配送试点城市，全市确立了"市场运作、先易后难、整合资源、梯次推进"的共同配送试点工作思路，重点打造信息平台、仓储中心、配送车队、末端网点。2018 年，搭建了萍乡市物流公共信息平台，整合供应链各环节物流信息、物流监管、物流技术和设备等资源，面向社会用户提供信息服务、管理服务、技术服务和交易服务。组建了一支由 42 辆标准化配送车组成的车队，主要用于开展快速消费品、家电等产品的配送业务，并对配送车辆统一标识，统一安装 GPS，萍乡市商务局联合当地交通、公安等部门解决了城市配送车辆通行证发放问题。通过此次城市共同配送试点工作的推行，各试点企业降本增效成效显著。通过试点工作，各试点企业物流成本占物流收入的比例下降均超过 10％。

二、2018 年萍乡市物流业发展存在的问题

（一）物流企业基础设施仍然薄弱

全市现有仓储业设施虽具备了发展物流业的硬件条件，但仍需加强物流信息管理、现代化物流设施设备的改造。现代化的集装箱、散装运输发展不快；高效专用运输车辆少；大部分物流企业作业信息化、机械化程度低，标准托盘普及率不高，物流基础设施非标准化较普遍，公共信息平台的物流资源整合能力有待提高。

（二）物流企业管理理念比较落后

物流活动的本质是服务，萍乡市大多数物流企业对服务的认识程度远远不够，把物流服务看成单纯地满足客户需求，把物流服务的各个环节（如仓储、运输、配送、流通加工等环节）看成各自独立的物流活动，没有形成物流综合管理的概念，导致物流企业仅仅关注价格而忽视了"供应链"降低成本的优势。随着物流市场竞争的日益激烈，物流企业要生存就必须提高物流服务的层次和水平，不能再把服务看成单纯地满足客户需求，应形成"集成物流服务"和"高质量物流服务"的理念，在提高物流服务水平的同时将物流服务的各个环节紧密相连并同客户结成战略伙伴关系。

（三）物流行业信息集成的应用水平不高

大多数物流公司仍采用传统的运营模式，80％以上的企业未在线上完成交易、清关、代理、保险、银行支付、信息反馈、业务流程、物流、信息等工作，信息无法及时传达，影响业务运营效率。针对这一问题，萍乡市结合城市共同配送项目打造了市级物流公共信息平台，目前平台处于起步阶段，暂未辐射全市物流企业，货运信息采集困难、物流信息发布量不多，平台作用还未全面发挥。

三、2019 年萍乡市促进物流业发展的措施

（一）加强物流基础设施建设

按照《萍乡市现代物流发展规划》要求，大力推进物流基础设施建设，加快推动中国供销·萍乡农产品物流园、四顺物流园、危化品智慧物流中心等物流园区建设。完善产业基地、铁路、公路建设，逐步推动企业内部物流向社会化、第三方物流企业转变，建设一批功能齐全、辐射范围广的产业物流园区和商贸物流园区，实现物流基础设施集聚化、规模化发展，形成区域物流集聚区，加快物流运输体系的发展。

（二）推动物流产业升级，拓展物流产业链

积极培育、引进物流龙头企业，积极推行"走出去、引进来"战略，采取资产联合、参股合资等方式，引入资源、技术、资本，与关联紧密、资质优良的供应商、服务用户进行融资合作，加大自主创新升级投入，细分市场，拓展业务范围，发展增值物流服务，广泛开展加工、配送货代理等业务。进一步加大物流行业政策扶持力度，以商贸物流为突破点，整合上下游产业链，形成以电子商务为核心的集贸易、货代、仓储、配送、运输于一体，商贸与物流联动发展的模式，带动经济产业优化升级和物流业跨越式发展。

（三）加强人才教育培训，提升物流管理理念

一是建立现代化物流行业管理体系，实现产品从供应商到消费者之间的快速转移，以满足消费市场的实际需求。二是加强物流管理层的物流知识培训，提倡多层次、多方面的物流继续教育和在职培训，实现对物流各个环节的明确认识。三是深化校企合作，开展物流领域的职业资质培训与认证工作，建立专业物流队伍。

（四）完善物流公共信息平台，提升信息化集成水平

充分发挥萍乡市物流与采购协会作用，整合全市物流资源，完善市级物流公共信息平台服务功能，拓展业务辐射范围，推动物流公共信息平台在优化整合物流资源、促进信息互联互通、提高物流组织化程度方面的功能建设，强化多元信息平台间的协同运作，建立跨平台的数据合作、交换和共享机制，引导物流信息平台与海关、铁路、检验检疫、税务等信息平台实现互联共享，为全市物流企业提供集成化、便捷、高效的物流信息与交易服务。

（萍乡市商务局　黄华　刘劲松　肖鹏翔）

2018 年新余市物流业发展情况报告

一、2018 年新余市物流业发展总体情况

（一）物流业总体运行情况

1. 货物运输

（1）公路运输情况。2018 年，全市公路货运量 21310 万吨，同比增长 14.20%；货物周转量 4617.94 亿吨公里，同比增长 9.60%。

（2）铁路运输情况。2018 年，全市铁路运输货运量 551.67 万吨，同比增长 21.20%；货物周转量 4666.53 亿吨公里，同比增长 9.45%。

（3）水路运输情况。2018 年，全市水路运输货运量 40.60 万吨，与上年持平；货物周转量 48.59 亿吨公里，同比增长 0.10%。

（4）邮政快递情况。2018 年，全市邮政寄递服务业务量累计完成 1896.82 万件，同比增长 13.33%；邮政寄递服务业务收入 3168 万元，同比增长 10.40%；全市快递服务企业业务量完成 1090.6 万件，同比增长 75.66%；快递业务收入 11140.38 万元，同比增长 48.57%。

2. 物流企业

2018 年，全市共有物流企业 505 家，其中公路运输型物流企业 430 家，铁路运输型物流企业 7 家，水路运输型物流企业 2 家，仓储型物流企业 26 家，快递物流企业 36 家，综合服务型物流园区（中心）3 家，市级物流公共信息服务平台 1 家。规模以上物流企业 96 家，经国家认定的 A 级资质物流企业 5 家，其中 4A 级 4 家、3A 级 1 家。代表性物流企业如下。

（1）新余中新物流有限公司。公司拥有货运车辆 65 台，挂靠的社会个体户车辆和社会车辆 1000 余台，共完成货运量 1300 万吨，营业收入 6 亿元，资产总额 11729 万元，净利润 500 万元，是国家 4A 级综合服务型物流企业。主要从事钢材、矿粉、煤炭等大宗商品的汽运、铁运、水运代理以及多式联运物流服务，已建立全国主要干线运输的物流服务网，形成了以华东、中南、华南地区为基地，辐射全国的运输资源网络。

（2）江西金土地天然食品饮料股份有限公司。2018 年，公司主营业务收入 2.37 亿元，拥有仓库面积 5 万平方米，年货运总量 150 万吨，是一家集粮食收储、大米加工、

食品饮料生产销售、粮食贸易于一体的大型工贸集团。公司拥有世界最先进的瑞典生产线 18 条，进口二片罐、三片罐、PE 瓶生产线共计 30 条，是全国稻米深加工最大的企业，年产能 50 万吨。公司自建物流系统，标准配送车辆 60 余辆（其中新能源货车 6 辆），并配有 3 套信息管理系统，标准托盘 48000 片，起重设备 10 台。

（二）物流基础设施情况

1. 公路建设情况

2018 年，全市主要围绕新宜吉六县跨行政区转型合作试验区干线公路的互联互通、完善普通干线公路网体系、提升民生交通实绩为重点，全力打造新余绕城公路综合交通枢纽，完成普通国省干线公路升级改造里程 26.53 公里，G533 一级公路改建工程、G220 线彬江镇至分宜县城段一级公路改建工程、S222 线凤阳至山塘下（分宜县绕城段）一级公路改建工程、S529 九龙山至界上段二级公路改建工程等重点项目建设稳步推进。全市公路通车里程 4459.42 公里，其中国道通车里程 101.16 公里，省道通车里程 324.61 公里，高速公路通车里程 127.86 公里，农村公路通车里程 3905.8 公里。

2. 铁路建设情况

为深入贯彻落实江西省发改委关于《新宜吉六县跨行政区转型合作试验区建设实施方案》，优化新宜吉六县跨行政区转型合作试验区口岸营商环境，畅通赣西进出口快速通道，全市充分利用宁波舟山港的优势资源，为试验区稳外贸、稳增长，培育经济增长新动力，于 2018 年 11 月 23 日开通新余至宁波舟山港铁海联运集装箱快速（五定）班列，发运出口集装箱时间压缩至 30 小时以内，费用压缩 40%，有效降低企业物流成本，增强企业落户试验区信心。2018 年年底，全市铁路通车里程 58 公里，高铁通车里程 58 公里。铁路货运专用线 28 条，总里程 132 公里。

（三）物流园区情况

全市在运营的物流园区有 5 个，在建物流园区 2 个，缺乏高标专业物流园区。

（1）仙女湖物流园区。规划总面积 6 平方公里，总投资 50 亿元，引进了万商红新履小镇、装配式建筑产业园、汽车服务产业园、信息技术产业园、人力资源产业园、生物医药科技产业园、钢材贸易产业园落户园区，形成了"一镇六园"的产业布局。2018 年年底，园区共有实体企业 921 家，总部企业 328 家，其中物流企业 16 家，2018 年完成物流货运量 19 万吨，实现主营业务收入 61.3 亿元。

（2）新余市天润物流市场。总规划面积 455 亩，总投资 2 亿元，现已投资 1.2 亿元，入驻企业 110 家。集政府优势、资源优势、交通优势、功能优势、通信优势、战略优势、人才优势、服务优势八大优势与市场货物运输、配载、仓储、金融、旅业、餐饮、停车、汽修、超市、办公十大功能为一体的大型物流市场。2018 年物流货运量 100 万吨。

（3）保税物流区。新余市陆路口岸查验区于 2017 年 9 月立项批复，项目位于新余市高新技术产业开发区，东临虎跃北路，靠近沪昆高速新余市出入口，临近上新铁路新余新花站，周边聚集申通快递、中通快递、圆通快递等多家快递物流企业。新余市陆路口岸查验区规划用地总面积 167.120 亩，建设用地面积 156.656 亩，项目分两期建设，一期建设用地 56.433 亩，于 2018 年 6 月正式开工，已完成规划范围内 1#、2# 公共保税仓基础出土正负零。项目全面建成后，将集海铁联运、保税物流、海关监管、商检查验及国际快件于一体，建立赣西国际保税通关物流中心，助推新余市赣西物流中心园区产业发展。

（四）物流产业集群发展情况

新余光伏钢铁物流产业集群、新余综合物流产业集群、新余电子商务物流产业集群列入了全省 50 个物流产业集群。2018 年，全市三个物流产业集群实现主营业务收入 140.6 亿元，同比增长 8.15%。

（五）重点物流领域发展情况

1. 钢铁物流

新余市为江西省重要的钢铁生产基地，目前共有钢铁企业 175 家，其中规模以上企业 131 家，基本形成了钢铁矿石采选—炼铁—炼钢—轧材完整的钢铁产业链。在龙头企业新钢公司的带动下，2018 年，全市规模以上钢铁企业实现主营业务收入 811.9 亿元，同比增长 20.6%，主营业务收入占新余市工业主营业务收入总量的 57.4%，实现利税超百亿元，新余市钢铁产业正在向千亿元级产业集群迈进。2018 年，新钢公司实现主营业务收入 571.7 亿元，实现利润总额 65 亿元，经济效益创建厂 60 年来最高水平。2018 年新钢公司货运量达 4100 万吨，其中原材料进量 2800 万吨，产品出量 1300 万吨。运输方式主要以公路和铁路为主。原材料进入的运输量中公路占 30%，铁路（含铁水联运）占 70%。产品输出的运输量中公路占 69%，铁路占 31%。2018 年新钢公司在中国企业 500 强中排名第 310，在中国制造业 500 强中排名第 142，在全球钢铁行业排名第 43。

2. 冷链物流

近年来，针对全市冷链物流基础设施缺乏的情况，全市利用"万村千乡市场工程""农产品现代流通综合试点"等项目，鼓励和支持相关企业发展冷链物流。先后重点支持万商红、星辉农产品批发市场、珊娜果业、分宜诚懿商贸有限公司等企业建设冷链物流设施。目前，全市已有规模以上冷库企业 16 家。其中新余星辉鲜活农产品批发市场已建成冷库 19800 平方米，具备低温、超低温、速冻、保鲜等多种冷冻冷藏功能，贮藏能力达 7.5 万吨；珊娜果业建成冷库 12000 平方米，可单次冷藏保鲜加工水果蔬菜 3000 吨，年周转冷藏保鲜加工水果蔬菜 1.5 万吨。

3. 物流信息化

全市智慧物流公共信息平台按照"政府引导、企业投资、市场运作、自负盈亏、自我管理与发展"的模式于2014年8月开始建设，经过几年的发展和完善，目前拥有企业会员400家、个人会员7.5万名，月均信息交易发布量数万条。为政府认定的市级物流公共信息平台。

二、2018年新余市物流业发展存在的问题

（一）物流基础设施不完善

全市近几年虽然不断加大对物流基础设施建设的投入，但与社会经济发展仍然不匹配，缺乏符合市场和物流企业需求的标准化基础设施，物流园区规划欠科学，选址离高速公路出入口太远，园区规模小、服务功能单一，专业化程度低、效益差，缺乏多式联运物流园区和国家级、省级示范物流园区。部分物流园区、物流中心、专业物流市场规划缺乏论证，适合社会经济发展的大型物流园区、物流中心、专业物流市场建设滞后，城市没有规划配送车辆装卸停靠位，末端网点较为零乱，网络化、体系化水平较低，现有的物流基础设施，无论在规模、质量和功能上，均有待进一步提高和完善。

（二）物流信息化水平低

全市目前唯一一家物流公共信息平台于2014年建设并运营，由于平台全由企业投资自建，投资大、见效慢、风险高、收益低，因此平台发展的积极性受到影响，信息采集困难，信息交易量少（月均信息交易量只有上万条），客户点击使用率低。物流公共信息平台建设是一项跨行业、跨地区、跨部门的系统工程，其专业性强、业务复杂、实施难度大，加之生产、商贸流通等企业对物流公共信息平台缺乏全面了解等各方面原因，导致物流公共信息平台货运信息采集困难、物流信息发布量不大，作用未得到有效发挥。

（三）缺乏龙头物流企业

全市近几年物流企业发展虽然较快，但发展规模普遍偏小，全市505家物流企业中，规模以上企业仅有96家，占物流企业总数不到1/5，物流企业基本处于"小、散、弱"的状态，辐射带动能力强的龙头企业缺乏，4A级物流企业只有4家，规模也不大，很难起到引领和示范作用。大多数物流企业经营规模小，信息化、智能化程度低，装备技术水平和管理手段落后，物流增值服务能力不足，只能提供传统的运输、配货和仓储服务，缺乏专业的第三方物流企业。

三、2019 年新余市促进物流业发展的措施

（一）加快推进物流基础设施建设

重点加快推进新余市陆路口岸作业区、蒙华铁路货运枢纽、华孚冷链等项目建设，完善提升仙女湖中心物流园区、天润物流市场及分宜县华翔公交物流园服务功能。加快推进蒙华铁路项目建设，加快新余市至峡江县、上高县、新干市等周边市县区公路快速通道建设，按照四级航道（500 吨船舶）规划建设标准，尽快将袁河开发提上议事日程，争取项目早立项、早开工，尽快启用赣江货运码头樟树港和新干赣江水运码头，为物流畅通创造条件。

（二）做大做强物流公共信息平台

物流信息化是物流业发展的重要支撑，是企业降成本、增效益的重要途径。重点加快推进市级物流公共信息平台建设，进一步完善新余智慧物流公共信息平台，加大宣传力度，加快团队建设，逐步建立完善物流公共信息查询系统、物流电子政务信息系统和物流电子商务信息系统，形成信息采集、处理和服务的交换共享机制，有效整合物流资源，形成物流信息化体系，推动工业、商贸、物流企业与平台高效对接，提高企业运营效率。

（三）积极培育物流龙头企业

加大政策扶持力度，努力形成一批以中新国际物流有限公司、金土地集团有限公司为样板的服务水平高、竞争能力强的大型物流品牌企业。鼓励现有运输、仓储、货代、联运、快递等传统物流企业进行功能整合和业务延伸，提升一体化服务水平。鼓励中小物流企业转变思想观念，创新物流服务模式，走多样化物流服务的路子，逐步发展壮大。鼓励规模以上物流企业积极申报成为国家 4A 级及以上物流企业，政策上给予奖励支持。鼓励招大引强，引进一批国内外知名物流品牌企业落户新余市，带动全市传统物流业快速发展，提升企业的竞争力和价值。

（新余市商务局　胡薇　刘芳）

2018 年赣州市物流业发展情况报告

一、2018 年赣州市物流业发展总体情况

（一）物流业总体运行情况

1. 社会物流

（1）社会物流总额。2018 年，全市社会物流总额 5697.63 亿元，同比增长 4.42%，增速比上年同期回落 0.49 个百分点，全年社会物流总需求呈趋缓趋稳的发展态势。从物流总额构成看，工业品物流总额 3731.56 亿元，同比增长 1.67%，增速比上年同期回落 0.93 个百分点；区域外流入货物物流总额 1334.24 亿元，同比增长 14.54%，增速比上年同期提高 2.29 个百分点；农产品物流总额 545.8 亿元，同比下降 0.31%，增速比上年同期回落 5.01 个百分点；单位与居民物品物流总额 23.02 亿元，同比增长 28.17%；再生资源物流总额 63.01 亿元，同比增长 11.49%。

（2）社会物流总费用与 GDP 比率情况。2018 年，全市社会物流总费用 408.93 亿元，同比增长 9.62%，增速比上年同期提高 4.86 个百分点。社会物流总费用与 GDP 的比率为 14.57%，同比下降 0.21 个百分点。其中，运输费用 219.01 亿元，同比增长 8.6%，增速比上年同期提高 1.54 个百分点，运输费用与 GDP 的比率为 7.8%，比上年同期下降 0.19 个百分点。保管费用 140.11 亿元，同比增长 7.43%，增速比上年同期提高 8.44 个百分点，保管费用与 GDP 的比率为 4.99%，比上年同期下降 0.18 个百分点。管理费用 49.81 亿元，同比增长 21.67%，增速比上年同期提高 7.82 个百分点，管理费用与 GDP 的比率为 1.77%，比上年同期提高 0.15 个百分点。

（3）物流业总收入情况。2018 年物流业总收入 356.29 亿元，同比增长 10.64%，增速比上年同期回落 1.43 个百分点。

2. 货物运输

（1）公路运输情况。2018 年，全市公路货物运输量 11935 万吨，同比增长 13.83%；公路货物周转量 270.36 亿吨公里，同比增长 9.5%。

（2）铁路运输情况。2018 年，全市铁路货物运输量 1047.02 万吨，同比增长 12.7%。

（3）水路运输情况。2018 年，全市水路货物运输量 2913.4 万吨，同比增长

0.1%；水运货物周转量10.69亿吨公里，同比增长18.59%。

（4）航空运输情况。2018年，全市民航货物运输量5076吨，同比下降23.41%。

（5）邮政快递情况。2018年，全市快递服务企业业务量全年累计完成7242.1万件，同比增长34.69%；快递业务收入全年累计完成8.96亿元，同比增长36.32%。其中同城快递业务量完成1332.73万件，同比增长46.43%；异地快递业务量完成5845.45万件，同比增长32.62%；国际及港澳台业务量完成63.92万件，同比增长8.38%。

3. 物流企业

全市在册并正常运营的物流企业2116家，截至第27批A级企业评估，赣州市拥有国家A级物流企业68家，占全省34%，其中4A级物流企业6家，3A级物流企业33家，2A级物流企业25家，1A级物流企业4家，三星级冷链企业1家，A级企业新增速度和总量均居全省首位。代表性物流企业如下。

（1）江西红土地物流有限公司。2018年开通全国一线城市和部分二、三线城际专线，会员企业达到300家以上，与全国一线城市平台对接，实现信息互联互通。在南康区、瑞金市、寻乌县三地增建物流园区，货运总量185万吨，同比增长54.4%，营业收入同比增长35.1%，从业人员增长57.20%，达到236人。2018年被评为国家高新技术企业、江西省重点商贸物流园区、江西省重点商贸物流企业、江西省中小企业公共服务示范平台等。

（2）赣州国盛铁路实业有限公司。公司自建铁路专用线货场，是一家以多式联运业务为依托，应用铁路专线优势，集合码头、船公司、铁路三方资源，主要从事铁路集装箱到发、中转、配送业务，大宗原材料供应链服务的企业。企业拥有自建仓库面积5万平方米（其中有站台仓库面积3000平方米，集装箱堆场面积3000平方米，可堆放20尺标准集装箱约1000箱），铁路专线2条，货运车16辆，集装箱车3辆；2018年实现业务收入13650万元，资产达到11500万元；专用线货场货物年到发量突破50万吨，集装箱年到发量突破2万标准箱。为赣州市首家国家4A级物流企业，被评为江西省重点商贸物流企业、江西省服务业龙头企业、赣州市规模以上物流企业、赣州市先进物流企业、赣州市十强物流企业，为行业标杆企业。

（二）物流基础设施情况

1. 公路建设情况

全市规划建设"三纵三横八联"高速公路网，总里程超过1895公里。目前已建成高速公路18条，通车里程1490公里，约占全省高速公路的1/4。在建高速公路1条，为兴赣高速北延段。国、省干线公路总里程3619公里，其中国道11条，总里程1973公里，省道30条，总里程1646公里。农村公路里程25945公里，位居全省第一，其中县道4893公里，乡道7189公里，村道13863公里，已实现村村通水泥路目标，2018

年在全省率先实现 25 户以上人口自然村通水泥路目标。

2. 铁路建设情况

全市铁路规划为"一纵一横"快速铁路网和"两纵两横"普通铁路网，总里程超过 1300 公里。目前已建成铁路 4 条，为京九铁路、赣龙铁路、赣瑞龙铁路和赣韶铁路，营运里程 555 公里，通达 11 个县（市、区）。在建铁路 3 条，即昌赣客专（总里程 107.7 公里，将于 2019 年建成通车）、赣深客专（总里程 136.4 公里，将于 2021 年建成通车）、兴泉铁路（总里程 124.78 公里，将于 2021 年建成通车）。此外，瑞梅铁路、长赣铁路、赣郴永兴铁路、赣韶铁路扩能改造，南丰至瑞金城际铁路等纳入国家和江西省中长期铁路网规划，建成后，将在赣州市中心形成十字交叉的高速铁路网，赣州市也将成为全国"八纵八横"高铁节点城市。

3. 水路建设情况

全市航道通航里程 789.25 公里，拥有水运港口 1 个，泊位 203 个，船舶总数 278 艘，其中货运船舶 246 艘。2018 年，完成水运货运量 2913.4 万吨，水运货物周转量 10.69 亿吨公里，同比增长 18.59%。赣州港水西综合货运码头项目正在做前期工作，已完成项目建议书和工程可行性研究报告编制单位的招标，调整湿地公园的规划已通过省林业局组织的评审。

4. 航空建设情况

航空事业稳步发展，通航城市增至 26 个，全市年航空旅客吞吐量达 162.5 万人次，同比增长 27%，赣州黄金机场成为全省通航城市最多、通达性最强的支线机场。赣州黄金机场正在实施改扩建工程，机场总体规划按"4E 控制标准"（每一个岗位、每一个活动、每一份资产、每一个时刻、都处于受控状态）进行，本期改扩建按近期规划目标（年旅客吞吐量 220 万人次）建设，站坪机位扩增至 16 个，新建 1 座航站楼，投资规模约 10.24 亿元。机场航空口岸建设已经正式启动。

5. 快递设施情况

全市快递服务汽车 448 辆，快递服务企业拥有计算机 2973 台，比上年增长 51%；手持终端 4497 台，比上年增长 56%；全市快递服务路线 404 条，比上年增长 1.25%；快递服务路线长度（单程）38854.59 公里，比上年增长 2.59%。

6. 综合保税区情况

2014 年 1 月 22 日，赣州综合保税区经国务院正式批复设立，成为全国第 35 个、江西省第 1 个综合保税区。保税区规划面积 4 平方千米，分两期建设，一期建设面积为 2.229 平方千米，2015 年 10 月 20 日通过国家十部门联合验收，2016 年 10 月 19 日正式通关运行；2017 年 1 月 23 日，受市委、市政府委托，赣州综合保税区由赣州经济技术开发区领导，相对独立运行。赣州综合保税区立足于保税区独特政策，围绕赣州市产业特点，聚焦赣州经济技术开发区新能源汽车、电子信息两大首位产业，重点引进保税物流、保税加工、跨境金融和跨境电商类企业。自正式通关运行以来，累计入驻企业 51 家, 2018 年, 进出口总值达 4.99 亿美元, 折合人民币 33.88 亿元, 其中 2018 年进出口额达 3.35 亿美元, 折合人民币 22.75 亿元。

（三）物流园区情况

全市重大物流园区项目 28 个, 2018 年, 赣州港铁路二期工程、赣州综合物流园（一期）公路港、定南铁路集装箱转运中心、赣南脐橙交易中心、中国（赣州）华东城果蔬及农资交易中心、爱康慧谷综合物流中心、南康智慧物流园区、龙南保税物流中心展示中心、兴国县丹枫龙庭物流中心等项目完工并投入使用, 完工率达 39.1% （见表 2－6－1）。全市建成投入使用的 16 个物流项目, 拥有集加工、包装、储存为一体的仓库 128 个, 面积 92.7 万平方米。物流基础设施得到极大改善, 仓储、配送设施现代化水平不断提高, 物流技术设备加快更新换代, 物流信息化建设有了突破性进展, 区域性物流中心初具雏形, 初步构建了国家物流枢纽城市总框架。

表 2－6－1　　　　　　　　2018 年赣州市主要物流园区情况

序号	项目名称	面积（亩）	建设情况	建设性质	建设年限
1	赣州冷链物流中心	270	在建	续建	2017—2020 年
2	赣州综合物流园区	2110	一期工程 280 亩在建	续建	2016—2018 年
3	江西红土地物流园	210	落成运营	新建	2016—2018 年
4	赣州港多式联运物流园	3500	已建成面积 289 亩	续建	2016—2020 年
5	南康区物流中心	500	规划在建	续建	2017—2020 年
6	赣州铭宸蔬菜冷链物流中心	50	规划在建	续建	2017—2019 年
7	大余县物流园	30	规划在建	续建	2017 年
8	信丰县赣州市合一橙乡通物流园	100	规划在建	续建	2017—2018 年
9	江西省氟盐化工产业基地综合物流园	100	规划在建	续建	2017—2019 年
10	定南县三和冷链物流园	30	落成运营	新建	2017 年
11	赣州华东国际综合商贸物流城	483	落成运营	续建	2015—2018 年
12	赣州综合商贸物流园	2992	落成运营	续建	2012—2017 年
13	赣州综合保税区	600	落成运营	续建	2015—2019 年
14	于都鸿顺物流配送中心	100	落成运营	续建	2015—2017 年
15	定南铁路集装箱转运中心	150	落成运营	新建	2018 年
16	信丰县中国赣州南部国际商贸城	992.8	落成运营	续建	2015—2018 年
17	瑞金商贸物流园	627	规划在建	续建	2016—2018 年
18	瑞金市陆路口岸作业区（无水港）	500	落成运营	续建	2016—2018 年
19	中国供销赣南脐橙交易中心	286	规划在建	续建	2016—2020 年

续　表

序号	项目名称	面积（亩）	建设情况	建设性质	建设年限
20	安远县农资连锁配送中心	30	落成运营	续建	2016—2017 年
21	寻乌县综合物流园	200	一期工程落成，二期工程在建	续建	2016—2020 年
22	龙南保税物流中心（B 型）	154	落成运营	续建	2016—2018 年
23	全南县万通物流有限公司仓储基地	24	落成运营	续建	2016—2017 年
24	宁都县农副产品综合批发市场	70	落成运营	续建	2016—2018 年
25	会昌县农产品冷链仓储物流园	—	规划在建	新建	2018—2020 年
26	崇义县物流中心	—	规划在建	新建	2018—2019 年
27	赣州智创公路港	200	规划在建	新建	2018—2020 年
28	石城县旅游商贸物流中心	282	规划在建	续建	2015—2018 年

（四）物流产业集群发展情况

2018 年，全市重点培育的产业集群有南康家具物流产业集群、赣南脐橙物流产业集群、赣州城市配送物流产业集群、赣州钨和稀土物流产业集群、赣州商贸物流产业集群等七大物流产业集群，实现主营业务收入 165.4 亿元，同比增长 6.5%。其中南康家具物流产业集群、赣南脐橙物流产业集群基本形成。

南康区被国家林业和草原局授予"中国实木家居之都"，经国家市场监督管理总局批复成为全国 16 个创建国家级家具产品质量提升示范区之一。2018 年，物流产业集群继续保持高速增长态势，南康区家具产业集群总产值达 1600 亿元，同比增长 23%。南康区现有家具物流企业 300 余家，其中国家 A 级物流企业 16 家，物流专线 1000 多条，渗透全国各地，随着赣州港的加快建设，南康家具物流运输体系已从全国逐步扩散至全世界。在家具企业"升企入规"的带动下，2018 年，34 家物流企业相继"入规"，吹响了物流行业"转企升规"的嘹亮号角。一大批知名物流企业先后落户南康区，2018 年南康区先后引进了德邦快递、申通快递、顺丰速运等八大物流企业，香港龙泰安集团在赣州国际陆港设立省级冷链区域中心。

2018 年赣州市脐橙种植面积 156 万亩、产量 117 万吨，实现赣南脐橙物流产业集群总产值 122 亿元，其中鲜果收入 65.5 亿元，帮助 25 万种植户、70 万果农增收致富，脐橙产业带动 100 万农村劳动力就业；种植户户均收入 2.62 万元，果农人均收入 9360 元，占果农人均收入的 85%。脐橙产业使 100 万农村劳动力实现就业，带动了苗木、生产、养殖、农资、分级、包装、加工、贮藏、运输、销售以及机械制造、休闲旅游等全产业链发展。2018 年赣南脐橙以品牌强度 908、品牌价值 601.13 亿元位居区域品牌（地理标志产品）第九位、水果类第一位。赣南脐橙被列入中欧"100＋100"互认保护公示名单，赣州市赣南脐橙产区被认定为第一批中国特色农产品优势区。初步建立起覆盖全国的市场营销体系，不但走进了国内大中城市市场，而且远销俄罗斯、阿联酋、新加坡、马来西亚、哈萨克斯坦、印度尼西亚等国家，赣南脐橙产业发展实现了我国加入 WTO（世界贸易组织）之后抵御国外脐橙入侵的战略部署，赣南脐橙品牌驰名全国，享誉海外。

（五）重点物流领域发展情况

1. 冷链物流

现有农产品加工企业自营型冷藏库总量 57 万吨。全市冷链物流企业 32 家，主要分为四类：一是为生产服务的冷链企业，以鹭溪农场为代表。二是为第三方服务的以租赁冷库为主的冷链企业，以利友食品有限公司为代表。三是依托冷库市场的冷链企业，其主要为市场贸易服务，以仓储批发功能为主，以物流仓储企业（尤其是脐橙等果品企业）江西老果农农业发展有限公司为代表。四是为销售终端服务的冷链企业，以坚强量贩等大型超市为代表。全市年销售额超亿元的脐橙流通企业 13 家，脐橙冷藏库总容量 40 多万吨，其中，江西杨氏果业股份有限公司、信丰县裕和农业发展有限公司的冷库储藏量均达 5 万吨。

赣州冷链物流中心项目于 2017 年 10 月开工，项目位于章贡经济开发区沙河产业园，占地 270 亩，总投资达 13 亿元，建筑面积约 29.4 万平方米，其中冷库建筑面积约 15.1 万平方米，总容量达 15 万吨。项目一期工程建筑面积 18.8 万平方米，其中冷库建筑面积约 9 万平方米，分拨中心、集配中心等建筑面积约 9.8 万平方米。2018 年展示中心建成并投入使用，其中 4 栋冷鲜分拨中心主体已完成，两栋集配中心主体完成，两栋冷库正在建设，预计 2020 年完成全部工程建设。项目建成后，将成为辐射赣、粤、闽、湘四省九市最先进、功能最完善、规模最大、智能化系统水平最高的现代化商贸有限公司冷链物流中心，将引进国内外 4000 多种农产品和海产品，打造"百亿级冷链物流集散地"、千万人的"城市冰箱"。

南康龙泰安食品冷链加工产业园位于赣州国际陆港港区内，规划占地 230 亩，由冷链食品龙头企业——香港龙泰安集团投资 30 亿元兴建，主要建设 4 栋冷库以及加工区、产品展示区、电子商务区、食品冷链期货系统大数据中心，其中冷库总建筑面积 7.8 万平米，总容量 24 万吨，为全国内陆口岸库容最大的冷链加工产业园。项目建成后，预计月货物吞吐量可达 20 万吨（约 1.6 万标准箱），年货物吞吐量可达 240 万吨（约 20 万标准箱），市场货值达 300 亿元以上，将成为集加工、物流、仓储、集散于一体的现代化物流园区，成为全省乃至周边省市冻品储存量最大的冷链物流产业园。主要运营海产品、肉类产品、蔬菜水果食品等 600 多个品种的产品，产品来自美国、加拿大、澳大利亚、日本、南非、挪威等国家和地区，主要销往江西省、福建省、广东省、湖南省等周边省市，形成"全球—赣州—全国"的冷链物流网络。

另外，会昌县农产品冷链仓储物流园及定南三和冷链二期项目已开工在建。

2. 口岸物流

赣州国际陆港建成了赣州国际港站（一期、二期）、国际集装箱中心、综合口岸中心（海关查验场、监管区）、保税中心（保税仓）、现代仓储物流中心、公路口岸6个核心功能区。铁路场站配备了正面吊、龙门吊等装卸设备，2018年11月铁路二期建设完成，并开通试运营。2018年，赣州国际陆港年吞吐量达120万标准箱。铁路场站一期旁建成了4871平方米的铁路海关监管区域。海关监管仓、一期EPC（工程总承包）项目、铁路二期A、B仓库以及其他仓储项目，全部完成建设，由京东、菜鸟、德邦、顺丰等大型品牌物流企业以及赣州发展投资控股集团、飞尚供应链管理有限公司等本土企业投入使用。同时引进社会资本开展配套物流仓储设施建设，江西鱼珠木材市场有限公司进口木材仓库约10万平方米已建成使用，申通、爱康、江西尚祐供应链有限公司等企业在建仓库约35万平方米，主体建设基本完成，部分已投入使用。2018年3月，赣州国际港获准建设进口肉类指定口岸，2018年10月，汽车整车口岸正式获批。随着赣州国际陆港的建设与运营工作的推进，港口功能逐步完善，物流体系逐渐健全，国内一流陆港基本成型。龙南保税物流中心于2017年12月全面完成投资建设并通过验收，2018年6月29日正式封关运营。2018年年底，进驻企业4家，备案车辆22辆，为24家企业办理了业务，进出区货值2014.2万美元，货重1413.2吨。瑞金陆路口岸作业区建成投入运营。

3. 国际物流

赣州港自2016年5月建成并正式投入使用以来，获批全国内陆首个进境木材监管区、第八个内陆对外开放口岸、江西省唯一多式联运示范工程，以及进口木材、汽车整车、进口肉类三个指定口岸，经过三年多的飞速发展，从无到有，从小到大，打通了沿边、沿海众多直通口岸，铁海联运班列"进境货物同价到港，出境货物同价起运，通关与沿海同样效率"（简称"三同"），成为全国首个开通对接"21世纪海上丝绸之路""三同"班列的内陆港，2018年，赣州港先后开通了19条内贸路线、4条铁海联运班列、19条中欧（亚）班列线路，成为通达中亚五国、中欧重点城市的起点港口之一。开行中欧（亚）班列172列、铁海联运班列656列，实现了家具、木材、煤炭、蔬菜、玩具、服装和电子产品的多品种运营，年货物吞吐量近40.8万标准箱，成为全国开行班列线路、辐射国家、进口班列比例、开行货物品种都有较大优势的"一带一路"重要节点。赣州国际陆港与沿海沿边口岸的联通合作，使赣州同时对接了"二十一世纪海上丝绸之路"和"丝绸之路经济带"，从开放的"末梢"一跃成为开放的"前沿"。

4. 物流信息化

吉集号智慧物流平台于2017年3月正式上线，得到了省、市各级政府的鼎力支持及中国物流与采购联合会的重点扶持，相继被评为"中国十大重点物流平台""全国产业互联网百强平台""中国物流与供应链信息化十佳服务商""赣州市级物流公共信息平台""市级中小企业公共服务示范平台"。平台以打造国内最专业的物流综合服务平台为宗旨，直击传统物流行业找车难、找货难、货源安全无保障、选择服务商难的痛点问题，在国内率先打通物流交易结算闭环体系和整合物流整车、零担、快递、城配功能体系，通过植入标准化物流交易模式，从而规范整车物流交易流程，平均降低企业物流成本 22.3%。2018 年平台注册会员达 35.2 万个（含司机、货主、第三方物流），平台订单交易总额达 30.1 亿元，全面覆盖江西省，并辐射周边四省九市。

通过招商引资、自主培育等方式，引进和培育一批物流新业态，推进全市物流产业转型升级，发展层次明显提升。引进的全国创新平台惠龙易通在赣州市建设全国结算中心，年交易额达 12 亿元。红土地物流园、江宁物流园等传统物流园区和企业纷纷"触网"，打造交易、金融、保险等"车后"服务全产业链。顺丰科技有限公司在赣州市打造全国首个无人机物流配送试点项目，获颁全国第一家无人机航空运营许可证，目前已在试点空域内建立日常飞行航线 14 条，试运营 3.89 万班航班，约飞行 16189 个小时，运输货物约 22.73 万件。无人机物流配送应用试点正朝着"科技改变物流，物流改变生活"的目标发展，积极探索可复制、可推广的无人机物流产业发展经验。

5. 物流标准化

全市开展物流标准化工作，主要从引导企业建标准仓、使用标准托盘着手，已建标准仓约 55 万平方米。其中建标准仓并使用标准托盘的物流企业有：赣州利友食品有限公司、江西智联汇和物流有限公司、赣州市泓森物流有限公司、赣州传化南北公路港物流有限公司。已建标准仓的物流企业有：赣州明品福冷链物流有限公司、南康龙泰安食品冷链加工产业园、赣州毅德城、寻乌广寻现代物流园、江西鱼珠木材市场有限公司。

二、2018 年赣州市物流业发展存在的问题

（一）物流基础设施不完善

全市货运枢纽设施薄弱，交通枢纽衔接不顺畅，货运"无缝衔接"还未破题。全市物流市场仓储设施落后，第三方物流仓储面积少，完全符合物流功能标准的园区较少，导致赣州市仓储成本居高不下，造成企业仓储成本压力增加，根据企业的信息反馈，全市的平均仓储成本远高于其他城市，企业面临较大的生存压力。

（二）政府政策支持较弱

由于市本级设立的物流产业发展专项资金总量少，门槛高，支持作用微乎其微，特别是对于一些小微企业，专项资金的申请基本难以成功。另外，各县市区出台的物

流政策偏少，且对市级层面的政策落实不到位，造成企业在发展过程中很难享受到政府的政策红利。由于全市物流企业基本属于小微企业，流动资产多、固定资产少，导致物流企业融资困难，并且营改增后诸多成本难以抵扣，企业实际税赋加重增大运营压力。

（三）物流市场主体弱小

全市在册并正常运营的物流企业，大多数是公路货运企业、小型快递公司和专线运输公司，运输线路少、专业化程度低、业务传统单一、抗风险能力弱。全市符合国家标准的 A 级物流企业总计 68 家，说明全市物流企业达到国家 A 级标准程度远远不够，对于企业跨省市竞争、标准化操作等情况都受到一定的限制，也一定程度上制约了全市物流企业的发展。

（四）物流体制机制尚需提升

现代物流业是跨行业、跨地区、跨部门的工作，政府对物流行业的管理需要各部门通力合作，形成合力，更需要成立专门的综合管理机构，来引导、理顺、协调各方面的管理工作。从全国和全省来看，物流牵头部门在发改委，对于具体业务，各个职能部门各管一块，如商务部管商贸流通、工信部管大宗货品、农粮局管冷链物流、邮政局管快递、交通运输部管道路运输，各方标准不一、政策不一、难以协调，出现多头管理、"九龙治水"的现象；从市级层面看，全市没有专门的物流管理机构，现有的"市物流办"是全市发展现代物流产业协调领导小组下设的办公室，挂靠在市交通运输部，属非常设议事协调机构，没有任何管理手段，更没有执法职能，物流行业监管和物流基础设施监管乏力，造成物流投诉无门、政策落实不力、物流项目监管缺失等诸多问题。

（五）专业人才不足

物流行业从业人员学历低，专业技术人才及高级管理人才少，供应链管理人才更是凤毛麟角。

三、2019 年赣州市促进物流业发展的措施

（一）快速推进物流基础设施建设

加快建设赣州港、赣州综合保税区、赣州综合物流园、赣州冷链物流中心、赣州空港物流园、赣州港水西物流园、赣州港综合货运码头等重大项目，加快建设标准化公共通用仓储设施。

（二）培育物流市场主体

重点培育国家 A 级物流企业、担保存货管理及质押监管企业、星级冷链企业和供应链企业，引进"一带一路"沿线国家或城市一流物流企业参与全市物流业发展。

（三）发展物流新业态

重点培育和发展冷链物流、快递物流、物流金融等业态，促进现代供应链创新和应用。

（四）引进、培养物流人才

积极推动行业从业人员参与专业知识培训，提升从业人员的专业素养；加大企业引进人才力度，加大培养全面化供应链管理人才的支持力度，保证高级人才的稳定性及归属感。

（赣州市物流协会　丁国菁）

2018 年宜春市物流业发展情况报告

一、2018 年宜春市物流业发展总体情况

（一）物流业总体运行情况

1. 货物运输

（1）公路、水路运输情况。2018 年，全市公路、水路货运量 26719.5 万吨，同比增长 12.6%，货物周转量 695.56 亿吨公里，同比增长 9.0%。

（2）铁路运输情况。2018 年，宜春市铁路发货量 66 万吨，比 2017 年减少 5.6 万吨，同比减少 8%。

（3）航空运输情况。2018 年，宜春明月山机场飞机起降 6972 架次，旅客吞吐量 639834 人次，货邮吞吐量 409.7 吨，平均客座率 85.2%。

（4）邮政快递情况。2018 年，宜春市邮政快递业务量完成 3140.68 万件，同比增长 20.76%；宜春市快递业务收入完成 4.55 亿元，同比增长 23.27%。其中，同城业务量完成 626.62 万件，同比增长 35.99%；异地业务量完成 2482.13 万件，同比增长 28.65%；国际及港澳台业务量完成 31.93 万件，同比增长 171.08%。

2. 物流企业

2018 年，全市各类物流企业约 3000 家，与上年基本持平，部分传统落后的个体经营户退出了历史舞台，新增了一批供应链物流和电商物流等创新型物流企业。目前全市 A 级物流企业共 37 家，其中 4A 级 34 家，总量位居全省第一，新增省级重点商贸物流企业 3 家。代表性物流企业如下。

（1）江西昌鹤医药供应链管理有限公司，是一家集医药和医疗器械批发、物流配送为一体的医药供应链管理"平台化"公司，拥有 2 家分公司，30 多家办事处，收购 1 家物流企业，通过对 ERP 系统管理软件的升级改造，获得软件著作权 18 项，软件专利 2 项。公司仓库面积 3 万多平方米，冷库库容 1200 立方米，自有配送车辆（含冷链运输）26 台，整合社会车辆 300 多台，配备分拣传送系统，手机 App 三级电子商务营销系统，"寻医问药"终端小程序等十多个集管理、考核（阿米巴模式）、营销、仓储、运输为一体的供应链结构体系。获"江西省重点商贸物流企业""省级、市级电子商务示范企业""高科技技术企业"和"纳税超千万企业"等荣誉称号。

（2）江西创云供应链管理有限公司。公司建设了占地面积 30 亩的江西邮政（丰城市）电商快递智慧产业园，融合了电商运营、快递整合、人才孵化、创业基地、金融指导、智能仓储、保税通关等多项服务功能，成为江西省级电商运营、仓储、物流配送集散中心。2018 年投入运营，已进驻"四通一达"、德邦快递、邮政速递和菜鸟乡村等数十家快递企业。

（二）物流基础设施情况

1. 公路建设情况

2018 年，全市公路通车总里程为 19892 公里，其中高速公路 8 条，通车总里程约 783 公里；国道 7 条，里程约 765 公里；省道 26 条，里程约 1752 公里。全市农村公路通车公路总里程约 16592 公里，密度为 106.5 公里/百平方公里。全市基本形成了以高速铁路、普通铁路、高速公路为主骨架的综合运输通道。沪昆高速、浙赣铁路横贯东西，大广高速纵贯南北，运输能力和服务质量大幅提升。

2. 铁路建设情况

全市建成运营的铁路有 5 条，分别是浙赣铁路、京九铁路、向莆铁路、沪昆高铁和浩吉铁路，在全市境内线路长度 450.7 公里，覆盖 7 个县（市、区）。在建铁路（昌吉赣项目）1 条，在全市境内线路长度约 64.34 公里，并且在丰城市、樟树市境内分别设站，目前正在联调联试中，计划 2018 年年底开通运营。

3. 水路建设情况

2018 年，全市共有码头 44 座（其中生产用 39 座，非生产用 5 座），泊位 78 个（其中非生产用泊位 5 个），1000 吨级的泊位 1 个（位于丰城港曲江码头），500～999 吨级的泊位 1 个，300～500 吨级的泊位 5 个，100～300 吨级的泊位 23 个，100 吨级以下的泊位 43 个。

4. 航空建设情况

宜春明月山机场占地 1921 亩，跑道长 2400 米、宽 45 米，垂直联络道长 210 米、宽 18 米，站坪机位 3 个，停机坪面积 2.3 万平方米，航站楼建筑面积 7160 平方米，跑道主降方向设长 900 米 I 类精密进近灯光系统，次降方向设长 420 米的 B 类简易进近灯光系统，配套建设空管、供电、供水、供热、供冷、供油、消防救援以及机场辅助生产设施，总投资 5.93 亿元。2018 年，宜春明月山机场已经开通了直抵北京、上海、深圳等地的 14 条航线。

（三）物流园区情况

全市共有物流园区（含配送中心、冷链仓储中心）项目 13 个，总占地面积 7473.6 亩，总投资 98.92 亿元。其中宜春市中心城区 5 个，高安市 2 个，丰城市 1 个，樟树市 1 个，上高县 1 个，万载县 3 个。据不完全统计，2018 年全市物流园区共创主营业务收入 13.18 亿元，税收 1.08 亿元。

（四）物流产业集群发展情况

全市共有 5 个省级物流产业集群，2018 年实现主营业务收入 282.7 亿元，位居全省第四，比上年增加 23.5 亿元，同比增长 8.3%。其中丰城商贸物流产业集群，发展势头突出，充分发挥了丰城市航运历史悠久，铁路、公路运输发达的区位交通优势，联合各相关部门开展水铁联运物流基地项目，并与深圳国际控股有限公司签署战略合作框架协议，联合打造"深国际·丰城水铁联运物流基地"，计划投资 12.8 亿元，规划建设 5000~8000 吨级散货泊位 10 个，综合泊位 10 个，力争至 2030 年实现港口及园区年吞吐量 5000 万吨、集装箱 20 万标准箱的规划目标。

（五）重点物流领域发展情况

1. 医药物流

2018 年，全市医药流通企业实现主营业务收入突破 300 亿元，其中限额以上医药商贸物流企业 82 家，实现销售收入 215.9 亿元；医药电商交易额 120 亿元，同比增长 22.45%。全市中医药商贸物流企业主要集中在樟树市、袁州区。其中袁州医药工业园内 48 家医药流通企业累计实现主营业务收入 218.65 亿元。樟树市 30 多家医药物流企业（GSP 认证的医药物流企业 24 家）累计实现主营业务收入近 90 亿元。自第 47 届药交会（全国药材药品交易会）起，药品电商平台（B2B）和药交会微商城（B2C）两个平台的正式加入，实现了"互联网＋药交会"的突破，在 2018 年第 49 届药交会上，医药电商交易额达 50 亿元。

2. 冷链物流

加强预冷、保鲜、初加工基础设施建设，完善生猪、牛羊、家禽、果蔬等特色农产品的"最先一公里"，推进配送车辆和蓄冷设备建设，实施农产品全程冷链配送，配备冷链仓储配送中心、农副产品冷链物流中心、冷库及恒温库等设施，培育第三方冷链物流企业，推动冷链物流信息化建设。2018 年，赣西农批冷链仓储配送中心、江西钰顺冷藏/冷鲜物流（万载县）、丰城市农副产品冷链物流中心等项目发展势头良好。

3. 城市共同配送

2017 年，宜春市被列为省级城市共同配送试点城市。宜春市以快消品、蔬果、电商快递 3 个行业为试点，整合现有仓储、运输、配送中心等物流基础设施，推广现代物流技术应用，提高物流配送标准化、信息化水平。目前，建设（改造提升）了 2 个设施先进、功能完善、管理规范、运作高效的现代化配送中心，打造了一支 20 余辆车组成的专业化城市绿色配送车队，集中建设一批标准化城市末端配送网点，实现配送进社区、进学校、进机关、进医院，满足城区居民生活生产配送需求。城市共同配送占整个城市配送的比例超过 30%，物流配送成本逐年降低，在中心城区初步形成规范有序、统一高效、机制健全的城市共同配送服务体系。

4. 物流信息化、标准化

全市物流信息化水平发展迅猛，整车公路货运利用移动互联网实现 100% 信息化，包括线上下单、线上交易、电子协议、线上结算支付、实时在线跟踪、线上评价等。保险、垫付运费、ETC 充值等增值服务，均可线上完成。80% 以上零担物流、仓储物流采用了电子单证，实现了仓储移动可视化监控。物流标准化程度不断提高，特别是标准托盘、周转箱等单元化器具的应用，大大降低了物流企业综合运营成本，大多零担物流企业、仓储配送企业、快消品配送企业尝到了标准化的甜头，加大了对标准托盘、飞翼车辆、标准化周转箱、带托运输等项目的投入。目前，宜春市物流公共信息平台尚未建立起来，未能实现物流政务信息、行业信息、企业信息互联互通，数据共享。

二、2018 年宜春市物流业发展存在的问题

（一）领导机制不够完善

全市虽然建立了现代物流工作联席会议制度，但没有发挥实际作用，物流业仍属多头管理，难以形成合力，使得一些物流政策难以落到实处。

（二）物流基础设施比较薄弱

一是物流园区建设不规范。目前全市共有物流园区（含配送中心、冷链仓储中心）项目 18 个，仅宜春经济技术开发区物流中心被列为省级重点商贸物流园区。物流园区物流功能单一，综合型物流园区较少，多数物流园区规划不合理，运输方式比较单一，物流枢纽建设比较滞后。

二是缺乏物流龙头企业。目前全市 A 级物流企业 37 家，却没有一家 5A 级物流企业，而且 A 级物流企业类型分布不均，大部分是运输型企业。

（三）物流基础性工作不够到位

全市没有开展社会物流统计工作，举办物流相关业务培训不多，行业之间相互交流和学习较少。

三、2019 年宜春市促进物流业发展的措施

（一）加强规划和组织协调

进一步完善组织推进机制，完善全市现代物流工作联席会议制度，研究制定加快宜春市现代物流业发展的政策措施，解决现代物流业发展过程中的瓶颈。进一步明确

各部门职责，切实做好物流企业服务工作，做到部门之间横向协同；各县（市）相关部门对应设立物流业发展专项推进机构，形成推动产业发展的合力，做到纵向目标一致。

（二）加大政策扶持力度

积极争取国家级、省级物流领域相关试点及资金支持，加大对 A 级物流企业、物流园区基础设施建设等方面的扶持力度，鼓励企业做大做强。认真落实国家和江西省支持物流业发展的土地政策，优先支持重点物流项目新增建设用地。重点做好物流园区发展规划与城乡规划、土地利用规划的衔接，保障物流业发展的合理用地需求，鼓励利用工业厂房、仓储用房和存量土地资源建设物流设施或提供物流服务。认真落实国家级和省级各项措施，支持和引导物流企业享受税收优惠政策，切实减轻物流企业税收负担。按照"政府引导、市场运作、专业管理、风险分散、滚动发展"的模式，吸引国有资本、民营资本和地方财政出资，制定支持宜春市现代物流业发展的资金扶持政策。加大"财园信贷通"等政策性信贷产品对现代物流业的支持力度，鼓励企业合理利用政策解决投资来源问题。

（三）完善物流基础性工作

积极推进全市社会物流统计工作开展，建立涵盖社会物流总额、社会物流总费用、社会物流总收入和物流产业增加值等统计数据的指标体系，探索建立分县（市、区）物流产业增加值核算制度，将全市物流产业有关指标纳入常规统计范畴，为政府决策和社会物流发展规划提供数据支撑。积极开展物流专题研究；举办业务培训、高峰论坛及专题推介会；组织行业间相互交流学习；开展物流行业职业技能培训，大力培育物流专业人才。

（四）积极申报国家城乡高效配送试点城市

根据商务部等五部门的要求，积极申报国家城乡高效配送试点城市，培育城乡高效配送骨干企业；加强与供销、邮政等部门的合作，整合末端配送网点资源；加强与公安、交通运输等部门的协调，为城市配送车辆通行、停靠、装卸提供便利；逐步构建综合物流园区、物流分拨中心、县级配送中心、乡镇（村）服务网点的城乡高效配送体系。

（宜春市商务局　陈芳　宜春市物流行业协会　何德顺）

2018 年上饶市物流业发展情况报告

一、2018 年上饶市物流业发展总体情况

（一）物流业总体运行情况

1. 货物运输

（1）公路运输情况。2018 年，全市公路货运总量 27795 万吨，同比增长 14.2%；货物周转量 345.94 亿吨公里，同比增长 9.6%。

（2）铁路运输情况。2018 年，全市铁路货运量 581 万吨，同比下降 3.5%。

（3）水路运输情况。2018 年，全市水路运输货运量 854 万吨，同比下降 1.1%；货物周转量 19.88 亿吨公里，同比增长 0.01%。

（4）邮政快递情况。2018 年，全市快递业务量累计完成 5181.52 万件，同比增长 47.77%；快递业务收入累计完成 4.8 亿元，同比增长 46.14%。

2. 物流企业

全市现有各类物流企业约 3000 家，其中省级重点商贸物流企业 4 家，重点商贸物流园区（中心）2 家，国家 4A 级物流企业 2 家。代表性物流企业如下。

（1）上饶市新华龙物流有限公司。国家 4A 级物流企业，是一家集物流运输、汽车商贸、电子商务、软件开发等多领域发展的物流企业。目前已有 235 户商贸物流小微企业入园，形成了一个由 100 多条联托运线、点组成的，覆盖 28 个省、市，100 多个大中城市的联托物流服务网络，日发货量达 5000 吨，年运量达 250 多万吨，为当地开发区及周边商贸企业提供经济、快捷、安全的服务。2018 年，货物总量达 256 万吨，物流业务收入 42350 万元。

（2）上饶市大顺实业有限公司。国家 4A 级物流企业，具有汽车销售、维修、检测、运输、物流园、物流平台、电子商务、运输北斗监控科技园一体化经营模式，员工 6000 余人，其中就职上饶本地的约 1300 人，2018 年实现物流业务收入近 1 亿元。拥有仓储面积 8.4 万平方米，各类大中型、特殊、集装箱、冷藏运输车 5500 多辆，配送网点 46 个，标准托盘 320 个，仓储起重机 2 套，叉车 100 台，物流管理系统 5 套，园区入驻物流企业 15 家。

（二）物流基础设施情况

1. 公路建设情况

2018 年，全市公路总里程 21063 公里，其中高速公路里程 684 公里，公路里程位居全省第三，形成了"三纵三横"高速公路网络，"三纵"即济广高速、德上高速、上武高速；"三横"即杭瑞高速、德昌高速、沪昆高速。此外，2018 年 4 月，上饶市政府与福建省南平市政府签订了江西省上饶市至福建省浦城县高速公路建设工程项目共建协议，该条高速公路建成后，将成为上饶市对接海西经济区的又一条快速通道。

2. 铁路建设情况

2018 年，全市境内铁路里程 647 公里，总里程位居全省第一，形成了"三纵四横"铁路网，"三纵"即峰福线、京福高铁线、皖赣线；"四横"即沪昆高铁线、浙赣线、九景衢线、昌景黄铁路（在建），沪昆高铁和京福高铁在全市"十字"骑跨互通。

3. 机场建设情况

上饶三清山机场于 2017 年 5 月 28 日正式通航，占地 2243 亩，跑道长 2400 米，宽 45 米，拥有机位 6 个。2018 年，上饶三清山机场 5 条航线旅客吞吐量 37.5 万人次，货邮吞吐量 121.1 吨。

4. 港口码头建设情况

2018 年，上饶港共有码头 13 个（含鄱阳湖国家湿地公园客运码头、弋阳龟峰景区客运码头）。2018 年港口货物吞吐量 854.3 万吨，同比下降 1.13%；旅客运输量 33.4 万人，同比增长 19%。

（三）物流园区情况

全市已建成运营的物流园区有新华龙现代物流园、横峰县现代物流园、铅山县华林物流园、余干县长青物流园、余干县铁路物流园、余干县鄱阳湖农产品物流园、江西鄱阳湖现代物流园、江西大鼎电商快递物流园。在建物流园区有上饶国际综合物流园、上饶农产品交易冷链物流园、玉山县恒阳仓储物流产业园等 6 个项目（见表 2－8－1）。

表 2－8－1　　　　　　　　　　上饶市在建物流园区情况

序号	项目名称	投资主体	建设时间（年）	投资总额（亿元）	占地面积（亩）	规划仓储面积（亩）	拟建成时间（年·月）
1	上饶国际综合物流园	上饶市国有资产经营集团有限公司	2017	232	15000	—	2022.03

序号	项目名称	投资主体	建设时间（年）	投资总额（亿元）	占地面积（亩）	规划仓储面积（亩）	拟建成时间（年·月）
2	中国·东部物流商贸城	玉山县宏锦置业有限公司	2017	40	720	119	二期 2020.12
3	上饶市农产品交易冷链物流园	江西深农汇农产品发展有限公司	2017	30	1000	305	二期 2021.03
4	中国铜都·德兴国际物流商贸城	北京亚琦博轩投资公司	2017	20	377	90	2020.10
5	新华龙现代物流园扩园升级	上饶市新华龙物流有限公司	2017	5.5	245	60	二期 2020.10
6	玉山县恒阳仓储物流产业园	江西恒阳置业有限公司	2018	2	43	15	2021.03

上饶国际综合物流园。位于上饶经济技术开发区董团乡、上饶县枫岭头镇，属在建重点园区，规划面积 10 平方千米，近期实施 6 平方千米，远期预留 4 平方千米，项目总投资约 232 亿元，主要包括快递产业园区、铁路港、汽车仓储基地、粮油产业中心、商贸批发市场（兼容商贸流通加工）、综合保税区、制造业原材料及成品仓（兼容制造业流通加工）、公路港、公共仓储中心等 18 个功能区块。

（四）物流产业集群发展情况

上饶商贸物流产业集群、上饶电子商务物流产业集群、横峰工业物流产业集群、鄱余万农产品物流产业集群、上饶经济技术开发区物流产业集群列入全省 50 个物流产业集群。五大集群 2018 年实现主营业务收入 247.10 亿元，同比增长 8.48%。

（五）重点物流领域发展情况

1. 口岸物流

2018 年，上饶—宁波港海铁联运"天天班"共开行 325 趟，同比增长 4.17%；发运集装箱 24454 标准箱，同比增长 7.77%。2018 年 1 月 19 日到 2018 年 2 月 12 日，连续开行 5 趟中欧班列（上饶—哈萨克斯坦奇姆肯特），运送晶科能源有限公司的太阳能组件 512 个标准箱。口岸物流通道已成为上饶市乃至周边地区产品走向国际市场的"直通车"、外向型经济发展的"加速器"。

2. 电商物流

全市 12 个县（市、区）均建有电子商务产业园（孵化基地），上饶市电商发展随着快递物流快速发展，现有快递企业及其分支机构270家，其中法人企业141家，分支机构129家，形成了企业品牌全覆盖、城乡区域全覆盖、服务时限全覆盖的市场主体体系。2018年，全市快递业务量完成5181.52万件，同比增长47.77%；18家快递企业服务单个电商企业快件业务量达20万件以上，电子商务与快递物流协同发展态势良好。

二、2018年上饶市物流业发展存在的问题

（一）行业管理体制机制不顺

市级层面，物流业管理仍然处于"多头管理、条块分割"状态。发改部门管物流宏观规划，商务部门管商贸物流，交通运输部门管物流运输方式，邮政局管快递物流，各部门协同力度不够。县级层面，管理机制千差万别。如部分县（市、区）由交通运输部门牵头，有的则由商务部门牵头，还有的在具体职能事务上分条分块管理。

（二）物流基础设施相对缺乏

一是县（市、区）专业物流园区不多。对照国家标准化管理委员会发布的物流园区相关标准要求，仅有1/3的县（市、区）建设的物流园区达到标准。由于物流园区建设布局滞后，导致物流企业分布分散、货物难以集聚，不仅降低了物流效率，也不利于城市管理。

二是分拨配送园区（中心）缺乏，标准化仓储设施不足，尤其是中心城区缺乏规模大、能集散的堆场，零担物流难以组货，物流车辆做不到高效运输。

（三）产业货源支撑有待提升

物流与产业发展融合、互促发展程度还不够，例如制造业方面，全市主导产业除光伏产业、传统产业外，汽车产业（包括汽车后市场）"大进大出"的物流格局还未真正形成，缺乏像晶科能源有限公司这样体量大、货物进出量大的产业（企业）支撑；还须在推进物流业与制造业、物流业与农业、物流业与电商、物流业与旅游业融合发展上下功夫、见实效。

三、2019年上饶市促进物流业发展的措施

（一）强化顶层设计，出台物流业发展实施意见

由市委办公室、市政府办牵头发改、交通运输、商务、邮政局等职能部门，按照"市内找问题、市外学经验"的要求，赴市外先进地区学习考察，到市内各县（市、区）实地调研，学习借鉴先进地区物流业发展经验，梳理分析全市物流业发展现状，

形成上饶市关于推进物流业高质量发展的实施意见，强化顶层设计谋划，为下一步物流业发展指明方向、明确举措实施路径。

（二）理顺管理体制，明确物流工作牵头单位

根据市情实际，建议市政府明确市、县两级物流产业发展的牵头单位，负责市、县两级物流行业日常管理工作。同时，进一步明确发改、交通运输、商务、邮政、铁路、公安交警、统计等部门的协同管理职责。建立健全工作协调推进机制，市、县两级政府成立由主要领导挂帅的物流业发展工作领导小组，及时协调解决制约物流业发展的瓶颈。

（三）夯实平台建设，完善物流业发展配套体系

一是要加快物流园区建设。进一步强化上饶国际综合物流园在全市物流业发展中的"龙头"地位，加快上饶西货站一期（坑口铁路专用线）、无水港西迁、快递产业园等项目建设。同时，推动县域物流园区建设，重点推进新华龙物流园二期、江天农产品交易冷链物流园及各县（市、区）经论证可行的物流园区等一批重点项目建设，实现市、县园区物流中转有效衔接。

二是要强化物流通道建设。做大做强口岸物流，加大政策扶持力度，增强集货组货能力，扩大辐射带动区域，做大规模总量，提升上饶至宁波港铁海联运"天天班"品牌影响力和中欧班列辐射度。加快发展空港物流、水运物流，谋划建设上饶空港物流中心项目，统筹规划鄱阳县、余干县、万年县三县鄱阳湖区域的水运码头建设，打造鄱余万区域高效快捷、出市出省的水路货物运输圈。

（四）发展新型业态，促进物流业转型升级

积极培育和大力发展工业物流、冷链物流、跨境物流、多式联运、供应链管理、供应链金融等物流新业态。引进和扶持一批集金融信息服务、订单管理、采购供应、仓储配送、增值服务等综合物流服务为一体的第四方物流企业。引导制造业、商贸流通龙头企业围绕核心业务优化供应链管理，支持上下游企业建立供应链联盟。大力发展供应链金融，畅通线上线下资金流、信息流和物流。

（五）加大招引力度，引进一批物流龙头企业

加强招大引强力度，依托上饶区位交通、上饶国际综合物流园平台集聚、"两光一车"（光伏、光学、汽车）产业等优势，实行定向精准招商，大力引进一批国内有影响力、组织化程度高、专业能力强、辐射区域广、经济效益好的知名品牌物流企业落户上饶市，迅速壮大全市物流业发展主体队伍。同时，围绕上饶国际综合物流园发展定位和规划，全力抓好园区配套项目招商，大力招引一批物流及关联项目入驻。

（六）加强精准供给，夯实物流业发展基础保障

一是抓好现代物流业发展中长期规划和物流园区布局规划、口岸功能布局规划等专项规划编制，进一步明确物流业的发展定位、发展思路、主要目标、功能布局、主要任务、重点项目和政策措施。

二是落实人才政策，采取"院校培育与招才引智"相结合，做好人才培训和引进，为物流业发展提供人才支撑。

三是要创造产业发展宽松环境，深化物流领域"放管服"改革，提高行政服务效率，不断简化货运车辆登记、检测和年审等手续，不断推进物流方面政务服务"只跑一次""一次不跑"，真正实现"网上申请、网上办结"。

（上饶市商务局　俞方林）

2018 年吉安市物流业发展情况报告

一、2018 年吉安市物流业总体发展情况

（一）物流业总体运行情况

1. 货物运输

（1）公路运输情况。2018 年，全市公路货运总量 13225 万吨，同比增长 14.20%；货物周转量 485 亿吨公里，同比增长 9.60%。

（2）铁路运输情况。2018 年，全市铁路（吉安站）货运总发送量 7.77 万吨，同比下降 64.60%；总到达量 420.8 万吨，同比增长 16.40%。

（3）水路运输情况。2018 年，全市水路运输货运量 2003.5 万吨，同比增长 0.10%；货物周转量 454805 万吨公里，同比增长 0.10%。

（4）邮政快递情况。2018 年，全市快递业务量完成 3345.52 万件，同比增长 50.33%；快递业务收入 3.73 亿元，同比增长 35.69%。

2. 物流企业

2018 年，全市共有各类物流企业 1233 家，比上年增长 3.09%。A 级物流企业新增 2 家，共 17 家，其中 4A 级物流企业 5 家，3A 级物流企业 10 家，2A 级物流企业 2 家。全市快递法人企业达 116 家，快递揽货点 307 个。代表性物流企业如下。

（1）江西万佶物流有限公司。2018 年，江西万佶物流有限公司进一步推进省级物流公共信息平台体系建设，逐步与全省各设区市政府、县级政府和国家经济技术开发区对接。3 月，"萍乡市物流公共信息平台项目"建设合作签约仪式在南昌向塘江西省物流中心举行；12 月，"上饶市物流公共信息平台项目"建设合作签约仪式在上饶市新华龙现代物流园举行。公司已先后为吉安市、赣州市、九江市、萍乡市、南昌市、上饶市 6 个地级市打通了政府数据资源和行业信息，并向其余 5 个地级市逐步推进。公司继成功打造"无车承运人"平台后，2018 年 10 月，重点打造并推出"无机承运人"业务，承接由全省始发至北京、天津、厦门、郑州、北海、珠海、西安等全国 30 余个城市的航空货运业务，实现落地配送服务。江西万佶物流有限公司总经理刘光森被中国物流与采购联合会授予"2018 中国物流信息平台十大风云人物"；被江西省物流与采购联合会评为"改革开放 40 年·江西物流行业企业家代表性人物"。

（2）江西国光商业连锁股份有限公司。江西国光商业连锁股份有限公司2018年投资498万余元，着重提升公司冷链物流基础设施、配送及管理能力，以满足社会冷冻食品与日俱增的需求。公司吉安市、赣州市冷链物流中心除按标准建设冷库等冷链设施外，也对冷库、冷藏展示柜等冷链设备设施建立了严格的管理制度，建立了温度监控体系。两个中心均建有检测室，配备专门的检测设备和人员，建立农产品收货及质量检测标准，产品检测结果利用系统对接门店向消费者公开。公司努力提高冷链物流的预冷、加工能力，对水果、蔬菜、肉禽、海产等各类农产品进行初加工、深加工。加工中心均建有恒温果蔬加工车间、低温仓储设施，采购配置先进的包装生产线、自动干货包装机、升降机、选果机等各种农产品加工及配套设备，年农产品加工能力11万吨。

（二）物流基础设施建设情况

1. 公路建设情况

2018年，全市境内公路通车里程为23171.9公里，其中高速公路达651.6公里，国道1183.9公里，省道1523.4公里。

2. 铁路建设情况

2018年，市内第一条高速铁路昌吉赣城际铁路和煤运专用通道蒙华铁路建设顺利推进，并分别计划2019年12月和2019年10月建成通车，建成后，包括京九铁路、衡茶吉铁路和分文铁路，全市铁路营业里程将达到455.4公里。

3. 水路建设情况

2018年，继赣江石虎塘航电枢纽和峡江水利枢纽建成后，新干航电枢纽船闸主体工程完工并试通航成功，赣江井冈山航电枢纽工程正式开工，万安枢纽二线船闸工程已完成初步设计。同时，加快推进港口码头建设，继新干港河西综合码头、吉安港石溪头货运码头基本建成后，泰和港区沿溪货运综合码头完成批复立项，建设责任主体为江西省港航建设投资集团有限公司，正在更换相关前期手续；吉水港区醪桥货运综合码头完成工程可行性研究报告编制，建设责任主体为江西省水利投资集团有限公司，正在完善各项前期工作；吉安县丹砂渡码头完成主体工程，建设责任主体为吉州窑管理委员会，正在完善后方配套设施。全市拥有7个年吞吐量万吨以上港区，103座客货码头，157个泊位，年吞吐能力达1428万吨。

4. 航空建设情况

2018年，井冈山机场二期改扩建工程按计划顺利推进，完成了综合楼、动力中心、消防站、空管工程、跑道消防工程、航油供给等配套设施建设，整个二期改扩建工程将于2019年竣工暨新航站楼正式启用。

（三）物流园区情况

2018年，全市建成或部分建成并投入使用的物流园有10个，在建的物流园主要有5

个（江西南方现代物流产业园于 2018 年 11 月开工建设）。投入使用的物流园主要分布在井冈山经济技术开发区、吉州区、吉安县、吉水县、新干县等地区（见表 2 – 9 – 1）。

表 2 – 9 – 1　　　　　　　　2018 年吉安市主要营运物流园区情况

序号	园区名称	面积（亩）	建筑面积（万平方米）	仓储面积（万平方米）	入驻企业（个）	货物吞吐量（万吨）	园区收入（含入驻企业）（亿元）
1	江西祥和物流园	157.61（一期）	8.45	3.37	76	329	10.60
2	吉安华通物流园	136.70	10	5	95	387	16.35
3	江西金鸿马现代物流产业园	204	1.8	0.80	25	52	1.03
4	瑞和商贸物流园	301	26.34	5	310	400	16.00
5	赣中快递电商物流园	60（一期）	4.30	3.50	58	50（万件）	1.20

代表性的园区如下。

（1）吉安华通物流园。吉安华通物流园位于樟吉高速以西，大广高速以东，紧邻樟吉高速吉安南出口，交通便利，区位优势明显。是江西省首家获国家批准的全国百强公路货运枢纽，吉安地区首家综合服务型商贸物流园区。2018 年园区全力打造并形成物流总部基地、管理服务中心、采购交易中心、信息服务中心和金融结算中心等“一个基地、五个中心”的运营模式。2018 年入驻企业 95 家，包括物流运输企业、仓储配送企业、商贸流通企业、信息服务企业、相关配套服务企业，其中年营业收入超过 1000 万元的企业 11 家，入驻企业比上年增长 9.19%。园区 2018 年实现货物吞吐量 387 万吨，主营收入 16.35 亿元，上缴税金 2359 万元。

（2）赣中快递电商物流园。赣中快递电商物流园位于吉安市吉州区城北工业园内，位置紧邻樟吉高速、抚吉高速，是吉安市首个电子商务与快递协同发展的产业园，由吉安市添越实业有限公司建设运营。2017 年 8 月一期开始运营，2018 年年底，已入驻品牌电商、快递公司、第三方平台、电商培训、物联网、移动互联网等相关企业 58 家，为电商平台、快递物流、电商企业提供仓储、分拣、配送一体化服务，2018 年园区货物吞吐量达 50 万件，收入 1.2 亿余元。公司荣获吉州区人民政府“2018 年度高质量发展先进单位”称号。

（四）物流产业集群发展情况

吉安市井开区综合物流产业集群、吉安县综合物流产业集群、新干箱包灯饰物流产业集群、吉州商贸物流产业集群列入全省 50 个物流产业集群。四大集群 2018 年实现主营业务收入 199.44 亿元，同比增长 8.44%。

（五）重点物流领域发展情况

1. 电商物流

2018 年，全市实物网络零售额 34.41 亿元，其中农产品销售额增加 11.65 亿元，同比增长 21.53%。全市电子商务自营平台 31 个，比上年增加 25 个；建成 18 个电商产业园区，入驻企业 1200 多家；电子商务企业和从事电商个体超过 2 万家。新干县、井冈山市、吉安县、永新县、遂川县、万安县、吉水县列入国家电子商务进农村综合示范县。井冈山市、新干县入选 2017—2018 年中国电商示范县百佳县；新干县金川镇文家村、永丰县恩江镇花园村入选 2018 年中国淘宝村名单。设立首个公共海外仓，为全市跨境电商提供商品集货、通关、分拨等一系列配套服务。全市电子商务产业与实体经济加快融合快速发展，成为促进经济转型升级、结构调整、扩大消费的重要力量。

2. 物流信息化

2018 年，江西万佶物流有限公司继续以物流园区、物流企业信息化为基础，通过云计算和信息共享，完成各市级、县级平台和部分园区、企业与省级平台的互联，结合政府政务数据构建了一个庞大的网络体系，积极搭建平台大数据中心，实现物流大数据的采集。公共信息平台的搭建使园区与省级物流公共信息平台实现了信息互联互通，资源共享，为园区入驻企业提供专业化、标准化、集约化的物流信息服务；巩固了吉安市城市共同配送公共信息服务平台和城市共同配送调度中心的运行。

江西永和诚信供应链管理有限公司、江西国光商业连锁股份有限公司和吉安市甘雨亭商贸有限责任公司，进一步加大信息化建设力度，不断完善适合自身特点的物流信息平台和企业内部管理系统。其中江西国光商业连锁股份有限公司为吉安市、赣州市两个冷链物流中心配备了信息平台系统，实现对商品采购、加工、储存、配送进行全程信息化管理，与门店及总部管理系统对接，对商品的配送过程进行实时管理，与总部、门店之间实现实时数据交换，商品收货、入库、分拣、出库全程采用 RF 扫描设备进行处理，实现无纸化作业，提高商品配送效率。

二、2018 年吉安市物流业发展存在的问题

（一）物流货运结构不尽合理，物流运行效率仍然偏低

2018 年，全市公路、铁路、水路货运量达 15649.3 万吨，货运量之比分别为 84.50∶2.69∶12.80，与上年 83.05∶2.59∶14.35 的比例相比，公路货运量占比上升 1.45 个百分点，铁路货运量占比上升 0.1 个百分点，水路货运量占比下降 1.55 个百分点，公路运输仍占主导地位。加上各种运输方式衔接不畅通，组合效率和整体优势没有得到充分发挥，吉安市社会物流运行效率仍然偏低。

（二）城乡配送体系建设仍不完善

2016—2017 年，全市中心城区城市共同配送试点项目的完成，使吉安市中心城区共同配送体系得到了较好的建设。但全市城乡配送尤其是乡镇、村的二级配送体系建设仍不完善，现有配送资源难以有效整合，原进入乡镇、村配送的企业经营困难。全市城乡配送处于"各自为战"状态，满足不了群众愿望。

（三）物流企业规模偏小现象难以改变

2018 年，全市 70% 以上物流企业是从事货物运输的小微企业，企业注册资本大多在 100 万元以内，固定资产在 200 万～300 万元。不少工业、商贸企业以自营物流为主，开展简单的"运输＋仓储"业务，封闭运行，服务链短，功能单一，专业化程度低，竞争力、带动力普遍较弱。

三、2019 年吉安市促进物流业发展的措施

（一）着力推进重大项目建设

确保井冈山机场改扩建工程通过竣工验收和行业验收，煤运专用通道蒙华铁路竣工通车，赣江井冈山航电枢纽工程和石虎塘至神岗山三级航道整治工程全面完工，实现赣江全线三级航道通航。为推动全市形成水、陆、空设施较为完备的物流基础设施体系打下坚实基础。

（二）积极推动物流企业高质量发展

支持江西万佶物流有限公司创新发展，争取中国物流与采购联合会联合全国领先的平台型物流企业，运用区块链技术组建的物流大数据公司落户吉安市；全力支持江西京鼎供应链管理有限公司在井冈山农业科技示范园打造农产品供应链服务平台，填补吉安市冷链物流运输短板与空白；积极支持物流联盟搭建覆盖市、县、乡三级联动的智慧物流体系，进一步整合资源，争取全市 19 个农村公路综合服务站和 118 个农村客运站纳入物流联盟运行体系，有效盘活交通运输行业闲置资源；支持电商与物流业协同发展，依托江西万佶物流有限公司全国物流公共信息平台，建立电子商务物流公共信息平台，完善信息交流与共享机制。整合商务、交通运输、邮政、供销等部门资源，鼓励配送企业、电子商务企业与社区便利店、行政村电商服务站、农村客运站、快捷揽货点、邮政寄递网点、供销社基层网点相互合作，推广"网订店取"等新型配送模式，实现电子商务与物流业共同发展。

（三）进一步优化物流业发展环境

认真贯彻落实物流发展各项政策，为物流业发展提供政策保障。持续深化交通运

输部简政放权，深入推进"三集中、三到位"，使更多事项实现"一次不跑"或"只跑一次"。加大降成本力度，推进普通货运车辆年审网上办理，取消二级维护强制上线，推进"三检合一"。落实"证照分离"改革，取消总质量 4.5 吨及以下普通货运车辆道路运输证和驾驶员从业资格证。同时，争取出台扶持政策，单列资金用于物流业发展奖励等。

（吉安市商务局　毛钰　吉安市物流协会　刘冬根　康昭道）

2018 年抚州市物流业发展情况报告

一、2018 年抚州市物流业发展总体情况

(一) 物流业总体运行情况

1. 货物运输

(1) 公路运输情况。2018 年,全市公路货运车辆 4 万余辆,公路货运量 18196 万吨,同比增长 14.17%;货物周转量 521.82 亿吨公里,同比增长 9.56%。

(2) 铁路运输情况。2018 年,全市铁路货运量约 842 万吨,占货运总量的 4.4%,同比增长 0.7 个百分点。

(3) 邮政快递情况。2018 年,全市邮政企业和规模以上快递服务企业业务收入 (不包括邮政储蓄银行直接营业收入) 累计完成 6.28 亿元,同比增长 15.56%;业务总量 9.29 亿元,同比增长 26.27%。全市快递服务企业业务量累计完成 2753.63 万件,同比增长 38.12%,快递业务收入累计完成 2.63 亿元,同比增长 33.46%。全市快递服务线路条数 126 条;快递服务线路长度 (单程) 15463.5 公里。

(4) 电子商务情况。电子商务快速发展,继黎川县、广昌县之后,乐安县、南城县、南丰县也被商务部批准为全国电子商务进农村综合示范县,每个县获中央财政专项资金 1500 万元,示范县数量位居全省前列。2018 年,全市电子商务交易额 320.8 亿元,通过整合邮政、农业、供销、农村淘宝等部门和企业的资源,建成乡、村级电商站点超过 1000 个,覆盖 913 个行政村。

2. 物流企业

2018 年,全市拥有道路货物运输经营户 7517 户,物流企业 1454 家,全市交通运输业税收 12.77 亿元,同比增长 0.3%。2018 年全市 A 级物流企业 17 家,新增 A 级物流企业 3 家,其中 4A 级 9 家、3A 级 7 家。全市省级重点商贸物流企业 8 家。代表性物流企业如下。

江西正广通供应链管理有限公司。中国物流与采购联合会会长单位,成立于 2014 年 8 月,注册资本 1.5 亿元,致力于构建最具价值的"互联网 + 供应链 + 实体平台"产业生态圈,聚合全国中小物流企业,依托互联网技术、供应链金融及组织创新,打通平台成员之间的业务流、信息流与资金流,推动中小物流企业的网络化运营和规模

化经营，提高集约化水平，实现集团化发展，助力中小物流企业转型升级，围绕客户真实需求制订全方位的供应链系统解决方案。在全国各省、市拥有分、子公司 80 余家，科技公司 3 家，管理 30 多个现代化物流园区，业务覆盖全国 30 个省、市、自治区。

（二）物流基础设施情况

1. 公路建设情况

全市资光高速、船广高速、东昌高速建成通车，昌莆高速（南昌至南丰赣闽界）、西外环高速公路完成线路规划方案，广吉高速公路征地、拆迁工作已全部完成，路基工程、桥涵工程基本完成。境内高速公路 740 公里，约占全省高速公路里程的 12.9%。东外环高速公路主线 23 公里将于 2019 年年底建成通车，通车后全市高速公路将达到 763 公里。全市乡镇、行政村已 100% 通油（水泥）路。农村公路总里程达 12326.2 公里。

2. 铁路建设情况

全市境内铁路总里程 337.7 公里，包括沪昆铁路、鹰厦铁路、向莆铁路、沪昆客专四条干线铁路和一条向乐支线铁路。吉抚武温铁路、鹰潭至建宁铁路（途经黎川县）列入国家和省中长期铁路网规划（其中吉抚武温铁路的规划设计招标工作已开展）；南丰至瑞金铁路、鹰潭至抚州铁路、昌抚城际铁路三条铁路列入省中长期铁路网规划并报国家发改委待批。

3. 航空建设情况

抚州机场已纳入《中国民用航空发展第十三个五年规划》和《全国民用运输机场布局规划》。机场计划开辟至北京、上海、广州、深圳、成都、重庆等城市的航线，机场的建设将有效覆盖抚州市，弥补江西省东中部地区民航机场的空缺。根据规划方案，抚州机场的性质为支线机场，近期飞行区指标为 4C，规划跑道长度为 2800 米，机坪数量 6 个，新建航站楼面积 1 万平方米、航站区停车场面积 8000 平方米、货运仓库面积 500 平方米。近期项目占地面积约 2400 亩，远期控制用地 3000 亩。设计年旅客吞吐量 80 万人次、年货邮吞吐量为 2800 吨。拟使用的机型主要以 C 类飞机中 B737、A320 机型为主，B 类飞机主要为 ERJ—145、CRJ—200 等机型。江西省政府于 2016 年 12 月 9 日发函商请中国人民解放军东部战区空军支持新建抚州机场。2017 年 6 月 19—21 日，中国民航局对抚州机场选址进行了评审，形成了专家组评审意见，认为推荐的预选场址东馆、六家桥、七里岗具备作为抚州机场场址的条件，原则同意选址报告，推荐东馆场址为首选场址。全市已完成抚州机场选址报告和飞行程序设计方案编制工作。直升机临时起降点选址工作正在进行中，初步选定临时起降点 11 个。

（三）物流园区情况

2018 年，全市投资亿元以上规模的物流业重大项目 16 家，其中已建成营运 8 家，分别是江南汽车城、南丰蜜桔出口产业园、中国桔都国际果贸城、黎川县东鑫电子商务园、江西蓝海物流科技有限公司抚州物流中心、南城百望电商中心、黎川县赣闽物流园、乐安豪德物流配送中心；在建8家，分别是抚州海西综合物流园、抚州市佳斌现代物流园、抚州农产品（冷链）交易中心、江西供销（广昌）农商物流大市场、东乡内陆无水港物流园、南城森丰智慧物流园、东乡赤湾物流园、南丰蜜桔综合产业园（见表2-10-1）。

表2-10-1　　　　　　　　　2018年抚州市物流园区情况

序号	园区名称	园区类型	进度	面积（万平方米）	投资总额（万元）	入驻企业数（家）	营业收入（万元）	备注
1	江南汽车城	货运枢纽型	2010年开业	15	11000	36	44020	南城县
2	南丰蜜桔出口产业园	生产服务型	2011年开业	7.6	11000	36	—	南丰县
3	中国桔都国际果贸城	生产服务型	2014年开业	70	12000	26	8000	南丰县
4	黎川县东鑫电子商务园	综合服务型	2014年开业	3.0	7000	76	5000	黎川县
5	江西蓝海物流科技有限公司抚州物流中心	综合服务型	2015年开业	7.6	14500	5	2207.36	高新区
6	南城百望电商中心	综合服务型	2016年开业	3.0	100000	70	52000	南城县
7	黎川县赣闽物流园	综合服务型	2016年开业	7.0	11500	37	8000	黎川县
8	乐安豪德物流配送中心	综合服务型	2017年开业	7.48	11900	—	—	乐安县
9	抚州海西综合物流园	综合服务型	2015年开工	62.2	135000	—	—	市本级在建
10	抚州市佳斌现代物流园	综合服务型	2017年立项	10	20000	—	—	金溪县在建
11	抚州农产品（冷链）交易中心	综合服务型	2017年开工	6.498	60000	—	—	市本级在建
12	江西供销（广昌）农商物流大市场	综合服务型	2017年开工	20	70000	—	—	广昌县在建

续　表

序号	园区名称	园区类型	进度	面积（万平方米）	投资总额（万元）	入驻企业数（家）	营业收入（万元）	备注
13	东乡内陆无水港物流园	综合服务型	2017年开工	3.3	10000	—	—	东乡区在建
14	南城森丰智慧物流园	综合服务型	2018年开工	8.62	22000	—	—	南城县在建
15	东乡赤湾物流园	综合服务型	2018年开工	8.67	9883	—	—	东乡区在建
16	南丰蜜桔综合产业园	综合服务型	2018年开工	6.67	22000	—	—	南丰县在建

代表性的物流园区如下。

（1）抚州海西综合物流园。为省、市重点建设项目，纳入国家重大建设项目库，该项目由抚州中物宝特物流有限公司（宝特物流集团有限公司、山西宝特国际物流有限公司，中物联合（北京）投资有限公司）投资建设，总投资13.5亿元，规划用地933亩，建设内容包括三大板块（铁路、口岸、公路港），内设六大功能区（铁路作业区、口岸作业区、仓储区、公路港区、电商交易区、公共服务区）。设计年作业能力500万吨，其中集装箱年吞吐量15万标准箱。项目全部建设完成后，具有口岸功能、多式联运功能、货物分拨和配送功能、区域物流枢纽功能。

（2）南丰蜜桔综合产业园。由北京亚冷国际供应链管理有限公司投资建设，该项目位于中国桔都国际果贸城旁，占地100亩，总投资2.2亿元，项目分两期建设，其中一期建设投资1.2亿元，二期建设投资1亿元。项目建设内容为仓储冷链物流、农副产品交易，一期冷库建筑容积不低于5.8万立方米，二期冷库建筑容积不低于3.4万立方米。目前2万立方米冷库已基本竣工，即将投入使用。园区创新发展"集采共配"模式，打造集蜜桔"采摘—收购—储存—分拣—加工—运输—销售"全产业链为一体的综合园区，发展蜜桔"最初一公里"的产地预冷，提供"标准托盘＋周转筐"从农村到城市的共同配送服务。

（四）物流产业集群发展情况

抚州综合物流产业集群、南丰蜜桔物流产业集群、广昌汽运物流产业集群、黎川陶瓷物流产业集群列入全省50个物流产业集群。四大集群2018年实现主营业务收入164.43亿元，同比增长8.07%。

（五）重点物流领域发展情况

1. 口岸通关

2018 年 2 月 26 日江西出入境检验检疫局抚州办事处正式开检运行，填补了全市无检验检疫机构的空白，实现了检验检疫机构在全省所有设区市的全覆盖。抚州海关预计 2019 年 3 月开关运行，将会实现全市人民多年的"海关梦"，为促进抚州市开放型经济发展，提升全市对外开放水平注入新活力。

2. 铁海联运

为积极参与国家"一带一路"倡议，大力发展多式联运，打通新的国际物流大通道，2017 年 8 月 29 日成功开行向莆铁路铁海联运集装箱首发班列（抚州—福州江阴港），铁海联运取得历史性进展。2018 年，抚州北货场向莆铁路集装箱货物运输到发量达 5200 多个标准箱，发送量快速增长，公铁、铁海多式联运新模式为园区企业降低了物流成本，拓展了更加方便、快捷的物流服务。

3. 中欧班列

2017 年 12 月 20 日成功开行了南丰蜜桔中欧（抚州—莫斯科）冷链班列，开启了抚州市冷链物流运输新模式，对助推赣都腹地对接丝绸之路经济带，打通中部地区特色农产品进出口通道具有里程碑式的意义；2018 年 8 月 16 日，成功开行出口体育用品、运动服饰抚州至汉堡中欧班列；11 月 28 日，成功开通江西省首列中俄友城（抚州—彼尔姆）果蔬班列。为降低中欧班列返程货物空载率，提高中欧班列开行效益，实现中欧班列双向常态化运行，在开通抚州至汉堡中欧班列和江西省首列中俄友城果蔬班列的基础上，又成功开通首列进口俄罗斯木材中欧班列，实现了中欧班列的双向常态化运行。

二、2018 年抚州市物流业发展存在的问题

（一）物流市场主体弱小

全市物流企业基本是传统物流运输企业，由于经营理念陈旧、服务意识不强、技术水平落后、专业人才匮乏等限制，只能提供简单的运输和仓储等单项或分段的物流服务，很难提供物流信息、库存管理、物流方案设计等增值服务以及完整的物流解决方案。

（二）物流基础设施薄弱

全市各物流园（物流中心）大多在建设中，全市物流园区商贸仓库面积不足，缺少分拨配送中心，承接物流服务功能不强。交通运输基础设施规模偏小，缺乏有效衔接不同运输方式的大型综合货运枢纽、服务于区域或城市的物流基地和物流中心等现

代化物流设施，严重影响物流集散和运输效率，物流基础设施待进一步完善。如向莆铁路尚未全线开通货运导致抚州市生产企业物流成本居高不下，企业失去竞争优势。目前，抚州至莆田的铁路货运列车需要途经向塘、鹰潭、三明北三站绕行，海西物流园区专用线拟接轨的向莆铁路日间不开行货运列车，这两个问题严重制约抚州市物流企业发展。铁路运距多出200多公里，运输时间多花费30多个小时，每标准箱成本增加1000元左右。

（三）物流信息化建设滞后

全市物流信息化建设基本处于初始阶段。虽然部分企业加快了物流信息平台建设，但大多数物流企业只能满足本企业的一般需求，电子打单、车辆跟踪、信息搜索，订单管理、货物跟踪、库存查询、仓储调配等物流信息服务功能较弱。目前尚未建立物流行业的公共信息平台，企业、行业、政府之间的信息难以实现互联互通，物流与工业、农业、商贸的供应链条没有打通，信息不通畅，"信息孤岛"现象明显，造成物流资源的极大浪费，物流运行效率低、物流成本高。

（四）物流标准化意识不强

物流企业缺乏创新意识，对标准化运输技术推广认知度不高，过多考虑成本因素，不愿加大投入。各种运输方式之间装备标准不统一，物流器具标准不统一，物流包装标准与物流设施标准之间缺乏有效的衔接，在一定程度上延缓了物流机械化和自动化水平的提高。

（五）物流业引进力度不够

全市在引进京东、顺丰速运、苏宁等国内外知名物流企业上成效不明显，尚未取得新突破，由于没有龙头企业带动，物流业发展后劲不足，辐射能力不强，各县（区）在物流项目引进上也参差不齐。

（六）物流行业管理不规范

全市物流行业社会组织主要有抚州市物流与采购联合会、抚州市交通运输协会，这些行业组织集中度不高，为物流企业提供的服务有限，不能为政府决策提供参谋，协会运行也基本处于停滞状态，在行业统计、人才培育、政策宣传等方面根本没有发挥作用。

（七）物流经营管理人才短缺

全市物流服务和经营管理人员能力水平整体偏低，现有的物流从业人员无法适应发展需要，中高级经营管理人才十分紧缺。全市中、高等院校开设物流管理专业的极少，对供应链管理，冷链物流、快递物流、电子商务物流、跨境物流等新业态专业人才的教育培养滞后。

三、2019 年抚州市促进物流业发展的措施

现代物流业是融合运输业、仓储业、货代业和信息业等的复合型生产性服务业，在促进产业结构调整、转变经济发展方式、增强城市竞争力等方面发挥着重要作用。抚州市在推动物流业快速发展的过程中，关键要在"七化"上下功夫，主动适应现代物流业发展的需求，把抚州市建设成为区域性的现代物流中心和江西省重要物流节点城市，力争建成国家物流枢纽城市。

（一）在"组织化"上下功夫，全面加强对物流行业的管理和指导

1. 强化物流工作领导

制定和健全物流业发展战略、政策及措施，确定物流业发展的总体规划和年度工作方案。确定重大物流项目并招商，协调解决发展中的重大问题。政府要转变观念，将物流基础设施投入与公共设施、公益设施投入同等对待。

2. 规范物流市场

加大对物流市场的监管，鼓励公平竞争。整合货运市场资源，支持规模以上货运公司的发展，提高组织化程度，提升货运车辆档次，提高厢式车和冷藏车比重，努力打造物流企业品牌。

3. 治理物流收费

全面治理货运车辆收费项目，取消不符合国家规定的各种收费。严禁对物流企业乱检查、乱收费、乱摊派、乱罚款、乱评比。

4. 加强行业管理

支持相关物流协会开展物流信息发布和相关政策、标准宣传活动，制定完善的行业自律、行为规范，开展行业交流、研讨活动，协调和组织职业培训，搭建物流企业与政府部门及社会各界沟通交流的桥梁。规范物流企业财务管理，加快建立抚州市物流统计指标体系，建立完善的物流统计直报制度。加强诚信体系建设，开展诚信宣传教育，建立企业诚信数据库和信息公开网，营造公平竞争、合法经营的物流业发展良好环境。

（二）在"集群化"上下功夫，全面构建物流产业布局网络体系

1. 在空间布局上

形成"一心、三带、四翼"的物流节点设施群，建设适应本地物流、省际物流及跨区域物流需求的物流节点设施，支撑物流服务系统建设。"一心"：以抚州市为中心，分抚州综合物流园和保税物流园两大片区，建设物流服务核心功能区。"三带"："廿"

字形物流节点设施集群带——以抚州市为中心，东乡区和崇仁县为两翼的北部集群带；以南城县为中心，金溪县、南丰县和广昌县为两翼的纵向集群带；以南城县为中心，临川区和黎川县为两翼的赣闽发展集群带。"四翼"：东乡区、崇仁县、广昌县、南城县四大联络节点，形成北部、西部、南部和东部四大物流集聚区。

2. 在物流节点设施布局上

按照集约化、规模化原则，建设物流园区、物流中心和配送中心三个层次的物流节点，规划布局"2－6－8"物流节点，形成以市区为主、县域为辅，定位明细、特色鲜明、优势互补、市县互通的物流节点网络布局。

3. 在产业布局上

积极发挥抚州综合物流产业集群、南丰蜜桔出口物流产业集群、广昌汽运物流产业集群、黎川陶瓷物流产业集群的传统产业特色、交通优势作用，形成产业规模带动作用，加快物流产业聚集，有效降低物流成本。

（三）在"网络化"上下功夫，全面构建三级城乡高效配送体系

1. 建设中心城区一级配送节点

物流园区是城乡高效配送体系中的"骨干"和"主力"，对现代城乡高效配送体系建设起着重要支撑作用。江西蓝海物流科技有限公司抚州物流中心、江西中湖冷链物流中心、江西昌顺物流园等现有大型物流园区承担一级配送网络职能。加快推进抚州佳斌现代物流园建设，建设集集中仓储、配送加工、信息交易、多式联运等功能于一体的配送枢纽。

2. 打造县区二级配送节点

各县区对已建成的仓储配送中心进行改造提升，发展形成公共型综合城乡物流配送中心。重点打造黎川县东鑫电子商务园、南城县恒绿物流园、广昌物流仓储配送中心等一批县区级配送中心，完善二级配送网络。

3. 建设三级配送节点

推广广昌县新供销亿莲电子商务有限公司供销配送、南城邮政快件配送、黎川东鑫实业有限公司益农社模式，充分利用现有的乡镇连锁超市、邮政营业场所、农资站、村级服务社等资源，按照货运站、农村物流服务站等"多站合一"的模式，整合乡（镇）村配送网点、物流运输资源，为乡镇企业和农民提供物流综合服务。

（四）在"标准化"上下功夫，全面建立标准托盘循环共用体系

1. 提高物流标准化水平

积极引导江西晟晨实业有限公司、江西昌顺物流有限公司以及部分生产企业推广1200mm×1000mm标准托盘和600mm×400mm包装模数的周转箱（筐）应用，建立标准托盘、周转箱（筐）循环共用体系。支持企业带托运输，提高一贯化作业效率。推广与标准托盘配套的叉车、货架、标准仓库的应用。

2. 发展绿色运输

推进货运车辆技术升级，推广应用高效、节能、环保的运输装备，积极推广使用新能源和清洁能源车辆。推动运输组织模式创新，按地域划分开展分区配送，进行资源整合优化，实施库存共享、设施共享、信息系统模块对接及运输资源优化利用，充分减少交错运输和运输车辆空载。

（五）在"信息化"上下功夫，全面提升物流行业智能化水平

1. 加强物流行业智能化技术应用

大力支持江西蓝海物流科技有限公司抚州物流中心、抚州市快友配送服务有限公司、广昌县新供销亿莲电子商务有限公司等企业推广快速分拣、自动识别、智能仓储等技术。推广应用无线射频识别、综合识别、集成传感等物联网感知技术。

2. 加快物流公共信息平台建设

抓住以信息技术、智能制造、大数据、云计算、电子商务等为代表的新经济、新业态，加强物流公共信息平台建设，完善信息发布、信息查询和综合服务等服务功能。积极鼓励和引导江西正广通供应链管理有限公司、江西赤湾东方物流有限公司、抚州佳斌现代物流园有限公司、抚州中物宝特物流有限公司等各大物流企业逐步采用互联网技术、GPS定位技术，将企业经营网点连接起来，实现资源共享、信息共用。

3. 大力推进城乡高效配送公共信息服务平台建设

充分发挥信息平台在城乡高效配送体系中的枢纽作用，利用信息平台，整合城配物流供需资源，提供采购、交易、运作、跟踪、管理和结算等全程服务，支持平台利用大数据、供应链、众筹等手段整合线下资源，将物流企业、生产流通企业、个人车主、个人货主全部接入信息平台，共同参与配送体系的运转，提高配送效率、提升配送能级、降低配送成本。

（六）在"品牌化"上下功夫，全面打造抚州市物流龙头企业

1. 重点培育物流龙头企业

鼓励现有运输、货运代理、仓储等传统企业兼并重组，对物流资源进行整合，引导其延伸物流服务范围和领域；以优惠的政策和良好的环境培育有实力、有先进物流管理意识和能力的现代物流龙头企业，带动全市第三方物流企业的发展。

2. 加强品牌建设

鼓励和引导物流企业积极申报国家A级物流企业，对首次获得国家3A级、4A级、5A级认证的物流企业给予奖励；对首次获得物流信用评级A级、2A级和3A级的物流企业给予奖励。大力支持企业开展自主品牌建设，对新获得"中国驰名商标""江西省

著名商标"的物流企业给予奖励。

3. 大力引进国内、国际知名物流企业

重点瞄准京东"亚洲一号"、顺丰速运、苏宁、招商局集团等知名企业落户抚州市，壮大抚州市的物流品牌效应。

（七）在"素质化"上下功夫，全面加强物流人才培养与引进

1. 鼓励、吸引抚州籍物流人才回乡发展

全市物流业发展较早，大批抚州籍物流人才在全国各地创业。新形势下，要利用全省上下开展的"三请三回"活动，积极争取在抚州市外发展的物流人才回乡发展。

2. 多渠道培养物流人才

一是鼓励抚州市高校加大对物流专业人才的培养。强化物流专业学历教育、继续教育、岗位培训互动，促进"产学研一体化"发展。二是鼓励有实力的物流企业与高校、培训机构实行定向培养。三是对现有物流从业人员进行在职培训。四是支持行业协会开展物流从业资格培训，建立物流行业职工终身教育系统。

3. 引进、激励物流人才

通过提供优惠待遇、完善激励手段、鼓励人才创业等手段，加大引进中高级物流人才、物流专家的力度。同时，通过完善技术入股、奖励股份、股份期权、协议工资、年薪制等收入分配政策，调动从业人员的工作积极性；建立物流人才储备库，发现、挖掘、储备人才，培养行业带头人。

（抚州市口岸和物流办　吴国安　蔡玲芳）

第三部分
专题调研

2018 年江西省物流业发展调研报告

一、江西省物流业发展现状

（一）物流规模不断扩大

（1）社会物流总额实现增长。2018 年，全省社会物流总额突破 6 万亿元大关，达到 60287 亿元，居中部地区第 5 位，同比增长 8.8%，增速比上年提高 0.4 个百分点，比全国平均水平（6.4%）高 2.4 个百分点。

（2）社会货运量较快增长。2018 年，全省货运总量 17.42 亿吨，同比增长 12.9%，增幅居中部地区第 2 位，比全国平均水平（7.1%）高 5.8 个百分点。其中，铁路货运量 0.51 亿吨，同比增长 6.25%；公路货运量 15.76 亿吨，同比增长 14.2%，比全国平均水平（7.4%）高 6.8 个百分点，增幅居中部地区第 1 位；水路货运量 1.15 亿吨；港口吞吐量 2.5 亿吨，同比增长 66.7%，比全国平均水平（2.7%）高 64 个百分点；集装箱吞吐量 63.5 万标准箱，同比增长 37.2%，比全国平均水平（5.2%）高 32 个百分点；全省民航机场货邮吞吐量 9.1 万吨，同比增长 43.7%，增幅居全国第 1 位，其中南昌昌北国际机场货邮吞吐量 8.26 万吨，同比增长 58.1%，增幅居全国第 1 位。

（3）快递物流快速增长。2018 年，全省快递业务量完成 6.19 亿件，居全国第 15 位，同比增长 41.5%，增幅居中部地区第 2 位；快递业务收入 67.1 亿元，居全国第 17 位，同比增长 36.4%，增幅居中部地区第 1 位。

（4）口岸货运量平稳增长。2018 年，全省进出口货物 732.12 万吨、国际集装箱 41.72 万重标箱，同比分别增长 0.9% 和 3.37%。赣欧班列累计开行 202 列，是 2017 年开行数量的 7.7 倍，增幅居中部地区第 1 位，是全国平均水平（72%）的 10.69 倍；全省铁海联运集装箱快速班列共发送 5.84 万标准箱，同比增长 24.2%。

（二）物流基础设施初具规模

2018 年，全省公路通车里程 161941 公里，其中高速公路通车里程 5931.4 公里。道路货物运输站场有 59 个，其中二级站 2 个，三级站 16 个，四级站 41 个。铁路营运里程 4134.4 公里，铁路物流基地 17 个，其中一级铁路物流基地 1 个（向塘物流基地），二级铁路物流基地 6 个（南昌昌北铁路物流基地、鹰潭南铁路物流基地、上饶物流基地、赣州南康物流基地、新余物流基地、九江南物流基地）；企业铁路专用线 223 条，其中长江港口专用线 7 条。水运通航里程 5716 公里，泊位 1124 个，其中，深水泊位 167 个，居中部地区第 2 位，亿吨港 1 个（九江港）。全省已形成以南昌昌北国际机场为中心，赣州黄金机场、吉安井冈山机场、九江庐山机场、景德镇罗家机场、宜春明月山机场、上饶三清山机场为支线的"一干六支"民用机场体系。

（三）物流集聚效应逐步显现

（1）物流枢纽建设全面启动。2018 年 12 月国家发展改革委、交通运输部印发《国家物流枢纽布局和建设规划》。全省南昌市、赣州市、九江市、鹰潭市 4 市成功入选国家物流枢纽承载城市，其中，南昌市属于陆港型、生产型、商贸服务型国家物流枢纽，赣州市属于商贸服务型国家物流枢纽，九江市属于港口型国家物流枢纽，鹰潭市属于陆港型国家物流枢纽。

（2）物流产业集群运行平稳。2018 年，全省 50 个物流产业集群总体运行平稳，规模不断扩大，实现物流主营业务收入 2690.8 亿元，同比增长 8.6%，重点物流产业集群发展较快。如向塘综合物流产业集群（江西省物流中心）实现物流主营收入 44.9 亿元，同比增长 9.6%；南康家具物流产业集群实现物流主营收入 101.35 亿元，同比增长 12.6%；樟树市医药物流产业集群实现物流主营收入 84.6 亿元，同比增长 11.3%。

（3）示范物流园区创建工作深入开展。全省深入开展示范物流园区创建和重点商贸物流园区（中心）认定，近年来涌现出一批国家级、省级示范物流园区和重点商贸物流园区（中心），如鹰潭市现代物流园区获国家级示范物流园区，江西红土地物流园区等 7 家物流园区获得省级示范物流园区；江西玉丰冷链物流园区等 19 家商贸物流园区被认定为省级重点商贸物流园区（中心）。通过创建示范物流园区和重点商贸物流园区（中心），2018 年全省物流园区实现主营收入 212 亿元，同比增长 11.60%。

（四）物流成本持续下降

（1）社会物流成本下降明显。2018 年，全省社会货运量为 17.42 亿吨，按照所消耗的运输费用进行换算，单位货运成本为 133.27 元/吨，同比下降 7.26%，低于全国平均水平（136.29 元/吨），居中部地区第 3 位，低于河南省（175.78 元/吨）、湖北省（147.42 元/吨），高于湖南省（115.86 元/吨）、山西省（86.75 元/吨）、安徽省（86.55 元/吨）。全省单位货运成本下降明显，总体不高。

（2）物流产业集群企业物流成本连续回落。2018 年，全省 50 个物流产业集群内工业、批发和零售企业物流成本同比增长 6.1%，增幅回落 0.9 个百分点，增速连续三年回落。工业企业物流费用率（物流费用/销售额）9.3%，与上年持平；批发和零售业企业物流费用率 7.8%，增幅回落 0.1 个百分点。

（3）物流降本增效行动成效显著。2018 年，全省深入推进物流降本增效专项行动，共为企业降低物流成本 57.1 亿元。省交通运输厅启动高速公路差异化收费试点，开通鲜活农产品运输"绿色通道"、重大节假日免费等 8 项优惠政策，全年减免通行费 56.3 亿元。省商务厅推动南昌市、九江市全国物流标准化试点，促进标准托盘循环使用，验收合格试点项目 31 个，试点企业物流成本占主营业务收入的比重由 41.64% 降至 31.46%，较试点前降低 10.18 个百分点。

（五）消费服务能力得到提升

（1）冷链物流平稳增长。2018 年，全省冷链物流企业 152 家（较上年增加 35 家）。全省冷链货运量 405.5 万吨，同比增长 15.3%；冷库容量 143.5 万吨，同比增长 11%；冷藏车 944 辆，同比增长 26.3%。

（2）商超配送增长较快。2018 年，全省零售企业自营配送中心 129 个，同比增长 12.2%，总面积 43.78 万平方米，同比增长 9.5%，自营配送费用 84.29 亿元，同比增长 7.5%。

（3）快递服务能力提升。2018 年，全省获得快递业务经营许可证的企业共计 1108 家，分支机构 2198 个，备案网点 5263 个。拥有各类快递服务车辆 5628 辆，同比增长 9.15%。其中快递服务货车 3487 辆，同比增长 6.80%。建成并投入使用智能快件箱 3923 组，同比增长 26.5%。2018 年全省实物商品网络零售额 870.5 亿元，同比增长 50.5%，高于全国平均水平 25.1 个百分点。

（六）市场主体不断壮大

2018 年，全省物流企业达到 2.2 万家，同比增长 3.5%，是 2015 年（1.5 万家）的 1.47 倍。A 级物流企业达到 200 家，同比增长 13.6%，是 2015 年（88 家）的 2.27 倍。其中，5A 级 2 家，4A 级 85 家，3A 级 72 家，2A 级 37 家，1A 级 4 家。

二、江西省物流业发展存在的问题及原因分析

（一）基础设施薄弱

（1）物流枢纽建设滞后。全省有 4 个城市列入国家物流枢纽承载城市，居中部地区第 5 位；河南省（6 个）、湖南省（5 个）、湖北省（5 个）、安徽省（5 个）、山西省（2 个）、南昌市、九江市、赣州市、鹰潭市 4 市虽然入选国家物流枢纽承载城市，但货运枢纽建设滞后，产业聚集效应不强。如赣州南康家具物流产业集群依靠赣州港实现了公铁联运，但一直没有建设有货物集散功能的综合性物流园区，使得家具货物集散不便，赣州市区域性物流中心作用发挥不够。由于各地物流枢纽建设不足，导致全省货物集散受到周边"虹吸"现象影响，如南昌市、九江市的货物到武汉市集散，宜春

市、萍乡市、吉安市、新余市的货物到长沙市集散，上饶市、景德镇市的货物到杭州市、宁波市集散，抚州市、鹰潭市的货物到福州市、厦门市集散，赣州市货物到深圳市、广州市集散。

（2）多式联运不畅。因缺乏公铁联运设施，九江港与南昌港没有形成有效联动，九江港区仅外贸码头可以实现铁水联运，红光码头虽规划了铁路专用线，但因货运量不足迟迟得不到落实。南昌市高新技术产业开发区年产 1 亿台的手机因南昌昌北国际机场航空货运航线、货运仓储转运设施不足，无法实现陆空联运，必须先转运到深圳市、武汉市。多式联运示范工程项目较少，全省只有 1 个（赣州港）获批为全国多式联运示范工程项目，居中部地区第 6 位，湖北省（5 个）、湖南省（3 个）、河南省（3 个）、安徽省（2 个）、山西省（2 个）。

（二）产业支撑不够

（1）工业品物流总额占比下降。2018 年全省工业品物流总额占社会物流总额的 58.9%，相比 2017 年，占比减少 3.2 个百分点，为近四年来首次跌破 60% 以下。江西省仍处于工业化快速发展阶段，经济增长主要依赖第二产业，从部分规模以上工业企业的产值看，全省低附加值的纺织和服装等行业规模较大，但附加值较高的烟草制造业、汽车制造业及铁路、船舶、航空航天和其他运输制造业规模均远远低于湖南、湖北、安徽、广东等省份。

（2）农产品物流规模偏小。2018 年，农产品物流总额占全省社会物流总额的 3.8%。从产量来看，2018 年全省农产品产量 2588.8 万吨，与中部地区对比（河南省 9219.3 万吨、湖北省 5580.94 万吨、湖南省 5200.3 万吨、安徽省 3401.66 万吨、山西省 1686.15 万吨），居第 5 位，尤其是在水果、蔬菜等生鲜农产品方面，产量差距较大。从农产品产值来看，2018 年全省农业产业增加值 1877.3 亿元，与中部地区对比（河南省 4289.38 亿元、湖北省 3547.51 亿元、湖南省 3083.6 亿元、安徽省 2638.01 亿元、山西省 740.6 亿元），居第 5 位。农产品规模偏小，所产生的农产品物流总额就少，对物流发展带动作用小。

（3）冷链物流短板明显。2018 年，全球人均冷库容量为 0.2 立方米/人，我国人均冷库容量为 0.156 立方米/人，低于全球平均水平（发达国家人均冷库容量为 0.5 立方米/人）。全省人均冷库容量仅有 0.128 立方米/人，明显低于全国平均水平。产地预冷设施薄弱，全省产地型冷库仅占全省冷库容量的 8%。全省冷藏车每万人拥有量仅为 0.2 辆，远远低于全国每万人 1.29 辆的平均水平。全省冷链综合流通率仅有 13%，果蔬冷链流通率仅为 3.9%。全省无冷链物流公共信息平台。2018 年，全省冷库容量为 143.5 万吨，其中主要为低端的冷冻库、冷藏库，适合水产品的多温库容量仅 12.6 万吨，果蔬气调库容量仅 0.6 万吨。

（三）物流集聚不明显

（1）物流园区企业入驻率普遍不高。全省物流园区普遍入驻率不高，全省45个已运营的物流园区入驻企业5844家，占全省物流企业总数的32%。而湖南一力物流园占地1548亩，可容纳企业2400家，入驻企业达2000余家，入驻率达83.3%。

（2）具有引领示范带动作用的龙头企业不多。全省5A级物流企业2家，居中部地区第6位，湖北省（17家）、湖南省（13家）、河南省（10家）、安徽省（3家）、山西省（3家）。全省尚无物流企业进入全国物流50强企业。而湖北省有2家，湖南省有1家。在上市企业方面，全省尚无物流企业上市，而安徽市上市企业有1家，湖北省上市企业有2家。

（四）信息化建设滞后

（1）物流公共信息平台作用发挥不够。省级层面，虽然依托江西万佶物流有限公司建立了省级物流公共信息平台，但由于是民营企业投资建设的平台，省直各部门普遍担心信息不安全，不愿意上传数据，无法实现信息互通，数据共享。市级层面，吉安市、赣州市、上饶市、萍乡市、九江市建立了市级物流公共信息平台。县级层面，寻乌县建立了全省首个县级物流公共信息平台。物流公共信息平台建设滞后，对全省物流资源整合能力不足，服务水平还没有实现大的突破，无法在一个平台上实现物流领域的市场服务和政务服务集成功能。

（2）物流企业信息化率较低。据统计，全省物流企业信息化率不足40%，物流园区信息化率不足50%，主要原因是物流企业信息化建设投入不足。但物流企业为了获取货源信息，不得不临时使用货源地各式各样的信息平台，这些平台不仅服务质量得不到保证，收费还较高，给货运司机带来了较重的负担。如，在零担货运行业，货车司机每到一地接单都要按要求下载使用各类货运App，各平台均要收取一定比例的服务费用。物流园区普遍缺乏信息化服务，入驻企业享受不到信息服务，影响行业发展。

（五）标准化应用不广

（1）物流标准化体系建设滞后。目前全省物流标准化体系建设刚起步，物流行业地方标准、团体标准发展规划还未制定。企业参与制定地方标准、团体标准（如冷链物流标准）积极性不高。2018年，全省制定的物流行业地方标准只有2项。

（2）企业物流标准化意识不强。多数企业物流标准化意识淡薄，缺乏对物流标准化的认识。全省1200mm×1000mm标准托盘普及率21%，比全国平均水平（28%）低7个百分点，省内企业带托运输率约5%。除南昌市、九江市的物流标准化试点企业以外，大部分企业仍习惯使用非标准化托盘。

（六）营商环境有待改善

（1）城市通行限制较多。一是限行政策执行不一。据企业反映，南昌市在发放配送车辆通行证时，未按照市政府协调会议纪要规定执行，会议纪要规定城市限行区域为"两桥三路"（南昌大桥、八一大桥，北京路、八一大道、洪都大道），但南昌市公安局交通管理局在实际发放通行证时，要求企业在通行证上填写可通行道路名称不能超过 86 个字，因无法填写更多的可通行道路名称，使通行线路不足，影响了企业配送业务开展。二是车辆通行证申请困难。据企业反映，因各级政府"放管服"改革，原由吉安市交管局发放的车辆通行证改由县、区交警队发放，使企业要跑多个县、区交警队办理，而且各县、区车辆通行证互不相认，本来企业只需办理一次，现在需要办理七八次。

（2）物流用地供需不平衡问题依然突出。企业普遍反映，物流用地指标申请较难，影响了招商引资企业落地。本地物流企业扩大规模新增用地，因用地指标申请较难，影响了企业发展。

三、推进江西省物流高质量发展的对策建议

（一）进一步明确阶段性工作目标

实施物流高质量发展三年行动计划，力争实现"一年打基础、两年见成效、三年大提升"。一年打基础，物流基础设施得到有效改善，物流业规模扩大，物流聚集效应初步显现。两年见成效，物流基础设施建设进一步完善，物流信息化、标准化、集约化进一步提升，物流降本增效取得阶段性成效。三年大提升，物流基础设施明显改善，物流服务的质量和水平大幅提升，为实体经济服务的质量和水平显著提升，物流业规模、效率、质量全面跃上新台阶。目标是到 2022 年全省社会物流总额达到 8 万亿元；全省 50 个物流产业集群实现主营收入达到 3700 亿元；物流业成为国民经济基础性、战略性产业，江西省成为全国重要的区域性物流集散地。

（二）实施促进物流高质量发展"六化行动"

（1）"网络化"构建行动：推进物流枢纽建设；推进多式联运发展；补齐联运设施短板；构建城乡高效配送体系。

（2）"协同化"联通行动：促进物流业与制造业融合；推动物流供应链创新。

（3）"集约化"发展行动：推动物流产业集群发展；打造高标准物流园区；培育物流龙头企业。

（4）"智能化"推进行动：发展物流服务新模式；完善物流信息平台建设；提升制造业供应链智慧化水平；推动物流智能化改造。

（5）"标准化"推广行动：完善物流标准化体系；推广应用标准托盘及单元化物流；规范各类货运车辆；推广标准化绿色包装。

（6）"便利化"提升行动：深化物流领域"放管服"改革；提升铁路货运服务质量；降低车辆通行和港口物流成本；强化配送车辆便利通行；提升城市物流管理水平。

（三）进一步强化保障措施

1. 建立推进机制

省级层面，发挥江西省现代物流工作联席会议机制作用，统筹推进"六化行动"开展。加强重点工作任务落实，定期通报工作推进和完成情况。市级层面，各设区市建立由分管领导任组长的协调推进机制，并结合本地实际制订更加具体的行动计划，细化要求，量化指标，明确任务和年度项目计划。

2. 加强政策保障

各级政府加大财政支持力度，重点支持物流基础设施建设，构建城乡高效配送体系，补齐冷链物流短板，培育物流龙头企业，引进物流重大项目。加大财税、金融、人才、用地等方面的政策支持力度。

3. 完善物流行业信用体系

制定和出台全省物流行业失信联合惩戒对象"黑名单"管理办法，明确严重失信企业标准，建立政府层面失信惩戒机构。充分发挥物流行业组织和社会信用机构作用，组织建立全省物流企业信用联盟，强化守信激励和失信惩戒效果。

4. 强化统计监测

落实社会物流统计制度，加快企业样本库扩容增量。探索研究社会物流成本统计评价体系。完善商贸物流、物流产业集群、物流业景气指数、仓储业景气指数等专项统计，及时反映物流高质量发展情况。

（江西省商务厅　饶芝新　傅南　江西省物流与采购联合会　胡冲　罗伟）

南昌市物流标准化试点总结报告

在国家商务部和省商务厅的关心和指导下，南昌市被国家财政部、商务部、国家标准委列为2016年全国第三批物流标准化试点城市，奖补资金8000万元，试点周期为两年。试点开展以来，南昌市秉承"组织领导要有力、运行程序要规范、质量标准要一流、综合效益要优质、工作纪律要严明、试点目标要确保"的工作原则，按物流标准化试点工作方案有效推进，培育出一批带动性强、辐射快的试点项目，并形成了一些较好的经验做法。现南昌市物流标准化试点工作已基本完成，物流标准化水平明显提升，进一步推动了南昌市物流行业降本增效，助力南昌市经济高质量发展。

一、试点工作情况

（一）制度机制建设

（1）完善组织机制。南昌市委、市政府高度重视物流标准化试点工作，2016年5月南昌市商务局成立了申报、推进国家物流标准化试点城市项目领导小组，负责项目申报、推进工作。正式获全国物流标准化试点城市后，2016年9月，成立了南昌市物流标准化试点工作领导小组，由分管副市长任组长，分管秘书长及南昌市商务局、财政局、市场和质量监局主要负责同志为副组长，商务、财政、质监、交通、公安等有关部门及各县（区）作为成员单位，进行全市物流标准化试点工作的业务指导、综合协调、规划实施和政策落实等。领导小组办公室设在市商务局，具体负责物流标准化试点日常工作。各县（区）、开发（新）区也纷纷成立专门的物流标准化工作领导小组，指导本辖区内物流标准化试点工作的推进。此外，物流标准化试点工作领导小组出台并下发了《关于建设南昌市物流标准化试点项目评审专家库暨组建试点项目专家评审组的通知》，邀请江西省物流与采购联合会、南昌市相关高校、科研机构等单位的物流标准化方面的专家建立了专家库，为全市物流标准化试点工作提供智力支持。

（2）出台实施方案。根据试点工作要求，南昌市商务局、财政局、市场和质量监督管理局三部门联合于2016年9月印发了《南昌市物流标准化试点实施方案》（洪商务发〔2016〕124号），明确了南昌市物流标准化试点工作的总体思路、发展目标、主要任务、申报企业条件和支持范围、资金管理、进度安排、保障措施，具有较强的操作性。

（3）强化制度保障。为确保试点顺利有序推进，南昌市进一步完善相关制度保障。为做好物流标准化试点项目和资金管理工作，提高资金使用效益，发挥财政资金的引导带动作用，南昌市商务局、财政局、市场和质量监督管三部门联合于2016年11月印发了《南昌市物流标准化试点项目资金管理办法》（洪商务发〔2016〕165号）。商务部广州培训班后，在全市开展自查的基础上，三部门联合于2018年4月印发了《〈南昌市物流标准化试点项目资金管理办法〉补充意见》（洪商务发〔2018〕84号），进一步明确了资金支持范围。

为确保南昌市物流标准化试点项目建设效果，规范试点项目建设过程中的统计工作，保证统计资料的准确性和及时性，南昌市物流标准化试点工作领导小组办公室于2016年12月制定并下发了《关于印发〈南昌市物流标准化试点项目统计管理制度〉的通知》（洪物流办〔2016〕06号），要求试点企业按月统计试点项目进展情况及相关数据，并经项目挂点专家签字确认后上报。同时根据国家商务部要求，南昌市每半年按时对全市试点项目进行相关统计并及时上报。

通过在试点过程中不断研究、摸索，形成全市试点的有效验收方法。在试点申报之初，企业要制订并提交试点项目的实施方案及具体的项目建设计划表，计划表中明确项目的主要内容、预期目标、项目按时间推进的进度安排，在进度安排中又进一步明确各时间阶段内的建设项目及相应投资额，并按原则上每笔投资额最大金额不超过10万元的标准进行具体细化，且明确每笔投资额完成的时间节点。

（4）对标监督管理。在项目建设过程中，为了确保试点项目保质保量完工，南昌市物流标准化办制定了《南昌市物流标准化督导制度》，为每个项目指定一名挂点专家，全程督导项目实施。为及时跟踪试点项目实施进度，加强监测指导，南昌市物流标准化办于2017年1月10日制定并下发《南昌市物流标准化试点企业信息报送及项目推进协调制度》（洪物流办〔2017〕01号），建立了"周调度、月督查、季小结、年考核"的工作模式，同时试点过程中，根据国家商务部要求，每半年对试点项目开展相关统计并上报。试点项目建设推进过程中，南昌市按要求由第三方中介组织了对试点项目的中期绩效评价工作，并对中期绩效评价工作中发现的问题进行了梳理、反馈。在项目验收时，安排专门的物流专家对申报项目的审批和备案手续完备情况进行现场查验，对基础设施建设项目在国土、规划、建设、环保、消防等相关部门出具的建设文件原件、《建设工程竣工验收报告》原件进行现场查验核对。

（5）加强宣传培训。试点工作开展以来，南昌市通过商务局官网发布、召开专门宣传会议、开办相关培训班、印发工作动态等形式，及时宣传物流标准化试点政策，增强物流企业对标准化工作的认知度，持续推动南昌市物流标准化试点建设工作。先后4次组织开展物流标准化试点申报、立标、贯标、验收方面的全市性的宣传、培训会议；邀请了山东省标准化研究院、江西省标准化研究院、华东交通大学交通运输与物流学院的专家和学者为市、县、区商务部门、试点企业和相关企业进行政策宣贯和专业知识培训，提高政府部门和企业对物流标准化的认识和理解；及时印发南昌市物流标准化试点工作动态共 16 期，在媒体和网站上发表相关信息 20 余篇，其中《小托盘构筑大物流，多方助力，共建物流标准化体系》《推动周转筐循环共用模式创新，带动农产品流通降本增效》两篇文章被中共南昌市委全面深化改革领导小组办公室采用，作为《南昌改革》典型案例及亮点工作在全市宣传推广。

（二）资金使用管理

（1）资金使用规范。为使项目资金使用更科学合理，制定了《南昌市物流标准化试点项目资金管理办法》和《〈南昌市物流标准化试点项目资金管理办法〉补充意见》，全面执行物流标准化试点政策和资金支持方向规定。工作开展之初，由第三方中介机构会同会计师事务所对项目评审进行把关，在项目验收阶段，要求必须先由第三方会计师事务所对项目投资进行审计，再由项目验收专家组进行验收资料审查和现场查验，确保企业投资强度达标，跟项目无关的投入不予核算。

（2）引导社会投资合规。以南昌市物流标准化试点工作为平台，积极引导相关试点企业加大社会投资，加强现代物流标准化体系建设。全市 14 个通过验收的试点项目核定投资额为 2.34 亿元，通过以奖代补的方式奖补资金达 4367.8461 万元，试点项目带动社会投资额达 12.6 亿元，带动社会投资达到政府补助的 8.62 倍，效果明显。各项目承办企业均主动委托第三方审计机构对项目的实际总投资等进行审计，并通过专家审核验收。

（3）试点自查整改及时。2018 年 3 月，国家商务部广州物流标准化会议之后，南昌市立即传达部署商务部流通司物流标准化试点专项资金内部审计情况，开展了物流标准化资金使用培训会和政策宣贯会，加强整改落实，同时上报有关自查报告，杜绝上级点名的六大问题；6 月收到《关于转发商务部流通司 2015—2016 年度物流标准化试点专项资金审计情况通报的函》之后，立即开会将上级要求传达至每家试点单位，再次要求各试点企业加强自查，对于苏宁、德邦快递、顺丰速运等企业的项目建设中所存在的关联交易问题及时指出，要求按商务部内审报告进行整改。同时认真学习该函精神，向上级提交自查报告，提升自身工作水平。

二、试点工作主要成效

试点开展以来，全市先后组织了 3 批物流标准化试点项目申报（及补充申报），经过专家评审共确定了 32 家企业的 33 个试点项目。其中，第一批 11 个、第二批 12 个、第三批 10 个（含补充申报 1 个）。33 个试点项目公示后，有 2 家试点企业表示不能按项目计划表推进项目建设申请退出试点，另 31 个试点项目及时上报省商务厅和国家商务部备案。项目推进过程中，有 3 家企业由于企业重组等自身的因素，不能继续开展试点项目建设按程序申请退出试点，其余 28 个试点项目按要求推进。

2018年，南昌市物流标准化试点全部完成验收。其中14家企业（中国邮政速递物流股份有限公司江西分公司、江西玉丰实业有限公司、江西洪客隆百货投资有限公司、国药集团江西医疗器械有限公司、江西医物通医药有限公司、江西省赣兴果品服务有限公司、南昌市永胜物流有限公司、南昌深农冷链物流有限公司、江西国磊供应链集团有限公司、江西顺丰速运有限公司、江西益康爱华医疗器械集团有限公司、南昌德邦物流有限公司/德邦（上海）运输有限公司南昌分公司、南昌荣佳物流有限公司、江西新华发行集团有限公司）承担的试点项目通过了验收，核定奖补资金共计4367.8461万元（其中第一批10家、共计3142.9638万元，第二批4家、共计1224.8823万元），完成资金额度的54.6%；3家企业（江西马力网络信息科技有限公司、南昌市洪大物流有限责任公司、江西新太好实业投资有限公司）承担的试点项目未通过验收；3家企业（江西瑞康时代医疗器械有限公司、南昌苏宁物流有限公司、江西弘鼎供应链管理有限公司）承担的试点项目延期整改验收，县（区）初审不合格；8家企业（江西三志物流有限公司、江西省圆通速递有限公司、江西尧泰供应链管理有限公司、江西康华企业发展有限公司、南昌华泓冷链物流有限公司、江西国磊供应链集团有限公司、江西中路物流有限公司、招商局物流集团南昌有限公司）承担的试点项目不符合国家商务部的精神和方向或未能按项目计划完成试点现已退出。

2018年12月24日南昌市人民政府办公厅下发了《南昌市人民政府办公厅关于同意拨付南昌市物流标准化试点项目第一批财政补助资金的批复》（洪府厅字〔2018〕647号），2019年1月28日南昌市人民政府办公室下发《南昌市人民政府办公室关于同意拨付南昌市物流标准化试点第二批（通过延期整改验收）项目财政补助资金的批复》（洪府办〔2019〕28号），奖补资金共计4367.8461万元（其中第一批10家、共计3142.9638万元，第二批4家、共计1224.8823万元）。

（一）创新经验与做法

1. 严把项目质量

在物流标准化试点工作中，始终把好"三关"。首先是把好项目入围关。一是在企业申报、县（区）初审、专家评审中层层把关。二是通过诚信红黑榜名单，把好入围企业诚信经营关。三是通过财政部门核查，防止入围试点企业违规重复享受政府补贴。其次是把好项目验收关。一是挂点专家把关，试点项目企业申请项目验收，须经挂点专家审核把关，是否符合项目验收条件。二是县（区）把关，企业经挂点专家审核通过后，及时报辖区商务、财政、市场监督部门初审把关，分别由分管领导签字、单位盖章上报。三是第三方专家组把关，专家组严格按照验收方案进行验收，明确每位专家的责任与分工，做到谁签字谁负责，责任追究终身制。最后是把好项目流程关。在项目试点过程中，始终把好"七个环节"，一是政府采购产生第三方专家服务中介。二是商务、财政、市场监督部门集体研究。三是第三方专家组独立评审。四是市商务局党委集体研究决策。五是项目入围、项目验收及资金拨付进行公示。六是资金下拨须经政府批准同意。七是相关文件须抄报、抄送相关部门及单位。

2. 完善配套政策

为推进物流标准化试点工作，市委、市政府及相关部门出台了一系列政策，以提升全市现代物流业发展水平。

一是南昌市人民政府办公厅印发《贯彻实施〈长江经济带发展规划纲要〉工作细则及责任分工》（洪府厅发〔2016〕92 号），确定了依托长江黄金水道，构建江海一体、多式联运的现代物流服务体系，打造长江经济带重要的商贸物流中心城市。

二是中共南昌市委、南昌市人民政府印发《关于大力促进实体经济发展的若干措施》的通知，提出了开展物流标准化专项行动，在全市物流企业、工业制造业企业、商贸流通企业广泛推广 1200mm×1000mm 标准托盘，鼓励带托运输，发展单元化物流，开展标准托盘区域合作，逐步建立托盘循环共用体系。

三是南昌市人民政府出台《南昌市"十三五"国家服务业综合改革试点方案》，以打造区域性物流中心为总体目标，通过提升物流基础设施、加快智慧物流建设、推动与国内外物流信息网络互联互通、培育一批重点企业做大做强及大力引入国内外知名物流企业，推动本地物流企业的转型升级，优化物流企业结构，提升南昌物流产业的行业竞争力。

四是中共南昌市委办公厅、南昌市人民政府办公厅出台《南昌市服务业发展倍增行动计划》，把交通物流中心成型定位为总体目标中"五个中心成型"之一。

五是编制了《南昌市商务发展"十三五"规划（2016—2020 年）》，提出把促进"流通信息化、标准化、集约化"作为未来五年的南昌市现代物流发展的主攻方向，并具体明确了要强化现代物流体系，推进标准化建设。

六是中共南昌市委办公厅、南昌市人民政府办公厅出台了《南昌工业四年倍增行动计划（2017—2020 年）》，明确把加快发展与工业配套的现代物流作为保障要素。

七是南昌市人民政府办公厅出台《进一步扩大旅游文化体育健康养老教育培训等领域消费的实施方案》，明确共同推进标准托盘循环共用，探索标准托盘与供应链、共同配送、多式联运、甩挂运输相结合的新路子，完善社会化、专业化的物流服务体系，着力提高物流效率，以畅通城乡销售网络。

八是南昌市人民政府办公厅出台《南昌市促进乡村旅游发展提质升级行动方案》的通知，提出推动乡村旅游重点村与旅游电商、现代物流等企业建立合作关系的新思路。

九是南昌市人民政府办公厅出台《南昌市关于加快南昌港建设推进工作方案——配合加快建设九江江海直达区域性航运中心的通知》（洪府厅发〔2018〕71 号），明确了加快集装箱运输和专业化运输发展，建立健全多式联运协调机制，提升货物中转能力和效率，将南昌港龙头港区整合为货物集装箱集散基地。

十是南昌市人民政府办公厅出台《关于支持纺织服装产业转型升级的 10 条政策措施》，提出支持达到一定规模的出口型生产企业建设物流平台，降低企业物流成本。

十一是南昌市人民政府办公厅出台《江西省航空物流发展奖励暂行办法实施细则》，对航空运输企业或货运包机（包舱）人、航空货运代理企业、卡车运营商和货主企业进行奖励，以鼓励航空物流发展。

3. 亮点模式推广

（1）与制造业龙头企业配套创新带板运输新模式。南昌市永胜物流有限公司在为江铃集团汽车零部件生产供应商提供优质的长途运输、仓储、配送第三方物流服务过程中使用标准托盘，实现带托运输的循环共同新模式。

（2）图书发行业实现带板运输新模式。江西新华发行集团有限公司旗下江西蓝海物流科技有限公司综合考虑图书包件尺寸不一、门店分拨数量不同、车辆满载率匹配以及相应作业设备等因素，积极在上游印刷厂、分拨中心、下游门店推行使用标准托盘，创新形成了图书发行行业带板运输新模式。

（3）以零售龙头企业带动托盘循环共用新模式。以江西零售龙头企业江西洪客隆百货投资有限公司以代表，利用自身的地位和贯穿上下游的纽带作用，致力于推动南昌市乃至全省的托盘循环共用新模式，标准托盘使用率已达到 95%，标准托盘租赁率达到 100%。上游带托运输率超过 20%，下游带托运输率已超过 95%。

（4）医药物流行业带动的带板运输新模式。以江西医物通医药有限公司、国药集团江西医疗器械有限公司、江西瑞康时代医疗器械有限公司、江西益康爱华医疗器械集团有限公司为代表，在全市医药物流行业实现药品、医疗器械带板运输新模式。

（5）以标准筐为重点打造农产品标准化运输新模式。江西省赣兴果品服务有限公司联合商户进行周转筐统一制作、统一标识、统一标准、统一管理，构建 600mm×400mm 模数的标准化周转筐池，业务覆盖山东省、山西省、安徽省及江西省的南昌市、九江市等地，为促进供应链上下游带托运输发挥有效衔接作用，打造了全程不倒筐的农产品标准化运输新模式。

（6）冷链物流实现带板运输新模式。以江西玉丰实业有限公司的 5 万吨库容标准化冷链基础设施升级改造为基础，通过全程带托运输、一托到底、不倒托、以托计费等创新模式，有效扩大冷库利用率，降本增效，提升了全省冷链物流标准化水平。

（二）主要成效

（1）标准托盘应用率明显提升。据统计，南昌市物流标准化试点验收通过的 14 个试点项目租赁或自购标准托盘 12.36 万片（其中 13 家使用托盘的试点企业自购和租赁标准托盘 10.67 万片，托盘池服务试点企业自购和租赁标准托盘 1.69 万片），标准托盘总占比 97.91%，比试点前提升了 59.23 个百分点；标准托盘租赁率达 51.27%。试点企业带板运输率达到 37.37%，比试点前提升了 32.95 个百分点。

（2）标准化配套设施不断完善。虽然在标准化试点推进进程中，有 8 家试点企业承担的试点项目因不符合商务部的精神和方向或未能完成试点方案计划退出试点，另有 6 家试点企业承担的试点项目未通过验收，但围绕标准托盘应用进行的仓库改造面积仍达 17.5 万平方米，投入资金 1 亿元，围绕标准托盘应用进行的设备改造量达 303.9 万余台（个），投入资金 3.21 亿元，试点项目带动社会投资总额 125742.91 万元。

（3）试点物流企业实现降本增效。物流装卸效率和车辆周转率显著提升。装卸效率比试点前提升 99.7%，车辆周转率提升 70.97%。货损率明显降低，比试点前下降 54.03%。物流成本显著降低，在人工、土地等成本上升的情况下，企业物流成本占主营业务收入的比重由试点前的 66.93% 降至 51.56%，降幅达 15.37 个百分点。

（4）企业标准化意识明显增强。试点企业积极实施物流国家标准和行业标准，标准化意识大幅提升，先后推广执行《联运通用平托盘主要尺寸及公差》（GB/T 2934—2007）、《联运通用平托盘性能要求和试验选择》（GB/T 4995—2014）、《通用仓库及库区规划设计参数》（GB/T 28581—2012）等 100 多项国家标准、行业标准。推广执行服务平台国家标准、行业标准共 33 个，推广执行物流设施设备国家标准、行业标准共 42 个，推广执行技术服务国家标准、行业标准共 21 个。试点企业积极参与制修订物流标准。江西国磊供应链集团积极协助江西省物流与采购联合会制定江西省《开放式循环木质平托盘技术规范》（DB36/T 1045—2018）地方标准，该标准计划于 2019 年实施。另外，江西国磊供应链集团有限公司深入执行 6 项与标准托盘有关的国家标准，并在挂点专家的指导下，与当地学校紧密合作，制定了企业标准《标准托盘池运营规范》。

（5）企业竞争实力显著提升。物流标准化让企业各方面的竞争力得以提升，企业纷纷结合所在行业的国家标准、行业标准，制定企业自身的标准，并有计划地进行品牌培育战略。江西省赣兴果品服务有限公司构建的周转筐共用系统，使全省的周转筐可以顺畅流通、循环使用，加快周转筐在农产品流通企业之间循环，降低货场人工搬运的周转筐损毁率。可有效提高物流效率，大大降低物流成本，同时，也促进了供应链企业间的协同运作。公司还加大创新研发力度，开发生产标准尺寸 600mm×400mm×200mm、500mm×300mm×200mm、400mm×300mm×200mm 等多种型号的折叠周转筐，通过折叠堆放，进一步降低客户空筐状态下的运输成本。另外，公司还计划依托"互联网 RFID 芯片＋带板运输"等新型运营模式，通过互联网传播将标准化周转筐循环共用体系从江西省辐射至全国各地。江西玉丰实业有限公司通过建设 5 万吨库容标准化冷链基础设施升级改造，形成了仓储、运输、销售全程冷藏保鲜链条。在项目改造进程中严格执行标准化流程，深入执行相关国家标准 13 项和行业标准 2 项，并在此基础上进行自主创新设计了一款 1200mm×1000mm×1430mm/1730mm 的铁质防锈货笼。项目建成后，能带动上下游合作企业标准化进程，将标准托盘、周转筐运用到农产品原产地。由于企业冷链服务能力的提升，客户开发获得较大进展，已经承接了中国邮政集团有限公司的果汁存储业务。

（6）社会效益逐渐扩大。物流市场秩序更加规范，物流标准化的发展方向及理念正在逐步树立，低碳绿色物流成为主流理念，信息技术在物流业中逐渐被广泛应用。

三、试点工作存在的问题

（一）物流公共信息平台建设有待加强

南昌市物流公共信息平台不够完善，现有平台以企业平台为主，标准化试点项目中缺少市级层面统一的物流公共信息平台；其他已建的信息平台的功能及整合能力有待进一步加强。

（二）企业物流标准化体系不够健全

目前，从整体上看，南昌市物流企业业务量普遍不大，虽然标准托盘（或周转箱）在企业内部的使用相对较多，但在外部物流或上下游产业间的循环共用则较少。企业积极解决带托运输存在困难和阻力，主动推进物流标准化的积极性还不高。

（三）物流标准化试点企业承载能力偏弱

由于南昌市现代物流企业总量较少，业务量普遍不饱和，再加上南昌市物流企业规模普遍较小，物流基础设施较薄弱，实力不强，导致全市物流标准化试点项目的有效投入不足，完成国家物流标准化试点任务存在一定的困难。

四、下一步工作思路与政策建议

（一）深度转化全国物流标准化试点成果

加快推广覆盖仓储、运输、装卸、搬运、包装、分拣、配送等环节的商贸物流标准体系，加强全国物流标准化试点物流企业贯标活动，持续深入推进江西玉丰实业有限公司、南昌深农冷链物流有限公司、江西新华发行集团有限公司等企业的标准化建设，梳理形成试点企业标准。积极参加全省组织的物流标准化示范工作。创建省级物流标准化示范企业不少于 1 个。

（二）支持和鼓励物流行业立标贯标

鼓励和引导企业主动执行国家标准，支持行业协会、科研机构和企业参与物流标准的制定和宣传贯彻工作。在全国物流标准化试点经验基础上，力争总结提炼南昌市冷链、图书出版发行领域地方标准和行业标准，适时择优推荐申报国家标准。

（三）强化试点示范引领创新配送模式

在南昌市物流标准化试点、城市共同配送试点基础上，积极申报城乡高效配送试点，力争成为全国城乡高效配送第二批试点城市；着手调研、出台《南昌市城乡高效配送专项规划》，在全市快消品、医药、农产品、家电、汽车制造等领域，支持物流企业以标准化建设为基础，围绕标准托盘循环共用，提升"周转箱＋托盘"循环租赁服务平台发展水平，推广货运市场落地配、批发市场统一配、供应商统仓共配、城乡往返循环配、新零售前置仓与及时配等仓配一体化新模式。加强南昌市与各试点城市、试点企业的对接合作，推动区域物流标准化发展，放大物流标准化试点成效。

（南昌市商务局　高扬）

九江市物流标准化试点总结报告

2016 年 7 月，九江市被国家财政部、商务部、国家标准委列入全国第三批物流标准化试点城市，并获得 8000 万资金支持。全市紧紧抓住国家政策机遇，在江西省商务厅、江西省财政厅、江西省市场监督管理局的精心指导下，紧紧围绕"标准托盘循环共用"这一关键切入点，经过两年多的全力推进，物流标准化试点工作已全面完成，全市物流标准化发展水平迈上新台阶，社会效益和经济效益明显。

一、试点工作情况

（一）加强工作领导，确保试点工作推动有力

标准化试点涉及多个部门，尤其是基础设施类的项目，牵涉面更广，在两年时间内完成试点任务非常艰巨。九江市委、市政府高度重视物流标准化试点，成立了以分管副市长为组长的试点工作领导小组，同时安排了工作经费保障试点工作顺利实施。为加大试点工作推动力度，市领导先后多次召开物流标准化试点工作领导小组会议，专题听取工作汇报，研究解决试点工作中的重大问题。市商管办、财政局、质监局等部门密切配合，经常召开部门工作联席会议，研究加快推进试点项目建设。同时，物流标准化试点也引起了各县（市、区）政府（或管委会）和相关部门的高度重视，政府领导亲自参与调度和督导，深入试点企业调查研究，协调解决试点中遇到的困难和问题，为试点项目扎实推进营造了积极的工作氛围。

（二）强化建章立制，确保试点工作规范有序

商务部通过发文和会议，多次提醒各地试点工作应该先建章立制，确定工作规则。九江市内贸部门没有实施过如此重大的试点项目，工作缺少方法和经验。为此，市商管办联合市财政局、市质监局先后赴京津冀、重庆市、徐州市等地工作调研，学习先进经验及做法，并结合九江市实际，制定了《九江市物流标准化试点实施方案》《九江市物流标准化试点项目和资金管理办法》《九江市物流标准化专家委员会管理办法》《九江市物流标准化试点项目建设管理办法》等试点制度，加强对试点项目、专项资金

和专家的管理，用制度在源头上保障了试点方向符合要求。在试点过程中做到了项目管理、项目服务、项目验收和资金拨付均有章可循、有据可依，程序客观科学、公正公平，资金使用合规高效。

（三）科学选定项目，确保试点工作推进顺利

物流标准化试点，对承载项目的企业有明确的要求。开展试点以来，市商管办、市财政局、市质监局全程公开参与，确定试点项目的流程均严格遵照规章制度、有关文件精神，不折不扣地执行。建立了评审专家库，专家从相关协会、高校、研究院等单位的权威物流专家中选取，参与项目评审的专家按照国家、省、市1：1：3的比例随机抽取。主动邀请纪检监察干部全程参与监督，所有项目均按照既定管理办法的相关要求，通过自愿申报、县级初审、现场复核、专家评审打分等程序确定，报九江市物流标准化试点工作领导小组研究同意并公示无异议后实施。

（四）加强项目督导，确保试点工作方向正确

项目确定后，需要督促企业按申报方案的内容执行，确保投资内容不变、进度不减，取得实效。九江市采取主管部门调度和专家督导服务并行的项目管理模式，在各地主管部门加强试点项目建设指导调度的同时，向每个试点项目委派一名督导服务专家，跟踪督导项目进度，对项目建设提出合理的建议。坚持一月一协调调度，一季一现场督查，调度有分析，督查有通报。多次召开试点工作调度推进会、协调会、专家督导工作协调会等会议推进试点工作，确保试点工作质量效益并行。2017年9月底，国家商务部督查组到九江市督查物流标准化试点工作，通过座谈和实地督导，督查组对九江市试点工作的项目组织管理和成效给予了肯定。

（五）严格项目验收，确保试点工作安全有效

项目验收是确保试点资金安全的关键一环。在验收工作开展前夕，九江市制定了《〈九江市物流标准化试点项目和资金管理办法〉补充规定》，进一步明确和细化了试点项目资金列支范围。召开部门联席会，通过现场公开打分的方式比选确定九江华煜联合会计师事务所为试点项目第三方验收机构，保证了试点项目评审验收工作的客观、公正。指导第三方验收机构组建包括财务审计、物流、标准化专家共同参与的验收工作专家组，坚持标准和原则开展验收工作。严格依照"验收—复核—公示—批准—拨付"的程序核拨项目支持资金，每个环节严格把关，确保验收结果无异议后才安排资金拨付。

二、试点工作主要成效

（一）物流企业标准化意识有所增强

经过国家政策驱动，试点宣传推广，试点企业积极尝试，积极执行国家标准和行业标准。部分企业经过标准化升级改造后，降本增效成果显著，逐渐转变了传统搬、储、运的物流观念，有了标准化的意识和操作。九江市将"带动供应链上下游企业标准化水平提升"作为项目验收的重要考核指标之一，引导企业主动融入托盘循环共用体系，试点企业带托运输率较试点前提高了约 10 个百分点。

（二）托盘循环共用服务体系初步建立

托盘生产服务企业九江雄鹰木业有限公司已完成投资 2340 万元，用于建立全市托盘循环共同服务体系，标准托盘池超过 8 万片，建设完成 4 家托盘服务网点，向企业租赁标准托盘超过 7 万片，推动标准托盘由静态向动态、由自购向租赁、由内部自用向循环共用转变。艾美特电器（深圳）有限公司、九江世明玻璃有限公司、青岛啤酒股份有限公司、九江匡庐实业有限公司等部分生产销售型试点企业，利用产业上游优势，积极带动原材料企业和下游企业开展带托运输。

（三）标准托盘和设备使用率显著提高

据统计，九江市开展标准化试点前，试点企业自购 1200mm×1000mm 标准托盘约 8.4 万片，租赁标准托盘 3100 片；试点结束后，企业自购标准托盘 9.4 万片，较试点前增长 12.2%；租赁标准托盘 7.1 万片，增长速度较快，租赁率达 34.2%。新建、改造标准化仓库面积 23.07 万平方米，投入 9000 多万元购置叉车、标准货架、管理系统等配套设施设备，确保了标准托盘及相关设施设备之间相互配套衔接。

（四）企业物流提质降本增效明显

试点后，完成设施设备标准化改造的企业货物装卸效率由 6.39 吨/小时提高到 9.59 吨/小时；装卸搬运单位成本降低了 7.56 元/吨，在试点前的基础上降低约 40.6%；车辆周转率由试点前的 1 次/天，提高到试点后的 2.7 次/天；物流成本占营业收入的比例由 16.35% 下降到 11.24%。

三、试点的主要亮点

通过试点带动，九江市企业积极探索方便、快捷、经济的物流运作流程，形成了一批实用有效的物流运营模式，较为典型的有以下几种。

（一）鸡蛋"塑料蛋托＋托盘"标准化模式

江西鑫万来食品有限公司在试点前对鸡蛋采取的是"纸蛋托＋纸箱"包装模式，每年需耗费成本80万～100万元，且由于卫生标准要求，包装无法循环利用，造成了巨大浪费和环境负担。标准化试点后，公司推出"塑料蛋托＋托盘"的包装模式，塑料蛋托交叉叠放于托盘上用缠绕膜予以固定，即形成标准运输单元。新模式每箱鸡蛋节省10元成本，仅此一项改进即可使公司每年节省100万元。如若都采用此新的包装模式，一年仅九江地区蛋鸡养殖行业包装材料成本就能节省1.12亿元，且是绿色物流的体现。此模式若能在全省乃至全国获得推广，效益将十分可观。

（二）蔬菜不倒筐标准化物流模式

九江市时代凌飞实业有限公司在试点实施过程中，针对生鲜产品流通环节多、损耗度高、供应链割裂、运输成本偏高的问题，引入了标准化周转筐循环共用模式，试用生鲜产品单元化运输。以周转筐为单元订货、收发货，促进农产品从生产基地到批发市场、销售门店全程"不倒筐"，建立"产地直供、基地直采"供应链模式。周转筐随着生鲜产品在田间地头、配送中心、超市门店间流转，企业配送的生鲜产品货损率大为降低，其中蔬菜类的货损率仅为7％，低于业内公允货损率标准。

（三）"厂配一体"电商物流标准化模式

艾美特电器（九江）有限公司以生产电风扇、电暖器等季节性家电产品为主，自投产以来生产和销售规模不断扩大。随着电子商务的快速发展，公司将电商云仓中心从深圳市移至九江市，并对标准化电商仓库更新改造，就地生产、就地发货。参与试点以来，公司立足于降低物流成本、转变物流模式的战略，新增租赁了5000片标准托盘，并利用其他渠道使标准托盘保有量增加到50000片。该企业积极倡导上下游企业托盘循环共用，实现与各地京东仓库实行带托运输。

（四）供应链上下游集群化发展新模式

理文造纸有限公司是中国第二大造纸企业，作为供应链核心企业，依托公司从纸业原浆至成品纸的全产业链制造能力，将下游纸业电商企业吸引入驻理文工业园，为其提供厂房和仓库，形成纸业电商产业集群，实现电商产品的就地生产和就地销售。通过实施物流标准化项目，理文与产业园内下游10余家电商企业实现托盘规格、仓库标准、物流作业规范和流程的统一，园区新增标准托盘3万余片，新增租赁1200mm×1000mm标准托盘6000余片，实现园区内所有企业间的带托运输和循环共用。该纸业电商产业集群的建成和物流标准的统一，大大降低了企业的生产和交换成本，提高了经济效益。

四、下一步工作思路与政策建议

（一）持续推进物流标准化

抓住九江市近年高度重视物流发展的契机，充分利用《九江市人民政府关于进一步加快物流业发展的实施意见》（九府发〔2018〕9号）相关支持政策，继续巩固物流标准化试点成果。建立推广标准托盘循环共用常态化机制，把物流标准化作为一项长期工程来抓。

（二）积极探索推动区域联动

助力江西省"昌九一体化"规划建设，加快探索南昌市、九江市托盘循环共用一体化、物流标准一体化、物流综合服务平台一体化、城市配送车辆通行一体化，逐步实现跨区域托盘循环共用、物流信息平台无缝对接、配送车辆跨区域优化调配，形成无缝对接、功能互补的区域物流标准化协同发展局面。

（九江市商业管理办公室　胡凯）

第四部分
典型案例

企业案例

——物流服务业

物流园区

发挥地域优势，推进省级物流中心建设

——南昌向塘物流园

一、企业基本情况介绍

南昌向塘开发区是江西省人民政府于1999年4月批准设立的省级开发区，总规划面积23.6平方千米。近年来，向塘开发区充分利用现有的区位优势和交通优势，加快建设向塘一级铁路物流基地、开放口岸，南昌向塘物流园是国家级铁路、公路枢纽型综合物流园区，物流园区内各类仓库面积达25万平方米，占全市标准仓库总面积的51%。向塘物流园区公铁联运优势明显，向塘境内有全国第二、江南最大的向西货运编组站，京九、沪昆、皖赣和向莆等干线铁路交汇境内，105、316、320三条国道穿境而过，可快速连接沪昆、赣粤、福银、昌宁等高速公路，江西南部地区70%的货物必须经过向塘进入江西省会南昌，并通过向塘发往全国各地，是南昌乃至江西重要的物流节点和货物集散地。

南昌向塘物流园目前已入驻京东物流、苏宁物流、传化物流、菜鸟网络、广宥鞋业、屏荣食品、海螺水泥等130余家企业，其中物流企业30余家，初步形成了以商贸物流为主，汽车物流、口岸物流为辅的"一主两辅"物流产业格局。2017年4月，江西省商务厅确定向塘综合物流产业集群为江西省物流中心，是全省唯一一个"江西省物流中心"；2017年7月，向塘铁路物流基地被中国国家铁路集团有限公司明确为国家一级铁路物流基地，并纳入国家铁路发展规划，成为全国33个、全省唯一一个国家一级铁路物流基地；2017年南昌（向塘）铁路口岸建设纳入了《国家口岸发展"十三五"规划》，是江西省主要以铁路为依托的国家级开放型口岸。向塘一级铁路物流基地总体规划如图4-1-1所示。

图 4-1-1 向塘一级铁路物流基地总体规划鸟瞰图

二、企业项目情况介绍

（一）项目背景

按照"三规合一"的理念，向塘开发区委托北京交通大学以向塘一级铁路物流基地为核心，编制了《南昌向塘开发区物流发展规划》，对向塘一级铁路物流基地的产业定位、功能布局等进行了科学规划。完成了向塘城市总体规划区域 47.41 平方千米的土地利用总体规划，编制了 16.82 平方千米向塘镇城西片区发展概念规划及 4.39 平方千米向塘公路物流园区和 6.47 平方千米南昌国际物流港概念发展规划。

（二）项目建设内容

1. 基础设施建设

南昌向塘物流园重点推进路网和配套基础设施建设，先后建设了丽湖大道、工业大道、莲溪大道、星城大道、向西大道等骨干道路，基本形成了"五纵六横"路网格局，强力推动 320 国道、105 国道等道路提升改造，推动了高新大道、昌东大道、天祥大道向南延至向塘，地铁三号线南延到向塘，姚湾码头南延到市汊等项目列入省、市、县"十三五"规划。3 座变电站（220kV、110kV 和 25kV 各一座），2 座水厂，1 座污水处理厂，路网、供电、供水、网络、燃气、污水处理等基础设施建设已经全部启动。向塘物流基地生命线工程——向塘铁路货场项目，一条铁路走行线、两条货场线已建设完成，现已完成 20 万余辆商品车运输，已成为全省汽车产业重要的物流通道，成立了南昌向塘铁路口岸开发有限责任公司，与中国建筑第八工程局有限公司开展战略合作，进一步加快了向塘物流园区的基础设施建设。总投资 18.7 亿元的 14 个路网项目正在全面推进，向塘开发区基础设施得到极大改善。

2. 物流企业集聚

园区目前汇集了京东物流、苏宁物流、菜鸟网络、传化物流、远方物流、宇鑫物流等30余家国内知名物流企业。总投资5亿元、占地193亩、建筑面积达8万平方米的平安物流南昌物流中心项目已全面建成并投入运营；总投资3亿元，占地面积98亩、建筑面积达3万平方米的招商局物流南昌配送中心项目也已经建成并投入运营；引进了总投资10亿元的全国最大电商自营企业，京东物流项目已正式开工建设，预计2019年下半年主体结构建设全面完成。此外，总投资20亿元的苏宁电商物流、传化物流和总投资10亿元的菜鸟网络相继签约落户，将大大提升向塘物流园区的整体水平。

3. 口岸建设

南昌铁路口岸位于向塘开发区，铁路口岸一期项目已经正式封关运行；口岸二期项目，占地440亩，将建设铁路装卸区和口岸查验区等相关功能区域。目前，口岸大门、口岸服务中心和口岸大楼等主体工程封顶，预计在2019年年底全面建设完成。目前，南昌铁路口岸已开通向塘至深圳盐田港、宁波北仑港、福州江阴港、厦门港四条常态化铁海联运外贸班列及南昌—鹿特丹、南昌—河内、南昌—莫斯科和南昌—白俄罗斯四条国际货运班列。2018年，南昌铁路口岸共开行铁海联运和国际货运班列325列，共16918标准箱，货值约5.2亿美元（见图4-1-2）。

图4-1-2　开行中欧班列

三、企业项目实施效果

（一）招商成果进一步扩大

2017 年 8 月，南昌县全面启动了向塘开发区路网工程建设，投资 18.7 亿元加速推进 11 个路网项目，2018 年已初步形成园区"三纵两横"的路网格局，为向塘物流园招商奠定了坚实的基础。继招商局物流、平安物流、南京远方物流、河南宇鑫物流等物流企业入驻后，阿里巴巴菜鸟网络江西运营中心、天猫优品、国美（南昌）电子商务运营中心、苏宁易购江西电商产业园、唯品会江西运营总部项目等 30 多家物流企业相继落户，园区入驻物流企业突破 130 家。

（二）园区服务进一步提升

为进一步引进企业落地，镇（区）主要领导、分管领导及商务局负责同志从项目立项、公司注册等各个环节为企业提供"妈妈式"贴心服务，确保企业在园区"落得下、安得心、赢得利"。

（三）社会效应进一步显现

在京东举办"6·18""双 11""年货节"等活动期间，向塘开发区主要领导亲自召开协调会，为京东在大促期间提供交通、医疗、应急管理等方面的保障。

自引进京东以来，向塘开发区经济得到了较快发展，不仅提高了就业率，还为向塘镇政府提供了发展动力。随着菜鸟网络、苏宁、国美、唯品会等国内外知名企业的相继落户，形成了电商物流领域独一无二的"向塘现象"。

物流仓储

智能引领未来，创新驱动发展，转型升级助推药都崛起

——江西仁翔药业有限公司

一、企业基本情况介绍

江西仁翔药业有限公司（以下简称"仁翔药业"）成立于 2005 年 6 月，是一家集批发、物流、配送为一体的专注药品经营的大型 4A 级医药流通企业。公司先后荣获"省级两化融合示范企业"、2017 年"机器换人"先进企业、樟树市首批药品第三方物流企业、首家"医疗器械第三方物流企业""江西省商贸流通服务业诚信示范企业""中国医药仓储企业 50 强""2018 年度中国医药商业百强""江西民营企业 100 强""江西省民营企业服务业 20 强"等荣誉称号，并先后通过中国电子技术标准化研究院"两化融合管理体系"认证以及中国物流与采购联合会 4A 级物流企业认证。

仁翔药业投资兴建的药都樟树第三方医药仓储物流项目，通过整合上、下游客户资源，依靠科技进步成功转型升级，实现了药品采购、营销电商化，药品仓储物流智能自动化，药品终端直配直达化，管控冷链药品专业化。公司旨在构建优质药品城乡配送网络，为药品生产、经营企业和预防、医疗单位提供廉价、快捷、规范的新型药品综合配送服务平台。仁翔药业正门如图 4-1-3 所示。

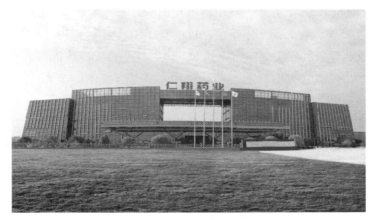

图 4-1-3　仁翔药业企业正门

二、企业项目情况介绍

（一）项目背景

樟树市素有"药不到樟树不齐，药不过樟树不灵"的美誉。近年来，樟树市始终秉承历史文脉，把推动中医药特色产业作为振兴全市经济的战略举措，通过不断壮大产业链条，形成药地、药企、药市、药会齐头并进，集生产、加工、销售、科研为一体的产业发展格局。樟树市被评为中国县域产业集群竞争力百强、国家中药原料生产供应保障基地、国家新型工业化中医药产业示范基地，被中国中药协会授予"中国药都"称号。

江西省人民政府办公厅和江西省中医药产业发展领导小组先后印发《江西樟树"中国药都"振兴工程实施方案》和《樟树"中国药都"振兴工程中医药产业发展规划》，宜春市委、市政府提出的药都振兴"六个一"工程也已基本完成。为积极响应中医药强省战略，樟树市政府提出并大力推进实施"中国药都"振兴工程，全速加快中医药产业发展步伐，研究出台了《推进中药材种植产业发展试行办法》《医药流通产业扶持办法》《樟树市招才引智"新五条"实施办法》《关于促进机器智能化应用推动产业转型升级的实施意见》等一系列扶持政策。全力抓好中医药全产业融合发展，努力把樟树市打造成中医药强省的先行先试区，形成中医药振兴发展的"樟树样板"。

在此背景条件下，仁翔药业紧跟国家政策导向，为进一步优化药都樟树第三方医药仓储物流智能现代化、引领江西省智能医药物流走在全国前列、成为"江西样板"而努力。

（二）项目建设内容

仁翔药业在樟树市药都医药物流园内建有大型医药仓储物流中心，中心用地面积161亩，总建筑面积10万平方米，其中标准仓库7万平方米，办公配套用房1.41万平方米，绿化率达35%，有535个停车位。标准仓库中常温库8280平方米，阴凉库6.25万平方米，阴凉储存条件库房面积占比达88.3%；5个独立冷库库容共600立方米。

在此基础上，公司的大型智能医药仓储中心集成了ERP、WMS、OPS（订单处理系统）、OMS（订单管理系统）、WCS（仓储控制系统）、TMS（物流运输管理系统）等系统，和"货到人"多层穿梭系统，自动化以及大数据等技术装备。

项目区内全网络覆盖，通过PLC可编程逻辑控制器控制1.5公里长的输送线，串联整个物流中心，使智能传感与控制电机、智能检测与电动滚筒实现智能物流自动分流和合流，确保货物有序运转，通过对现有物流资源进行整合，利用智能物流设备和云平台的现代信息技术，打造"可视、可控、可追踪"的智慧供应链物流体系，做到对物流自动化设备动态实时监控及故障排查。

智慧供应链体系对从生产厂家到物流配送中心，再到下游客户药库、药房，最终直至患者的整个物流流程进行可视化管理，统一调配资源，运用专业的第三方智慧医药供应链平台使物流、商流分离。

项目结合了公司现有的信息技术资源，实现了仁翔药业从传统药品营销模式到现代化电子商务网络营销、现代化医药智能仓储物流管理、药品终端智能直配的综合服务型模式的转变。

物流中心采用高度信息化、自动化的大数据等技术装备，建设智慧供应链物流交易平台，应用先进环保的互联网通信技术和 IT 智能控制技术的中央空调系统，对温湿度实时监控，确保药品安全。

（三）项目运作情况

1. 药品物流管理达到国际先进水平

利用条码技术、电子标签、货到人拣选技术、输送系统、自动化立体仓库系统等自动化方式，实现药品物流精细化管理、信息流与实物流的实时统一以及药品信息从医药流通企业到患者使用环节的全程可追溯性，向国际先进的药品物流管理看齐。仁翔药业自动化立体仓库系统如图4-1-4所示。

图4-1-4 仁翔药业自动化立体仓库系统

2. 生产效率大幅度提升

通过建设和运行仿真模拟系统，仁翔药业对项目物流布局和规划进行了优化。一是减少了现场工作人员数量。仓储中心员工从之前的185人缩减到90人，减幅51.35%。二是大幅降低了耗材成本。数据由传统的纸质单据传递优化为现在的系统内联网共享，耗材年支出由之前的202.6万元缩减为9.5万元，减幅95.3%。三是根据医药物流中心的个性化需求，引入现代化物流设备，提高了整体生产效率。人均日生产率由之前的5万元/人·天提高至8万元/人·天。四是有效降低了工作进程中的错误率。仓储环节中的分拣、复核、装箱等人工操作更换为智能化机器人操作后，错误率由之前的万分之十降低至现在的万分之零点二左右，作业质量实现了质的跃变。仁翔药业ABB码垛机器人如图4-1-5所示，仁翔药业AGV小车如图4-1-6所示。

图4-1-5 仁翔药业ABB码垛机器人

图4-1-6 仁翔药业AGV小车

3. 提高了库存周转率

根据药品消耗的特点，仁翔药业建立经济采购模型提高库存周转率，合理优化库存，保障药品及时供应；根据简单、高效的原则，规范药品物流操作流程，实行流程化管理，既能有效减少库存差异，还能减少项目单位流出资金，从而提高资金周转率和投资回报率。项目实施后，仓库占地面积较之前节省了约1.5万平方米，仓库利用率显著提高，药品周转率明显提升。仁翔药业流利货架自动补货装置如图4-1-7所示。

图4-1-7　仁翔药业流利货架自动补货装置

4. 建立了完善的药品安全保障体系

通过项目的实施，借助电子信息管理系统，建立了完善的药品安全保障体系，对药品质量实行管理。

质量管理体系：参照国家《药品经营质量管理规范》（GSP）标准，制定完善的药库质量管理制度，建立药品电子质量档案，进行药品批号跟踪管理、药品效期管理等。

特殊药品管理：利用药监码技术，详细记录毒麻药等特殊药品每个最小包装的消耗使用情况；使用双人双锁，实行指纹认证出入库，保证特殊药品安全。

药品冷链管理：利用RFID技术，将需要冷链管理的药品纳入统一透明的管理平台，医院、商业公司和政府监管部门均可通过平台随时掌控药品温度情况，信息平台提供药品的流向，对药品的使用情况进行追溯，保证患者的用药安全。

三、企业项目实施效果

（一）完善药品流通信息化系统管理，大幅提升药品流转率

传统的医药物流，仅限于医药流通企业内部实现自动化、信息化，而作为药品流

通终端的医院却存在信息化空白。建设现代化医药物流智能平台后，实现了医院与药品供应商之间、药库与药房之间的信息联通，不仅提升了药品流转效率和准确率、避免药库人员重复作业，而且填补了医院药品流通信息管理的空白，有效完善了信息系统，极大推动了药品流通的现代化进程。

（二）有效降低物流中心的运营成本

传统医药物流中心的人力、物力成本是医药物流中心成本的主要组成部分。现代化医药物流中心建成后，成本在以下三方面得到了合理控制。一是对药品条形码的科学管理节省了药库库容空间；二是信息化操作缩短了订单响应时间，提高库存周转率；三是减少了医药物流中心作业人员数量，降低人力成本。

（三）提升医药物流中心质量管理水平，全程保障患者用药安全

现代化医药物流中心实现了药品批号管理、生物制品的全程冷链管理、对药品有效期的自动监控以及对药品流通各环节的质量监控等，全方位提升医院药品质量管理水平，保障患者的用药安全。

（四）建立商医新型合作关系，实现药企与医院合作共赢

传统医药流通企业与医院药库之前只是单一的贸易关系。仁翔药业的物流延伸服务模式，既非药房托管，也非药房承包，而是为医院提供信息系统、自动化技术等综合方案的有偿现代化服务模式。通过对医院实施医药物流延伸服务管理后，医药流通企业与医院建立了新型客户关系，不仅提升了医院的电子商务水平，推动了行业进步，更能促使医院将不属于医疗服务的环节委托给专业企业管理，以便医院集中更多资源提供更专业的医疗、护理等服务。这项创新，实现了医药流通企业与医院的合作共赢。

（五）摆脱医药流通行业低水平竞争的现状，促使企业可持续发展

以往医药流通企业在生产、流通、使用环节中处于被动状态，造成急功近利的低水平市场竞争现象。医药公司和公立医院联手实行医院药库改革，建立药库现代化管理新模式，探索出一条摆脱医药流通行业低水平竞争的新路，促使企业可持续发展，提高企业的经济效益和社会效益。

物流信息平台

构建以客户为中心的物流信息平台，推动新钢公司物流高质量跨越发展

——新余中新物流有限公司

一、企业基本情况介绍

新余钢铁股份有限公司（以下简称"新钢公司"）是一家集板材、卷钢、建材业务为一体的大型钢铁联合企业，整体装备技术水平位于国内先进行列，生产规模约900万吨/年。公司生产基地位于内陆地区的江西省新余市，不靠江海，物资进出主要依靠铁路和公路，水运一般通过九江港和南昌港中转进长江、赣江航道进出。2018年，公司货运总量约4000万吨，其中铁路与公路运输占比各50％，物流费用超过40亿元。

新余中新物流有限公司为新余钢铁股份有限公司全资子公司，是中国物流与采购联合会认证的综合服务型4A级物流企业，主要提供钢材、矿粉、煤炭等大宗商品汽运、铁运、水运代理以及多式联运物流服务。2018年，完成货物运输量1300万吨，营业收入6亿元，利润500万元。

二、企业项目情况介绍

（一）项目背景

建立物流信息平台前，新钢公司物流信息化建设和水平较低，厂内MES（制造企业生产过程执行管理系统）有部分物流环节的相关功能模块，但远不能满足现代物流管理和客户的需求，主要体现在外部信息传递和处理仍通过电话、微信联系，下达计划和物流信息查询、反馈及费用结算仍处于手工操作的初级阶段。在钢材销售物流管理中具体表现如下。

1. 物流作业计划和资源调度管理信息化水平低

物流中心被动接受销售部门下达的物流计划，计划和运力组织脱节现象时有发生，

导致作业调度工作量加大，经常需要临时调车保障物流畅通，导致物流成本增加。

2. 仓储管理缺乏信息系统和智能物流技术支持

仓库现场入库、理货、发货和盘库主要依靠人工作业，缺乏有效的信息化过程质量监控和仓储管理信息系统，导致人工作业劳动强度大，仓储费用结算烦琐、容易出错。

3. 与外部承运商协同效率较低

与外部承运商的沟通协同主要通过电话和纸质单据传递，效率较低，缺少与外部物流服务商的物流协同平台。

4. 物流过程难以监控，动态预警响应较慢

物流计划下单派发后，如承运商未及时响应会导致车辆派送不及时、运输到达不及时，从而影响产品交货期和客户满意度。

5. 物流费用人工结算工作量大，速度慢

当前，周边不少同行已充分利用物联网和移动互联网的技术手段提高物流效率和服务水平，降低物流成本，达到物流过程的可视化，更好地满足客户物流需求。为更好满足新钢公司物流管理及用户的物流增值服务需求，实现新钢公司物流从传统低效粗放物流向现代高效智能物流转变，中新物流作为物流运营主体在2016年启动了新钢物流信息平台建设项目。

（二）项目建设内容

1. 建设目标

基于"整体规划，分步实施"的原则，达到公司钢铁销售物流规范化运作、减少人工操作，实现全局物流管控和作业过程跟踪管理，降低仓库管理人员数量和费用结算劳动强度，有效提升物流管理能力和服务水平，实现物流过程可视、可控、可追溯，全程透明化、智能化管理。系统整体架构如图4-1-8所示。

2. 系统功能

（1）线路价格在线管理审批。

①线路管理。

根据货物种类、运输方式对物流线路进行统一管理，形成有效线路编码，将重点线路划分为特殊线路。以公共线路管理为基线，通过价格有效期、税率、价格凭证、业务类型形成统一的价格管理体系。通过价格审核形成价格版本号，根据线路、价格有效期连续性、税率等形成公路、水运运价，以规范、操作简便、严谨清晰为目标对价格进行多维度展示、统一管理。

②合同管理。

对承运合同、分包合同、仓储合同和港口装卸合同进行管理，形成合同资料库。将分包合同与线路、产线份额等形成合同分配规则，根据特殊分配规则与普通分配多

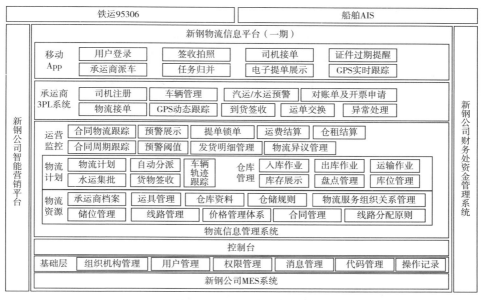

图 4 - 1 - 8 系统整体架构

级原则形成分配算法，为运单进行自动派单提供基础数据和规范标准。

（2）运单智能分派和拼车模型。

建立自动分派模型，根据到站、合同、产线、线路标载等组合规则或根据备注对运单进行拼车，系统根据制定的承运商自动分配规则，对汽运计划进行自动分配，实现合同、产线、线路份额相对平均；实现临时拼车与补拼车，减少散票，方便装车。

（3）物流 App 推送电子运单，在线签收。

承运商和司机使用物流 App 进行运单的接收、派车、查看、跟踪及签收。

（4）实名制电子提单管理。

使用系统识别身份证和 App 中的二维码，进行双重验证，实现司机装车实名制电子提单验真。

（5）物流在途可视化全程跟踪。

物流信息平台提供汽运物流在途可视化全程跟踪，实时掌握运单动态，提高调度工作效率，直观掌握运输任务完成情况。

（6）公水联运智能预报，编制水运计划及签收。

根据物流计划进行入库、出库，形成出入库实绩。对库存运单、材料进行盘点与统计。接收公运、铁运计划形成出厂预报，编制水运计划。到达目的港后，签收装船单。

（7）装船单管理。

码头作业人员根据水运计划进行装船，确认货船离港，系统根据装船实绩形成装船单。

（8）费用智能结算。

当参与结算的运单货物已装车且在线上签收后，系统会自动获取线路价格（会根据调价规则进行自动调价）以及 MES 实际重量，进行计算结算金额。按月导入汽运承运作业表，系统将自动进行分类，手工补充与调整结算之后发布结算，承运商汇总开票。总体业务流程如图 4-1-9 所示。

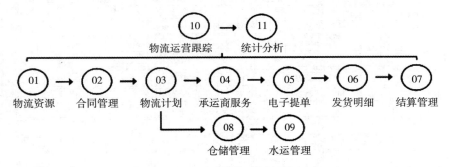

图 4-1-9 总体业务流程

三、企业项目实施效果

（一）系统功能不断完善

1. 实现物流计划的统一制订，提高物流运作效率

按全局管控、适度分层的原则，统一汇集物流需求并统筹运输计划。在总部管理层，将销售订单的交货信息与 MES 系统的发货需求转化为物流需求，结合用户的物流需求，一并汇集至总部统一的信息平台，同时依据物流资源的平衡情况，视需要制订发运策略。

2. 充分利用智能物流终端技术手段，提升作业效率

利用物流单据电子化、移动互联应用、智能物流设备等智慧物流技术，持续提升作业效率和服务水平。

基于移动物联网技术、大数据技术实现智能作业计划、调度。集成智能物流作业终端并开发物流资源平衡、提货防伪验证发货、配载及线路规划等销售物流过程中的相关应用；建立以智能化优化规则为前提的协同物流调度模式，实现物流运输资源的合理调配，提高现场作业效率，从而提升产成品出厂效率，适应未来移动、互联的智能物流发展需要。

3. 实现物流资源的统一管理，内外部协同效益最大化

加强对运输承运商的准入标准与管理，制定统一的物流服务商标准，规范物流作业流程，制定准入指标，加强对物流服务商的管理。按区域统一管理物流费率，依托规模优势，提高新钢公司销售物流议价能力。

通过协同物流服务商，使其与物流信息管理系统紧密衔接，为物流服务商制定统一的标准，包括物流作业标准、物流条件标准、数据信息反馈标准。同时，要求在具体的物流协作中，遵循这些标准，将统一的物流协同标准传达给各物流服务商，并且利用信息系统，使物流标准固化在物流作业的每一个重要环节，使之得到有效的贯彻执行，规范全供应链物流业务运作，提高协同效率，有效降低物流成本。

4. 实现用户自主物流跟踪的需求

适时启动面向有专业物流管理需求的战略用户及物流管理人员自主跟踪的物流 App 服务，通过对物流全程的跟踪，实现了从制造产品到交付至最终客户的物流全程可视化跟踪，在移动物流跟踪应用中提供物流进度跟踪。

5. 满足企业管理变革及业务扩张的快速部署需求

在多基地组织多账套的平台架构支持下，通过新建和调整统一的平台组织和账套，复制和扩充应用接口，可以满足下列管理需要：快速支持组织机构调整、新组织纳入及组织拆分或合并等。

6. 实现与周边信息系统无缝对接

通过周密详尽的集成方案和先进的集成平台（数据服务总线），建立信息集成机制，使得物流信息管理系统与周边信息系统间实现紧密集成，实现实时互通、无缝对接。

（二）系统覆盖面广，促进物流管理效率提升

2018 年物流信息平台上线，已覆盖 19 个省、304 条公路线路和 97 条水运线路，共有 3 家中转港口单位、22 家公路运输单位和 3 家水路运输单位参与运行，管理着 6986 台车辆、6445 名司机、60 艘船舶，接收了 29000 多个贸易合同和生产进程信息，自动分派 9 万多个运单，智能拼车 7631 车，发运 344 多万吨钢材，涉及运费额约 1.92 亿元。

基于"整体规划，分步实施"的原则，通过建立物流信息平台与发货人新钢公司的 MES 系统互联互通，通过接入收货人、订单生产进程和货物信息，运用移动互联网和运单电子化技术，实现了实名制电子提单、运单智能分派和拼车费用智能结算、物流全程可视化、公水联运智能预报、水运计划智能辅助、水运装船单电子化和公水联运在线签收等功能，为发货人提供了定制化的高效物流服务。信息平台的建设促进了物流管理效率的提升、操作的规范以及服务质量的提高，赢得了客户、内部管理人员、现场作业人员和合作单位的好评。

企业案例

——行业物流

快消品物流

"$X+1$" 新零售模式，零售行业创新转型

——江西鑫超商贸有限公司

一、企业基本情况介绍

江西鑫超商贸有限公司是一家拥有丰富客户资源和行销经验的民营企业。公司于2013年成立，注册资金1450万元。旗下设有：江西鑫超企业管理公司、鑫超品味馆、"$N+1$"凌云路便利店、"$N+1$"购物中心、台北101复合式餐厅，现有员工112人。

公司代理了红牛、银鹭、滕王阁等十二个国内一线知名快消品牌，同时运营了"$N+1$"连锁项目，运营城市同城快递配送、快递物流项目、供销e家、益农社信息平台。2018年，公司接洽国家电子商务进农村示范项目、快递项目，自创"萍三苗"农副产品品牌，搭建基于县域的电商服务平台，实现资源整合。

2018年3月，在江西省供销社的带领下，公司全面展开了"$X+1$"新零售模式，实现传统零售全面转型，将传统商贸、农资、生鲜、再生资源等传统业务进行电商化，并整合第四方快递业务，构建县乡村同城电商配送网络体系。

二、企业项目情况介绍

（一）项目背景

偏远村镇的传统销售网点存在严重的难买难卖、产品更新慢、品类单一、复购率低、被动坐商等问题，从而导致越来越多门店面临倒闭。传统销售模式下的一对一销售、电话销售和业务员上门销售等，由于存在漏单、配送效率低等问题，外加售后服务不到位，导致了大量客户的流失。

"$X+1$"模式即将日用消费品、农资、农副产品、再生资源等X项传统业务进行

电商化，并整合成一项快递业务，构建县、乡、村同城电商配送体系。其中，"+1"物流模块是指县、乡、村快递统一分拣配送体系，旨在搭建农村版"菜鸟物流"，打通多家物流快递企业，实现一个终端呈现多家物流快递数据和快递揽件、派送的中转职能，解决农村快递"最后一公里"覆盖率低等问题，以此激活县、乡、村至少60%以上的服务网点，带动乡村网点和农户增益增收。

公司设立村镇末端电子商务快递物流网点，线上线下联动销售，客户打开微信进入新零售商城便可了解产品最新价格，在家自行完成产品下单付款，通过后台打单直接配送，既降低了人工成本、提高了配送效率，又避免了欠账问题。系统精准定位更是有效避免客户流失，客户也享受到了更优质的售后服务。同时公司整合快递统一配送，有效降低了配送成本，提高了车辆装载率，有效打通了"最初一公里"和"最后一公里"。

（二）项目建设内容

1. 运营中心建设

江西鑫超商贸有限公司已经搭建"芦溪县域供销电子商务运营中心"，运营中心内设会议室、培训室、综合办公区、商品展示区等，总面积1500余平方米，配备6000平方米物流仓储中心，拥有物流配送车14辆，运营团队42人。联合全县农村电商综合服务站点，共同推进"工业品下乡、农产品进城"，把家乡的农副产品运到全国各地，让农民更方便、更高效地使用电子商务平台，进而连接各个县域，形成覆盖全国农村的电子商务平台。物流仓储中心如图4-1-10所示，农产品展示厅如图4-1-11所示。

图4-1-10　物流仓储中心

图 4 – 1 – 11　农产品展示厅

2. 快递物流整合

为解决农村电商物流快递存在的问题，2018 年，由江西鑫超商贸有限公司率先发起，联合芦溪县的天天、圆通、中通、百世、申通、德邦等快递公司，让这些快递公司免费进驻鑫超商贸物流园区，将各个快递公司系统进行有效整合，采取"统一形象、统一配送、统一经营、统一核算"的模式抱团运作。建立县、乡（镇）、村三级运营网络，实现"降本降费、提速提质"，解决农村快递物流覆盖率低等问题。

与此同时，对物流仓储设备进行改造升级：设立快递分拣中心和货物仓储中心，总面积达 6000 平方米；引进一整套循环式自动传送带、自动扫描分拣和装车伸缩设备（2 台伸缩机、3 条分拣线，1 台安检机）；购置配送车 14 辆；建设 73 个快递物流电子商务服务站，其中乡（镇）级 4 个，村级 69 个，实现县城全覆盖，乡镇全覆盖，村级站点部分覆盖；建立"物流信息"大数据平台，实现产品信息采集、找车找货等服务功能。快递分拣中心如图 4 – 1 – 12 所示，物流配送车辆如图 4 – 1 – 13 所示。

图 4 – 1 – 12　快递分拣中心

图 4 - 1 - 13　物流配送车辆

3. 电子商务平台建设

2018 年 3 月，芦溪县"$X+1$"新零售同城配送平台正式上线，2018 年，平台销售额达 7004 万元，已有线上下单（微信支付、充值支付）的用户和线上终端客户共 757 个，对 757 家网点精准定位，客户可使用手机导航随时查询货物位置，解决业务流失和丢失终端网点的问题。平台每天显示销售数据，打开首页就能了解每日、每月销售数据，进销存等情况。

4. 创建农副产品品牌"萍三苗"

创建农副产品品牌"萍三苗"，整合当地农副产品，打造芦溪县特色馆。将农副产品品牌化，统一包装、销售、配送。品牌化农副产品代表着可信赖、安全和高品质，打造产品品牌价值从而提高农户效益。公司电商团队综合运用各种营销手段，通过线上平台，实现线上线下互动发展。通过平台，共同推进"工业品下乡、农产品进城"，带动农户增收增益。将优质农副产品销售到消费者手中，减少中间商，提高农户利润，降低消费成本，消费者得到优惠，农户得到回报。

5. 末端网点建设

紧扣脱贫攻坚工作中心，服务乡村振兴工作大局，践行企业责任担当，改善乡村站点亏本运营的现状，对 73 家基层电商服务站实行"五统一"标准（即统一形象、统一标识、统一经营方针、统一服务规范、统一配送），制作终端招牌、门帘、宣传栏，配备商务电子屏、货架等，不断完善基层经营网络体系，提升服务功能，延长服务链条。在开展快递业务的同时，公司还积极整合资源，帮助乡村站点开展农产品和日用品代售代购、电影票和景点门票代卖、车险和寿险代理等综合服务，提升其综合服务水平。改造升级原有超市直营店、村级综合服务社和各类基层经营网点。吸收整合一些基础条件好、辐射带动能力强的村级综合超市，将其改造为农村电商综合服务社，设立电商体验区，统一配备终端显示屏和电脑，安装相关交易软件，为周边农户提供网上代购代售体验，通过电商体验的方式，让电商进村入户，并同时开展快递业务，打通快递物流农村"最后一公里"。芦溪县农村电子商务服务站点如图 4 - 1 - 14 所示。

图 4 – 1 – 14 芦溪县农村电子商务服务站点

三、企业项目实施效果

（一）经济效益

针对传统商贸流通模式库存混乱、物流分散、效率低下、人工成本高等问题，"X + 1"模式的实施对商贸流通各环节进行优化整合，提高流通效率，降低流通成本，提升县域商贸流通资金周转率 20% 以上，降低县乡村商贸配送成本 15% 以上，降低网点库存滞销率 15%，减少过期产品流出率约 3%。"X + 1"模式将县级运营中心、分拣配送中心、县（乡、村）服务站与 X 项业务进行连接，整合原来各自为政的车、人、仓，形成多种物流共享车、人、仓的统一配送体系，避免重复配送，节省 70% ~ 80% 的运力，提升了运输效率。

针对县域农村电商建设涵盖的电商产业园、仓储配送中心、服务网点等硬件设施投入，在实际交付后却出现硬件设施与业务脱节，陷入"闲置不用、门面表象"的资源浪费局面，"X + 1"模式的实施提高了硬件设施的实际使用率。以服务网点为例，网点可充当合伙人的角色，发挥中转提货、分拣分配、客户拓展等职能，实现硬件、软件与业务三合一。

目前，"X + 1"模式衍生了短半径同城配送体系，开展了新零售同城配送、生鲜电商同城配送、农资电商同城配送等业务。传统模式和"X + 1"模式效益对比如表 4 – 1 – 1 所示。

表 4 – 1 – 1　　　　　　　　传统模式和"X + 1"模式效益对比

效益	传统模式	实施"X + 1"模式后
带动农副产品收入	5 万元	80 万元
带动农民增收	10 万元	200 万元
增加就业岗位	40 个	200 个
带动收益网点数	20 家	大于 300 家
电商覆盖网点数量	15 家	大于 300 家
客户数量	423 个	757 个
销售产品	158 个	1980 个

（二）社会效益

以返乡大学毕业生、大学生村官、农村青年致富带头人、返乡创业青年和部分个体经营户为重点，积极培育一批农村电子商务创业带头人和专业化农村电子商务企业，拉动就业，增加就业岗位 200 个。

帮助县域企业突破地域、经济规模的制约，中小企业、乡镇企业、私人企业等能够采用价格低廉、实时的、无地域性约束的网络营销管理。加强企业间互相联系，形成产业集群和牢固的供应链伙伴关系。有效满足多品种、小批量、多效益的制造业和流通业发展的需要，是解决城市"最后一公里"物流成本高问题的有效途径。

冷链物流

建高标冷库　助力区域冷链物流化发展

——九江新雪域物流园

一、企业基本情况

九江新雪域物流园坐落于九江市浔阳区城东工业基地 1 号园内，由九江市新雪域置业有限公司（以下简称"新雪域"）开发，是浔阳区重点招商引资项目，是赣北目前唯一一家"二库三 A 四星"专业冷链物流园，是以冷链业务为主导，集冷链冷藏业务、市场服务业务、市场租赁业务、第三方物流服务、专业冷链物流配送业务、商业销售业务、农产品公共检测检验服务、农产品交易数据结算服务、物流金融服务（冷链结算金融、冷链仓单金融、冷链授信金融等）、增值服务业务、国际进出口贸易服务为一体的综合型现代冷链物流园。依托农产品物流产业集群，九江新雪域物流园充分发挥新雪域共享冷链的优势，整合城东"1＋10"专业市场集聚资源，打造赣北绿色农产品冷链物流集散中心，秉承"百姓利益至上"的服务宗旨，为食品安全保驾护航，持续推动区域冷链物流发展，有效满足广大百姓对放心食品的需求。

试点项目的成功实施在江西省物流行业中率先实现了"五个一"新物流模式，即"一站式进口、检测、储存、分拨、配送"，有望成为江西省口岸物流的标杆企业。新建标准化冷库基础设施和监管查验平台如图 4 – 1 – 15 所示。

图 4 – 1 – 15　新建标准化冷库基础设施和监管查验平台

二、企业项目情况介绍

（一）项目背景

新雪域二期标准化冷库基础设施和监管查验平台已建设完毕，总面积 4.2 万平方米，总库容 4 万吨，新增制冷系统及设备已全部到位，新增货架 1026 组、冷库专用托盘 4136 片、冷库专用叉车 2 台、专用 5 吨货梯 7 台、拖车 8 台、标准化保温滑升门 2 个、标准化滑升门 21 个、标准化月台 2200 平方米、标准化雨棚 360 平方米，实际完成投资 1.5 亿元。

（二）项目建设内容

新雪域二期标准化冷库基础设施和监管查验平台是 2016 年 9 月经原国家质量监督检验检疫总局批复筹建的江西省目前唯一一个水运进口肉类指定口岸项目，是省、市重点在建项目，覆盖江西全域，辐射周边鄂、皖、湘三省，面向长江中游城市群的冷链物流公共服务平台。是国家支持江西省发展的重要民生工程，是九江市建设的区域性航运中心，是打造江西省对接融入长江经济带，通江达海的桥头堡的重要功能性平台，集冷链查验和储存为一体，年综合查验能力 14 万吨，年周转能力 32 万吨。立体货架如图 4-1-16 所示，标准托盘如图 4-1-17 所示，冷库专用叉车如图 4-1-18 所示。

图 4-1-16　立体货架

图 4 - 1 - 17   标准托盘

图 4 - 1 - 18   冷库专用叉车

三、企业项目实施效果

（一）降低物流综合成本，提高配送效率

项目投用后年均可实现营业收入 2. 15 亿元，税收 1500 万元。经市场评估，采用带托运输后装卸率可提高 40% 左右，配送率可提高 25% 以上，带托运输率可达 80% 以

上，物流综合成本降低 30% 以上。如果水果直接从九江进口，标准化冷链运输可使食品腐损率下降 25%，零售价格降低 20% 左右。

（二）创新冷链物流板块共享商业模式

2018 年九江市十大市场集聚常态运营商户约 2000 家，城东九江新雪域物流园率先创建以 10 万吨总库容为依托的冷链中心仓储资源共享模式，配置冷链运营团队 100 人为基础市场做专业保证，以冷链冷藏车 120 辆为基础开展城市共同配送模式。冷链中心仓储资源共享模式的创建，有效减少土地占用面积约 300 亩，减少冷库建设重复投资约 12 亿元，有效提高冷链存储率 30% 以上，全园区电子信息化达到 60% 以上。随着整体 10 万吨冷库的投入运营后，每年能为九江市居民输送超过 50 万吨质优价廉的生活必需品。通过冷库中转平台，有助于降低农产品损耗率约 15%，提升农产品价值约 20%，减少自购各类配送车辆约 3500 辆。减少尾气排放，节约能源的同时，还能有效改善区域环境卫生及交通公共安全状况。

（三）增加就业机会，促进地方经济发展

项目预计总投资 15 亿元，可带动区域新增就业人数 5000 人，年均新增利税 2 亿元。新雪域二期标准化冷库基础设施和监管查验平台促进了区域农产品生产及国际贸易，带动了当地建筑建材、交通物流、车辆维修、金融、餐饮、住宿、娱乐等相关行业发展，共享经济、产业集群效应得以进一步体现。在城市服务方面，不仅可以保障市场供应，有效平衡物价，更有效解决了城市配送中"最后一公里"的问题。丰富的产品业态为实现九江市农产品一站式采买及城市共同配送提供了充足的货品资源，为形成赣北农产品冷链物流集散中心所需冷链基础设施升级加码提供保障，做实九江市农产品冷链城市共同配送业务，提升在赣北冷链物流中的行业引领作用。

医药物流

打造医药现代化物流企业

——江西医物通医药有限公司

一、企业基本情况介绍

江西医物通医药有限公司由江西大药谷医药有限公司重组而建。于 2017 年 3 月由南昌市工商行政管理局、江西省食品药品监督管理局批准设立。公司位于新建区工业大道 366 号，注册资金 1000 万元，是一家集药品流通及电子商务为一体的大型药品、医疗器械流通企业。主营中药材、中药饮片、中成药、化学原料药、化学药制剂、抗生素原料药及其制剂、生物制品、含麻黄碱类复方制剂、各类医疗器械、保健食品、消杀用品等。

公司现已取得道路运输经营许可资质，是江西省首批医疗器械第三方物流试点企业，已获得相应证书。

二、企业项目情况介绍

（一）项目建设内容

为满足物流中心功能需求，推行物流标准化，对仓库货架、装卸设备、仓库自动化设备、分拣设备及计算机系统、信息网络设备等进行升级改造。运输车辆如图 4-1-19 所示。

（1）信息网络设备主要包括：工作站、专业服务器、网络连接设备及其配套设备、终端信息采集器、车载物流定位系统、车载物流配送信息系统和数据库。

（2）通信网络系统设备：电话机、终端接口、交换机、千兆光纤等。

（3）安全监视网络系统设备：摄像机、录像机、解码器、操作台、显示器等。

（4）仓储运输设备：运输车辆、起吊机、叉车、堆高机、搬运机、电瓶车、移动式装卸机、包装捆扎机、移动式配货平台、排风机、装配式货架（柜）、垫板、手推式送货车、周转箱（筐）等。周转箱如图 4-1-20 所示，叉车如图 4-

1 – 21 所示。

图 4 – 1 – 19　运输车辆

图 4 – 1 – 20　周转箱

图 4 – 1 – 21　叉车

（5）其他设备：产品安全出入库检测设备，变配电、供暖、冷藏、消防、环保等公用辅助设施设备。

（6）仓库设施设备标准化改造升级项目：对现有的2万平方米仓库进行标准化升级改造，对其功能进行合理划分，设置常温库、阴凉库、冷库三大功能库区。依托标准托盘，购置标准化物流送货车辆，新增冷藏车、升降叉车、手推叉车、标准化5层货架、高位货架等设施设备，新组合加装有终端数据采集功能的传送设备，购置标准化周转箱；投入TMS运输系统、WMS仓储智能管理系统等；新建1000立方米医药专用冷库，对仓库进行防潮、隔热、防静电处理，满足医药商品存放要求。整个库区内全部配备恒温恒湿工业空调系统。通过升级改造，仓库配置了包括电子标签自动拣货系统、用于出入库及盘点的无线手持设备、无线接收设备、24小时温湿度记录及报警设备等在内的全套现代化物流设备，打造成软、硬件兼备，现代物流设备与GSP（药品经营质量管理规范）业务流程实现有机结合的标准化、现代化的物流仓库。库区内将实行标准药品色标管理，库区内各区域划分明显，各流程安排井井有条。冷库货架如图4-1-22所示，冷库如图4-1-23所示。

图4-1-22 冷库货架

图4-1-23 冷库

（二）项目运作情况

公司借助改造之力，大力发展电子商务，从传统医药流通企业发展为一家 B2B（企业对企业）电子商务医药实体企业。一方面保留采购、质检、仓储、销售渠道等功能；另一方面利用电子商务，实现客户在线选购、下单及支付功能。同时，公司积极组建特别药品采购联盟，利用集中采购降低药品采购价格，提高产品市场竞争能力，达到规模化发展。

公司建立了独特的虚拟药交会市场，提供第三方电子商务医药中介服务，整合、联合行业供应商和药品生产企业，进行在线药品品种共享、客户共享、比价采购、竞价销售。公司从赚取医药差价的传统盈利模式，成功转型为为各供应商和药企提供第三方服务从而赚取佣金的盈利模式。目前，公司与全国 600 多家药企有业务往来，经营药品品规 9000 多个，库存金额近 2 亿元。

（1）客户：传统公司客户分为采购客户与销售客户，而江西医物通医药有限公司客户主要为平台内药品生产企业及代理商，采购客户与销售客户则分级转化为公司客户的客户，使公司成为专业的仓储物流结算服务平台。

（2）分级营销：公司设立二级、三级营销客户端，各业务部门称为"二级"，业务人员及终端客户称为"三级"，"三级"归属"二级"，由"二级"负责，"二级"相当于传统商业中的独立贸易公司，负责商品采购、销售（包括挂网公营销售）及制定"三级"相同产品的不同销售底价，区别于一般电子商务报价只显示相同价格。

（3）物流平台：依托平台内产品配送业务，公司自购车辆（包括冷链运输车）20多辆。整合社会车辆 500 多辆，与苏宁软件无缝对接，保证产品在行业规范范围内快速送达。

三、企业项目实施效果

（一）建立物流信息管理系统

通过项目建设，公司搭建了针对药品实行集中采购、集中库存、集中配送的 ERP系统，把原来分散在各个医药批发商的分散采购、零散库存统一到医物通物流配送系统中，实现药品供应链的集成和重组，减少医药经销商库存积压，提高资金周转率。同时提供医药品查询、订购、配送、跟踪、统计、结算等增值功能，实现货品信息随托盘查询功能，通过扫描托盘或周转箱上的条码和二维码可获得货品信息。

（二）提升物流标准化水平

2018 年，仓库设施设备标准化改造升级完成，1200mm × 1000mm 标准托盘使用量5000 片，使用率达 90%以上，租赁托盘占比达 60%以上；供应链商品带托盘运输率达

16%，城市配送车辆占总车辆的 55%，拥有信息化设备、终端结算设备的车辆占标准车辆的 100%。同时推动上游供货商、代理商、直送配送中心 30% 以上的货物实现带托运输，推动 15% 以上供货商、代理商参与托盘循环共用；推动以周转箱和随车托盘为送货单元向下游门店配送，周转箱使用率达 85% 以上（含带托运输）。

（三）实现企业降本增效

2018 年，公司销售额达 2 亿元，利润 200 余万元，上缴税金 100 余万元。公司运输效率同比提升 20%，运输成本同比降低 15%，在实现自营成本降低的同时间接带动物流运输行业近 1000 家企业实现降本增效。

（四）促进社会化就业

2018 年，公司整合省内配送企业 200 家，新增就业岗位 600 个，间接带动社会就业岗位 10000 个，推动南昌医药产业较快发展。

企业案例

——物流设备服务

托　　盘

以标准托盘为中心推动上下游联动发展

——江西国磊供应链集团有限公司

一、企业基本情况介绍

江西国磊供应链集团有限公司（以下简称"国磊集团"）成立于 2009 年，位于南昌市小蓝经济技术开发区汇仁大道 908 号，总占地 120 亩，其中 60 亩于 2009 年投建并运营，仓库面积达 2.1 万平方米，二期在建（丙二类）高标库 2.9 万平方米，将于 2020 年交付运营。

国磊集团是经百事可乐公司（世界 500 强企业）中国地区总部认可，百事南昌公司唯一配套的仓储、物流供应商。多年来，国磊集团通过整合现代物流、国内商贸、供应链金融服务三大产业资源，积极推进现代物流体系建设。成为立足南昌市、植根江西省、辐射全国的供应链一体化解决方案综合服务商。

国磊集团为江西省物流与采购联合会副会长单位、中国仓储协会会员单位、中国仓储协会金牌服务企业、中国仓储协会五星级通用仓库、中国物流与采购联合会 4A 级物流企业、国家商务部第一批智慧物流示范企业、江西省第四批省级重点商贸物流企业。通过 ISO 9001 质量体系认证、获评南昌市第一家担保存货管理资质企业。

2017 年，为响应国家和南昌市物流标准化试点的要求，国磊集团积极申报南昌市标准托盘公共平台项目，入选为第三批全国物流标准化试点企业。

二、企业项目情况介绍

（一）项目背景

据测算，商品从供应链上游的生产企业到末端的销售门店大约要经历 16 个步骤，不断重复耗时、耗力、耗财的人工装卸作业使物流运转效率极其低下。目前，我国标准托盘市场占有率较低，物流体系标准化水平不高，推动托盘标准化以及标准托盘的循环共用成为当下企业降低物流成本、提高物流效率的最佳途径。标准托盘从共用到循环推广，对物流标准化水平的提高具有非常重要的意义。

（二）项目建设内容

国磊集团作为南昌市首家也是目前唯一一家标准托盘运营服务商，承担着南昌市物流标准化试点建设的重要任务。国磊集团托盘池本着"开放、共享、共赢"的经营理念，对外开放，动态运行，吸纳托盘生产厂商及托盘所有权的资源方，将省内具有托盘池资源的友商们有效整合，充分发挥网络协同效应，盘活闲置库存，降低客户用板成本，随需而租、按需配置，逐步推进供应链上下游的带板运输及托盘共用。通过区域联动结盟江西省自建网络（全省11个地级市自建服务租赁网点），实现带托运输异地托盘管理及交换业务，提高货品周转效率，减少破损，降低人工装卸费。托盘循环共用流程如图4-1-24所示。

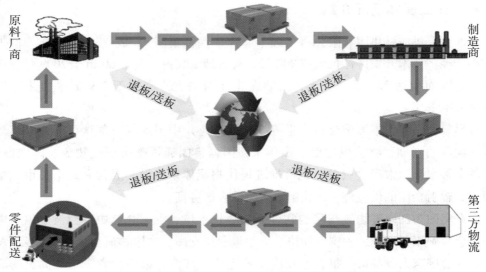

图4-1-24　托盘循环共用流程

1. 标准托盘池的建立

国磊集团统一购买了1.5万片1200mm×1000mm的标准托盘，按照《GB/T 2934—2007联运通用平托盘主要尺寸及公差》进行单元化存储管理，静态载荷6吨、动态载荷1.5吨、货架载荷1.2吨。标准托盘既可用于平面仓库地堆，也可用于货架存储。既适用于手动液压车平地搬运，也适用于带托运输，保护货物。

作为南昌市标准化试点企业，国磊集团不设保底租赁量且采用极具市场竞争力的租赁单价，为区域内客户提供托盘租赁运营服务，市场参考价格为0.15~0.25元/

片·天，而国磊集团定价为0.10~0.20元/片·天（含税）；公司从仓配服务客户群中进一步挖掘出对托盘有需求的客户，采取灵活的用板和退板模式，建立与客户长期稳定的合作关系；公司充分利用"6·18""双11"等电商大促活动，与当地的京东、天猫、菜鸟网络等科技物流公司对接，通过大促销等活动助力上下游企业降本增效。标准托盘如图4-1-25所示。

图4-1-25　标准托盘

2. 托盘循环共用信息系统设计

在托盘池的建设中，如果没有与之配套的信息系统作为运营支撑，在托盘出入库、经营管理、流转交易等环节必然会出现严重的低效率问题。例如，系统需要对入库库存和出库租赁的托盘进行及时记录、监测，对自动托盘数需要实时盘点，当托盘流通于租赁者、经营者、生产者之间，系统必须明确托盘最终的所有权和去向。

为此，国磊集团与托盘信息公司普拉托科技有限公司合作，开发了南昌市标准托盘租赁管理公共平台（见图4-1-26），利用"互联网+托盘银行"理念，通过信息化手段使企业各部门合作，通过托盘循环共用节约社会资源，提升企业管理能力，实现对业务参与人、租借业务以及仓库业务等信息智能化管理。

图4-1-26　南昌市标准托盘租赁管理公共平台

3. 托盘循环共用租赁网点建设

国磊集团以南昌市、赣州市、吉安市及周边地区各类托盘需求方为服务对象，根据客户的需求提供托盘租赁、回收、维护和更新服务，加速托盘在商品生产和分销供应链中的循环使用，保证供应链各环节的带板运输，促进托盘联运和机械化作业，提高物流效率。逐步推广自建省内租赁服务网点，实现带托运输异地托盘管理及交换业务，提高货品周转效率。随着仓库服务网点监控设备、监控数据中心的建立，托盘租赁公共信息平台可追踪已租赁托盘的使用状况，实现跨时空、跨领域管理，增加托盘池整体利用率，减少托盘池整体资金占用。国磊集团信息监控中心如图4-1-27所示。

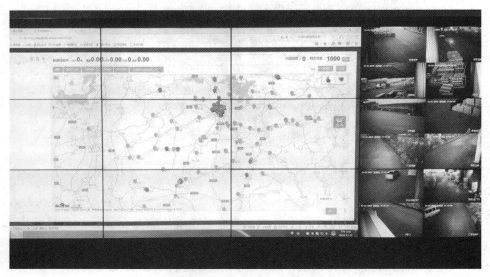

图4-1-27 国磊集团信息监控中心

三、企业项目实施效果

2018年，随着标准托盘租赁管理公共平台、仓配一体化系统等信息技术手段的不断投入，国磊集团在资产总额没有显著扩增的基础上实现净利润翻倍，净资产收益率从2015年的9.58%提升至14.99%。

通过信息化作业，国磊集团摆脱纸质单证和手工作业，跻身现代物流的无纸化作业行列，引入基于GIS（地理信息系统）的托盘跟踪信息监测技术和机制，实现了对托盘全视域实时监控，托盘的出库、摆放、装卸、运输等工作责任精确追溯到个人。经统计，各部门运作效率提升5倍以上，运作成本降低60%以上。通过托盘循环共用项目，积极推进了南昌市试点企业、商贸流通企业与物流服务企业之间的互通互联。既提高了昌九地区企业的物流效率，又促进了供应链上下游企业间的协同运作。平面仓托盘如图4-1-28所示，立体仓托盘如图4-1-29所示，带托短驳如图4-1-30所示。

图 4 - 1 - 28　平面仓托盘

图 4 - 1 - 29　立体仓托盘

图 4 - 1 - 30　带托短驳

四、企业发展计划及设想

目前，国磊集团正在完善托盘循环共用系统中的回收机制，在服务网点布局的过程中，对标准托盘共用信息系统进行推广。

（1）在托盘管理信息系统方面，计划增加库存查询、服务网点分布查询、在线下单交易、在线委托运输功能。同时，订单交易完成后嵌入运营商审核机制，托盘回收后由运营方确认托盘使用情况，如有丢失或损坏，需上传图片等证明材料，依据赔偿标准结算赔偿费用。

（2）在系统推广方面，具备合规经营资质的企业均可将企业内可供租赁的标准托盘纳入公共托盘池，由托盘共用系统帮助其通过公共信息平台出租托盘，利用闲置资源创造出最大的经济效益。

（3）国磊集团目前的信息平台建设主要辐射范围为江西省境内，后期各地区的公共信息平台可融合对接，发展成国家级、全领域公共物流信息平台，做到各地区物流信息的互联互通，优化配置全国物流托盘资源。

（4）信息平台和信息系统的扩展速度越快，后期推广的边际成本越低，但在建设前期需投入大量资金，故区域内物流信息平台建设方数量不宜过多，鼓励择优推广。

（5）作为国民经济的重要产业，托盘共用系统涉及航空运输、集装箱运输、铁路运输、公路运输等运输业，火车制造、车厢制造、货架制造等制造业，建筑业及服务业等行业。在制定标准时，若将同质企业纳入相同的管理体系中，将会促进相同行业的标准化发展。

周转筐

运用"塑料蛋托"的鸡蛋采购流转模式，打造仓储及冷链运输标准化体系

——江西德展食品有限公司

一、企业基本情况介绍

江西德展食品有限公司成立于 2013 年 9 月 17 日，位于江西省九江市经济技术开发区城西港区，是江西省自动化程度最高、生产能力最大的冷冻系列食品生产企业之一。公司目前产品涵盖冷冻面团、慕斯、蛋糕、月饼、饼干等，生产工艺严格执行国家食品安全管理体系（ISO 22000）和九江市食品安全诚信体系标准，并已通过 SC 质量体系认证。公司目前在职员工 200 余人，其中大专以上学历专业技术人员占 20%，此外还聘请了十多名拥有十余年经验的高级技能型人才。公司拥有深厚扎实的生产技术，配备标准化的生产车间和欧洲进口的生产设备，采用冷链配送管理系统。

二、企业项目情况介绍

（一）项目背景

随着企业快速发展，规模不断壮大，对食品质量的要求也越来越高，然而，公司现有的设施设备却无法满足生产需求。2016 年，公司投入 1 亿元规划设计新工厂，目前工厂已建设完工，设备即将进厂，新工厂计划于 2019 年年底投入使用。

2016 年，九江市成为全国第三批物流标准化试点城市之一，公司把握契机，积极申报试点项目，将物流标准化理念与新工厂建设融为一体以降低物流运营成本、提升物流发展水平。

（二）项目建设内容

项目建设内容包括："塑料蛋托＋塑料周转箱"的鸡蛋采购流转模式；标准化冷库建设及冷链运输；标准托盘循环共用模式。

公司作为九江市烘焙食品生产大户，2017 年采购鲜鸡蛋数量约为 4000 万枚，11 万箱。原先公司采购鸡蛋采取的是"纸托＋纸箱"包装模式，每年需耗费 80 万～100 万元，同时鉴于对养殖场卫生标准的要求，出场纸包装无法再进入养殖场循环利用，从而造成巨大浪费，对环境产生了负面效应。"纸托＋纸箱"包装模式如图 4－1－31 所示。

图 4－1－31　"纸托＋纸箱"包装模式

因此，参与物流标准化试点后，公司致力于采用可重复的包装模式取代原有模式。

1. "塑料蛋托＋塑料周转箱"的鸡蛋采购流转模式

（1）试点开展。

第一阶段（2017 年 7—8 月）：物流标准化试点鼓励使用 600mm×400mm 塑料周转箱和 1200mm×1000mm 托盘。公司成立试点小组，解读相关试点文件精神，围绕以标准化塑料周转箱和托盘租赁使用为核心设计试点方案，探索出以可循环使用的塑料蛋托和 SHG－604034C1（600mm×400mm×340mm）型号标准化塑料周转箱为基础，利用标准托盘（1200mm×1000mm）装卸和运输的鸡蛋周转模式。由于塑料蛋托和塑料周围箱可以在双氧水等消毒液中消毒，避免带菌进入养殖场，因此可回收循环利用，极大节省了物流包装成本。同时鸡蛋的托盘化载运，减少了人工搬运环节，使鸡蛋的运输破损率接近于零，节省人工搬运费约 2 元/箱，节省综合成本约 100 万元/年。"塑料蛋托＋塑料周转箱"模式如图 4－1－32 所示。

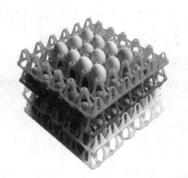

图 4－1－32　"塑料蛋托＋塑料周转箱"模式

第二阶段（2017年9月至今）：公司在第一阶段试点初获成功后，在实践中发现塑料蛋托的强度足够支撑多层直接叠放，后经反复研究、试验、改进，进一步推出了"塑料蛋托直接放托盘"的包装运输模式，即用塑料蛋托取代纸蛋托，直接交叉叠放在托盘之上，并用缠绕膜予以固定，不需要纸箱或塑料箱外包装，即可形成标准运输单元。"塑料蛋托＋托盘"运输单元创新如图4-1-33所示。

图4-1-33　"塑料蛋托＋托盘"运输单元创新

由于包装循环利用时无须考虑塑料箱空间，该模式进一步降低了物流成本。经前期试运行，该模式在实践中完全符合运输的强度需要，鸡蛋破损率与之前相比，无明显上升。

（2）试点推广。

新模式试点成功后，公司通过鸡蛋农业合作社（即鸡蛋采购中间商）在同行中予以示范，积极推广该模式。九江市星子县和德安县作为江西省传统蛋鸡规模养殖区域，约有蛋鸡2000万羽，年鸡蛋产量约50亿枚，1400余万箱，现这些鸡蛋几乎全部采用传统的"纸托＋纸箱"包装模式。如若运用新的包装模式，按每箱鸡蛋可节省包装材料费8元计算，仅九江市蛋鸡养殖行业包装材料费即可省1.12亿元/年。

2. 标准化冷库建设与冷链运输、标准托盘循环利用模式

公司已购买符合国家标准的13.6米物流冷藏车2辆，生产出的产品到第三方物流冷库实现"门对门"冷链运输。在远端监控中心对产品GPS定位信息进行实时监控、记录和管理，大幅提高监管效率，保障产品质量。

为实现公司物流环节"不倒筐""不倒托"，降低物流成本，公司租赁标准托盘（1200mm×1000mm）1000片，参与标准托盘循环共用体系，和终端商客户一起实现全程带托运输和配送。产品带托运输如图4-1-34所示。

图4－1－34 产品带托运输

三、企业项目实施效果

（一）经济效益情况

公司的主要客户多为国内外知名大型连锁超市（如沃尔玛等），其对供应商物流标准化的要求日益提高，标准化塑料托盘、塑料蛋托及周转箱的有效使用和货物带托运输循环共享促进了托盘集装单元化和实行托盘作业一体化。公司标准化塑料托盘（1200mm×1000mm）使用率达到80%以上，其中托盘租赁率100%，带动供应链上下游企业实现标准化。

1. 提升物流效率、降低物流成本

公司与供应链中间商、终端销售商合作，带托运输率达到18.96%，供应链物流效率提高20%。通过实现带托运输、托盘循环共享，可降低10.26%的物流成本，不仅有利于推动冷库标准化及冷链物流标准化，更有利于企业发展，增强企业竞争力。

2. 提升物流装备技术水平

公司通过新建标准化冷库等基础设施，配以新式塑料包装技术，提高公司服务质量。其中，标准化冷库建设及冷链物流不断成熟和完善，新式塑料包装技术广泛应用，组织管理水平提高。企业通过以上物流技术和管理模式，实现了对标准化塑料托盘租赁使用和塑料蛋托、周转箱的协调管理以及标准化冷库的统筹规划，拓宽公司业务范围，提高供应链运转效率，提升公司经营决策能力。

（二）社会效益情况

1. 产生网络效应，加强供应链上下游企业合作

一方面，公司实施物流国家标准，使供应商、批发商、零售商、物流服务提供商等其他参与者能够统一安排物流过程中的运输、储存、装卸、搬运、包装、流通加工、配送、回收等活动。同时，通过统一上下游企业之间的行为规范，整合信息流，使物流活动更有效率。

另一方面，物流标准的实施还有利于供应链各节点企业加强合作。公司作为全国知名商超连锁企业（如家乐福、永辉超市、麦德龙等）、连锁饼店（如家家知、克里斯汀、好利来等）烘焙食品的供应商，在生产加工、冷藏储存、运输交接的过程中均按照国家标准实施，有利于加强合作伙伴的信任度，促进公司与上下游企业的密切合作。

2. 增加农民收入，形成稳定的利益联结机制

公司通过项目建设，推动"农民＋合作社＋企业"的农业产业化模式进一步发展。通过鸡蛋、面粉等原材料采购带动养殖户、农户规模化经营，用塑料蛋托和周转箱代替纸浆蛋托和纸箱包装，促进储存设备循环使用。通过包装储存设备标准化，每年可为养殖户节省约30万元的包装费用。养殖户收入的提高也会产生积极的示范影响作用，带动更多的农户投入农业产业化的浪潮，从而形成规模效应，以此带动地区整体发展，促进民生建设。

通过参与物流标准化试点，公司深感这是一项能使企业获益、社会获益的积极尝试。"塑料蛋托＋塑料周转箱"鸡蛋包装模式是一种节省包装成本、降低蛋类破损率的极好模式。由于造纸业为传统易污染型行业，因此节省纸包装可进一步推动建设环境友好型社会。公司愿意并期待配合政府相关部门，将此模式在社会中予以进一步推广。

协会案例

江西省物流与采购联合会

一、协会基本情况介绍

江西省物流与采购联合会（简称赣物联）成立于 2015 年 12 月，是由江西省商务厅指导，经江西省民政厅批准设立的行业性社会团体法人组织，主要由省内大型现代物流企业、采购分销企业、商贸流通企业和供应链上下游企业、省内大专院校和科研机构，以及部分专家学者组成，是跨地区、跨部门、跨行业、跨所有制的全省综合性、非营利性社会团体。

（一）组织架构

赣物联现拥有会员 300 余家，现有专职人员 10 名，兼职人员 3 名，全市场化运作，社会公开招聘。经中共江西省商务厅行业综合党委批准，成立了赣物联党支部，建立江西省物流标准化技术委员会和物流企业评估办公室。赣物联秘书处下设综合办公室、会员服务部、数据统计部（物流信息中心）、标准化工作部、物流企业评估办公室、行业发展部和网刊宣传部。赣物联于 2018 年 12 月获批成为国家技术标准创新基地（江西绿色生态物流中心）筹建单位，正在筹备建立江西省物流装备专委会、网络货运专委会、教育培训专委会等分支机构。同时指导协助萍乡市、上饶市、九江市等地成立地市物流协会。

（二）业务范围

赣物联秉承"为政府服务，为行业服务，为会员服务，做好政府和行业企业间桥梁"的办会宗旨，已经开展了多方面的服务工作：组织实施行业调查和统计，提出行业发展规划、产业政策及物流发展建议；开展 A 级物流企业评估、通用仓库等级评定及相关评定评估工作；组织行业理论研究和经验交流，举办学术讨论会；开展物流从业人员职业培训；参与物流方面国家标准、地方标准、行业标准和团体标准制修订；编辑出版发行会刊、物流业发展报告和其他出版物；承担政府有关部门委托的工作任务，向政府提交物流行业相关政策建议及参与政策宣贯。

二、协会主要工作成效

（一）党建工作

1. 成立党支部

根据江西省民政厅关于全省性行业协会商会与行政机关脱钩试点工作要求，脱钩后的行业协会要强化党的建设，确保脱钩不脱缰，脱钩不脱管。赣物联完成脱钩工作之后，积极筹备申请成立党支部，并于 2018 年 4 月 28 日获中共江西省商务厅行业综合党委批准，正式成立中共江西省物流与采购联合会党支部，目前有正式党员 3 名。

2. 党建工作全面推进

党支部成立后，赣物联党支部按时开展"三会一课"，每月固定时间开展主题党日活动，贯彻落实党的十九大精神，确保对十九大报告学习落实到位、精神领会到位、工作贯彻到位；积极与相关单位及会员单位党支部沟通联系，与江西省商务厅现代服务业处党支部联合开展了"学典型 读红书 践初心"暨"双联共建"主题党日活动，通过与会员单位党支部的结对帮扶，更好地指导企业业务发展；组织会员单位党支部党员开展井冈山党建活动，重温革命故地，弘扬革命精神；赴江西经济管理干部学院学习交流党建工作开展情况，完善支部台账，拓宽宣传途径，丰富活动形式。

（二）会员服务

1. 会议活动亮点纷呈

2018 年，赣物联组织城区货车限行、物流装备、城乡高效配送试点、冷链物流发展规划、物流人才培养、发展报告编写工作座谈会等主题沙龙、座谈会十余场，其中举办了"江西省物流业景气指数发布会""全国部分地区物流统计工作座谈会""江西省冷链物流发展座谈会"（见图 4 - 2 - 1）等重要会议；参与省内相关单位组织的各类会议 10 余场，组织企业参加全国大型物流行业相关会议 20 余场；协助中物联冷链委在南昌市召开了 2018（第六届）中国生鲜农产品供应链峰会，会议规模 500 余人；协助中物联和中国物流学会在南昌市召开了 2018 年（第十七次）中国物流学术年会，会议规模 1200 余人；组织企业参加中物联和中国物流信息中心在鹰潭市召开的 2018 年中国物流发展与形势分析大会，会议规模 500 余人，江西 7 家单位、17 名个人、19 家企业获得统计先进表彰；组织相关单位赴济南、淄博、成都、重庆等地考察物流标杆企业并参加全国大型会议；组织召开 2018 年九江市物流业发展综合业务培训会，培训内容切合九江市物流业发展总体需要，为政策落地转化、促进行业高质量发展奠定了良好基础。

图 4－2－1　组织召开江西省冷链物流发展座谈会

2. 走访企业，牵线搭桥

赣物联扎根基层，活动到基层，了解情况，倾听呼声，研究办法。2018 年，赣物联工作人员分组、分片区走访物流企业，共走访了全省 200 多家物流企业，足迹遍及全省 11 个设区市的物流企业，涉及公路运输、冷链、航空运输、仓储、快递等各类不同规模的物流企业。通过了解情况，沟通信息，围绕物流业的痛点和难点，为企业提供帮助支持。

3. 资讯服务全面铺开

赣物联网刊宣传部实时采集最新的行业动态，并通过微信公众号、协会官网、《赣物联》期刊、简讯等渠道发布。赣物联官网上传文章 3000 余篇，网站及微信公众号文章点击量超过 50 万次。网站搭建了数据统计板块和评估模块，建立了统计直报和评估窗口。同时充分发挥《赣物联》期刊"窗口"作用，及时将行业信息、国内外动态、国家政策和法规、赣物联工作等传达给会员单位。2018 年，《赣物联》期刊共发行 11 期，累计发行近 6000 本。赣物联加强与江西卫视、江西日报、中国江西网等主流媒体平台的内容合作，增加曝光度，提升影响力。

（三）行业服务

1. 做实行业调研统计工作

赣物联始终把物流统计调查作为首要工作推进。在中物联和中国物流信息中心的指导下，在江西省商务厅、江西省发改委、江西省统计局等部门的支持下，开展了全省物流产业集群统计调查、全省物流业景气指数调查、全省冷链物流、物流标准化调研、九江市社会物流统计核算等统计工作，并取得了一定的成效。其中，受江西省商务厅委托开展的江西省物流产业集群统计成为全国物流行业统计工作首创，为物流统计提供了江西省样板。2018 年 7 月 3 日首次发布了江西省物流业景气指数，景气指数调查工作填补了江西省在指数调查工作上的空白，增加了观察、预测、分析全省物流行业运行发展趋势的新视角。每月采集 200 家企业的数据，通过江西卫视新闻联播、江西日报等媒体发布。江西省物流业景气指数发布会现场如图 4-2-2 所示。

图 4-2-2　江西省物流业景气指数发布会现场

为配合有关部门工作，赣物联就降本增效、货车限行、冷链物流等开展专题调查，深入了解问题，反映企业诉求，提出相关政策建议。例如，受江西省发改委委托，开展了《进一步降低我省企业物流成本》专项调查，针对一些企业反馈相对集中的公路治超、两检合一、营改增税费、土地使用税减半政策、城区限行等方面问题进行了分析研究，提出对策。受江西省商务厅委托开展了全省冷链物流发展规划调研并编写调研报告，基本摸清了全省冷链物流行业现状并提出行业发展建议。

2. 持续发展企业评估工作

赣物联在 2016 年 3 月成立了企业评估工作办公室，现有中物联 "A 级评估" "冷链星级评估" "担保存货管理及质押监管评估" 以及中仓协 "仓储服务质量评鉴" "通用仓库等级评定" "担保存货管理" 评估资质。评估办公室专职评估员 4 名，观察员 3 名，在各设区市发展的评估员 9 名，共同开展评估工作。2018 年评审 A 级物流企业 20 余家，星级冷链企业 1 家。截至第二十六批，江西省 A 级物流企业总数达 186 家。并在九江市、高安市等地开展了 3 场物流企业评估培训，培训参与人数总计 200 余人。

3. 重视物流标准制定和推广

编制了江西省物流标准化技术委员会成立以来首个物流领域地方标准：《开放式循

环木质平托盘技术规范》，该标准成为南昌市、九江市物流标准化试点验收工作的重要参考依据；赣物联多次受邀参与相关国家标准和省内地方标准制修订工作；为开展团体标准的制修订工作，编制了《团体标准制修订管理办法》和《团体标准制修订程序》文件，完成全国团体标准信息平台的注册并备案成功；组织多场物流标准宣贯培训会议，对物流设施设备标准、物流技术、作业与管理标准、冷链物流设施设备、物流技术与管理等相关国家标准进行宣贯；2018年12月，赣物联正式获批为国家技术标准创新基地（江西绿色生态物流中心）筹建单位。

4. 积极开展人才教育培训工作

赣物联积极参与教育培训工作，将行业标准、培训课程与教学标准深度融合，为人才培养和培训认证工作打下良好基础。与高校、培训机构、企业对接，开展物流人才、物流政策解读、物流发展难题等相关培训及沙龙。同时，带领省内优秀物流企业负责人赴济南、淄博、成都、重庆等地考察交流学习，建立了一个企业中高层管理人员资源对接平台。

5. 深入发展行业咨询服务

赣物联继续服务企业转型和竞争力提升，指导吉安、萍乡、宜春、新余等城市共同配送试点企业实施试点工作，并督导试点企业开展验收工作；为南昌、九江物流标准化试点企业提供项目及政策咨询服务，协助试点企业进行成效展示，作为专家参与南昌、九江两市的项目验收工作；指导抚州市开展城乡高效配送试点工作，组织抚州市城乡高效配送试点培训研讨会，宣贯江西省城乡高效配送试点参与企业指导标准与申报要求，编制抚州市城乡高效配送试点实施方案；指导相关企业开展供应链创新与应用试点工作。

6. 大力推进行业评选活动

为纪念改革开放40周年，充分展示江西省物流行业发展创新成果，激励物流企业不断做大做强，展示江西省物流行业良好形象，赣物联开展了纪念改革开放40年系列评选活动，评选出了改革开放40年江西省物流行业企业家代表性人物20名，专家代表性人物10名，代表性企业20家。同时，为鼓励参与统计填报的单位和个人，评选出了2018年江西省物流统计先进个人15名，统计先进单位35家。此外，赣物联推荐的多家单位和个人入选了中物联2018年全国物流统计工作先进单位、先进工作者和优秀企业。

7. 创新行业诚信工作模式

2017年11月中物联在广州发起"诚信物流广州倡议"，赣物联成为第一批签署《倡议书》的行业协会；2018年4月，赣物联充分发挥行业监督和行业自律职能，配合中物联对江西省物流领域失信主体实施联合惩戒工作；2018年6月，赣物联被中物联授予"全国物流行业协会诚信互联共建单位"，推荐、指导的江西正广通供应链管理有限公司、江西五洲医药营销有限公司等11家A级物流企业获得"A级物流企业信用体系建设试点单位"。

8. 大力提高物流业发展报告编撰质量

赣物联连续三年受江西省商务厅委托，编辑出版《江西省物流业发展报告》，发行量超过 2000 册，以其实用性和工具性的特点，得到了广大读者的欢迎。2018 年，在江西省商务厅的严格要求下，在各相关单位的支持下，报告的编撰质量明显提高，物流企业更加注重自我总结和品牌宣传，典型企业案例摆脱了简单的企业介绍模式，突出了企业创新发展模式和重大物流项目。

三、主要荣誉

2018 年 6 月，赣物联获评为全国物流行业协会诚信互联共建单位；2018 年 9 月，赣物联副秘书长胡冲获评 2017—2018 年度物流企业综合评估工作优秀审核员；2018 年 11 月，赣物联被评为 2018 年全国物流统计工作先进单位；赣物联副秘书长胡冲及秘书处员工获评 2018 年全国物流统计工作先进工作者。

（江西省物流与采购联合会　秘书处）

院校案例

华东交通大学交通运输与物流学院

一、学院基本情况介绍

华东交通大学交通运输与物流学院是华东交通大学为强化"交通特色，轨道核心"的办学特色定位，通过整合学校交通运输与物流相关学科、专业组建而成，简称"运输学院"。下设四系一部、两办一室：交通运输系、交通工程系、物流工程与管理系、安全工程与工业工程系、交通概论教学部以及学院党政办公室、学生工作办公室、实验室。现有教职工91人，其中博士生导师2人，硕士生导师25人，教授12人，副教授18人，博士25人。教师队伍中拥有省级教学名师、赣鄱英才555工程领军人才、江西省政府特殊津贴获得者、江西省高校学科带头人、江西省中青年学科带头人以及校优秀主讲教师、天佑优秀教师、天佑教学新星等一批学术造诣深厚、治学风格严谨、教学能力突出、师德高尚、爱岗敬业的优秀师资。华东交通大学校园风貌如图4-3-1所示。

图4-3-1　华东交通大学校园风貌

学院现拥有 1 个二级学科（交通运输规划与管理）学术型博士和硕士学位点、1 个一级学科（管理科学与工程）学术型硕士学位点以及交通运输工程、物流工程、工业工程、工程管理 4 个专业型硕士学位点。其中，交通运输规划与管理所支撑的一级学科（交通运输工程）为江西省一流学科。现有 6 个本科专业：交通运输、交通工程、物流工程、物流管理、工业工程、安全工程（筹）。其中，交通运输专业通过中国工程教育专业认证，交通运输、交通工程、物流管理 3 个专业获得江西省本科专业综合评价第 1 名，被确定为江西省一流优势专业。《交通概论》《铁路行车组织》慕课（MOOC）立项为江西省在线精品开放课程，在中国大学 MOOC 平台上线。

二、学院物流专业发展情况

（一）开设情况

学院物流专业起源于 1993 年创办的大专专业——物资管理专业，2004 年升级为物流管理本科专业，在江西省乃至全国都属于最早开办物流专业的学院之一。2005 年获批招收物流工程在职研究生，2007 年获批管理科学与工程一级硕士学位授予点，2009 年获批招收物流工程全日制专业硕士，2017 年开设物流工程专业，成为国内同时开办物流管理和物流工程专业的高校之一。经过 25 年的不懈努力，物流专业已形成面向大交通和制造业的专业特色，拥有优越的教学条件、优秀的教学团队、完善的就业保障。师资方面，现有教师 16 人，其中教授 5 人、副教授 6 人、讲师 1 人，博士 6 人，"赣鄱英才 555 工程"领军人才 1 人、省主要学科带头人 1 人、省政府特殊津贴获得者 1 人、省级学科评议组成员 1 人、省中青年骨干教师 3 人。实践性教学方面，拥有总面积超过 1600 平方米的现代物流实验中心，是省内乃至全国一流实践创新能力培养基地和教学科研平台，为社会培养了兼具实践和创新能力的应用型人才。

（二）专业特色

1. 致力于培养面向交通行业和制造企业所急需的物流人才

随着中国高铁、轨道、地铁、桥梁、工程在海外市场的不断发展，交通工程行业迫切需要大量物资管理、项目管理类专业人才。学院物流专业自开办以来，一直依托交通运输工程和机械学科优势，培养物流专业人才，以行业需求为导向设计和优化课程体系，以行业内容为依托，对课程和实践性教学体系进行优化。截至 2018 年，学院已累计为大型生产制造企业、铁路工程局培养生产物流、物资管理及工程项目管理人才近 2000 名。

2. 致力于培养创新能力强的应用型人才

经过多年的探索，学院物流专业构建了"课题+实习+专业比赛+科技孵化"驱动的实践创新能力培养体系。物流教学团队承担了大量基金类课题和企业横向课题，每年都有学生参与其中，从事调研、数据分析和咨询方案设计等工作。实习内容和毕业设计的题目也大多来自企业真实的需求，从而培养了学生理论联系实际、解决实际问题的能力。学生通过参加江西省物流设计和模拟经营大赛、全国物流大赛等竞赛，进一步锻炼和提升了自己的实践创新能力。

3. 致力于培养有国际化竞争力的物流人才

学院与国外高水平大学签署了交换生计划和学分互认协议，并创建了暑期夏令营计划，定期选派学生赴海外合作院校交流学习，鼓励学生参加国际学术会议；学院设置了相关国际物流课程，采用双语教学模式；同时，为加强师资国际化建设，已派出十余名教师赴国外进修。

（三）办学经验

1. 以课程和思政育人为保障，实现培养目标

学院高度重视学生思想政治教育工作，经常邀请院领导赴班级开展各种红色活动，引导学生在择业时，将自身的实际情况同所处时代的政治经济文化发展结合起来，树立梦想、追逐梦想。在物流专业课程教学中，学院充分挖掘社会主义核心价值观与品德教育的思政元素，并将其融入《专业介绍》《就业指导》和《素质教育》等课程中，如针对当前物流行业专业人员职业素质不高，契约精神和商业伦理缺失的现状，在《管理学》和《市场营销学》课程中强调商业伦理和行业自律意识，针对物流平台恶性竞争、信息失真和信息泄露等现象，在《物流信息系统》和《条码技术及应用》等课程中培养物流专业学生的信息安全意识和职业道德。

2. 以"三全育人"为支撑，凝练专业特色

（1）通过全过程育人，保证物流管理专业人才培养的延续性。

学院以人才培养作为责任担当，根据 KAQ（Knowledge，Ability，Quality，知识、能力、素质）和 OBE（Outcome – based Education，成果导向教育）理论支撑，构建"高校专业教师＋企业导师＋专业导师＋辅导员"四导师联动的培养体系。以大一辅导员和专业导师作为职业道德教育主体，大二企业导师和专业导师作为专业技能训练主体，大三、大四高校专业教师和企业导师联合培养作为理论知识传授主体，在毕业设计和答辩环节，邀请企业管理人员、技术人员作为指导老师参加。学院连续四年不间断的全过程育人，引导学生参加应用性指向明确的学科竞赛，以保证创新人才培养的延续性。

（2）通过全员育人，促进产学研用贯通。

学院培养方案每四年修订一次，修订期间会根据社会对专业人才的要求，在广泛调研、听取用人单位、毕业生、教师和行业专家意见的基础上形成初步方案，再通过召开有企业、行业专家参加的讨论会和论证会形成最终的物流专业培养方案。校企共同制订培养计划、实施培养过程，形成"校—企—师—生"联盟的人才培养模式。

（3）通过全方位育人，保证培养目标实现。

学院为了引导、动员全体学生在大学期间参加不同类型、不同级别的学科竞赛，专门设计了"全校通识课+学院平台课+专业基础课+专业课"四位一体的驱动课程体系，通过引导企业联合举办竞赛、校企联合制订培养方案等调动社会资源，促进产学研相结合，从而培养出企业适用的人才。日日顺物流创客训练营学员获奖情况如图4-3-2所示。

图4-3-2　日日顺物流创客训练营学员获奖情况

（四）就业方向

1.面向制造行业的生产与运营管理

学校凭借工科办物流的优势，使物流专业的学生在大型制造企业中从事生产系统规划和设计、精益生产和物流管理方面的工作时游刃有余。

2.面向铁路工程部门的物资管理

学校依托铁路行业优势，毕业生可选择从事工程建设中涉及的物资采购、物资库存管理及成本控制等工作，为铁路工程建设的顺利进行提供后勤保障。

3.面向社会化物流企业的物流和供应链管理

具有较强综合实力的毕业生还可选择去往京东、顺丰、德邦、通达系等物流企业从事系统优化、供应链管理等方面的工作，或加入沃尔玛、亚马逊等大型零售企业从事供应链系统分析、规划与设计，物流活动经营、管理与决策等方面的工作。

三、主要荣誉

学校自 2014 年以来先后获评国家级教学成果二等奖、首批"全国高校创新创业 50强""教育部深化创新创业教育改革示范高校""全国高校实践育人创新创业基地""全国高校就业工作 50 强""先进集体"等荣誉称号，并荣获以"互联网＋"大学生创新创业大赛金奖、全国研究生数学建模竞赛一等奖为代表的国家级奖项 290 余项。物流专业教学团队先后荣获国家级教学成果二等奖、江西省教学成果二等及以上奖项十余项（证书见图 4-3-3）；教学团队主持省部级以上课题近 20 项，其中国家级课题 4 项，并连续荣获江西省第 14、第 15、第 16 次社会科学优秀成果奖。

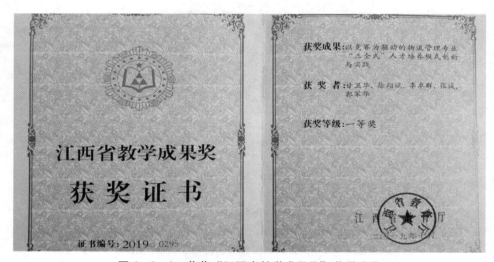

图 4-3-3　荣获"江西省教学成果奖"荣誉称号

（华东交通大学交通运输与物流学院　徐翔斌）

江西经济管理干部学院财贸管理系

一、学院基本情况介绍

江西经济管理干部学院（以下简称"经管院"）财贸管理系是经管院重点发展和建设的系部，创办于1998年。经过20年的不懈努力，财贸管理系已经形成了鲜明的办学特色。系部下设物流教研室、国贸教研室、旅游教研室。系部建有学院重点发展的首批涉航专业和四大管理类强势专业：航空物流、国际经济与贸易、旅游管理、酒店管理、物流管理，学生可通过江西省专升本考试继续攻读本科学位。系部属于全国物流教育人才培养基地，是全国物流职业教育教学指导委员会批准的"全国物流职业教育人才培养基地""现代学徒制试点单位"以及"中国物流学会优秀产学研示范基地"，拥有良好、齐全的校内实验实训设备。此外，学院还建有江西省财政支持的商贸物流实训中心和旅游实训中心等校内实验实训场所。江西经济管理干部学院校园风貌如图4-3-4所示，全国物流职业教育人才培养基地资质如图4-3-5所示。

图4-3-4 江西经济管理干部学院校园风景

图 4 – 3 – 5　全国物流职业教育人才培养基地资质

二、物流专业发展情况

（一）开设情况

2018 年，学院物流类专业教学团队有 27 人，其中专任教师 21 人，兼职教师 6 人，从企业引进的具有国际物流从业经验的教师 2 人。专任教师中，教授 6 人，副教授 7 人，硕士及以上学历教师 19 人，"双师型"教师 16 人。

2018 年，学院拥有物流规划与设计实验室、供应链管理实验室、航空冷链物流实验室、航空货运实验室、国际联运实验室和物流沙盘模拟实验室共 6 个实验室，并拥有京东、顺丰速运、德邦物流、江西物流国际货运有限公司等 12 家校外实习实训基地。校内外实习实训场所可以满足学生认识实习、专业实习及毕业实习的不同需求，为专任教师下企业实践、开发横向课题、收集教学案例提供了资源便利，也为物流专业工学结合人才培养模式的实施建立了交流与合作平台。2018 年，学院物流类专业在校学生近 300 人。

（二）专业特色

经管院物流类专业有物流管理和航空物流。市场需求不同，学院对人才培养的侧重点也会不同。物流管理专业致力于培养学生适应现代经济社会发展需要，具备良好的思想道德素质和职业道德，掌握现代化物流管理理论知识和物流实用技术，并具有较强的采购及供应、仓储管理、配送组织与管理、运输组织、冷链物流管理、物流市场开发、物流信息采集与处理等物流专业能力，具备一体化物流作业方案的设计与实施、物流核心环节的作业管理能力，能够在生产、服务第一线应用现代物流管理方法与技术，为企业设计和实施现代物流项目方案，使学生成为专业扎实、能力突出、素质过硬的技能型人才。

航空物流专业致力于培养学生掌握空港货物运输、物流配送、民航国际与国内货物销售等基本知识，具有较强的航空物流操作能力，从事航空货物运输、仓储配送、航空货运营销、国际货运代理、报关、物流信息处理等工作，成为具有创新创业精神的高素质应用技术型人才。

在人才培养过程中，学院会根据市场的具体变化和需求，及时修订人才培养方案，加大学生参与社会实践的力度，让学生能更好地适应企业需求。校企合作实训如图4-3-6所示。

图4-3-6 校企合作，学生企业认知实训

（三）办学经验

物流类专业是经管院重点发展专业，物流工程更是学校六大专升本专业之一，经过近15年的发展，在产教结合的道路上取得了宝贵的经验，主要体现在以下两个方面。

1. 以市场为导向，紧跟时代发展

江西省是农业大省，主要的物资输出是农产品。为了更好地服务县域经济，2014年，经管院投入大量资金对农产品冷链物流师资、实验室进行建设。目前，学院指派教师参加国家级冷链类专业培训已达十余次，建成独立的航空冷链物流实验室（见图

4-3-7）供学生实训及老师科研实验，同时，鼓励物流类专业加强与京东、顺丰速运等冷链物流企业间的合作。

图4-3-7　航空冷链物流实验室一角

为了更好地发展通航产业，服务于航空产业，学院基于江西省强劲的航空制造业发展，正积极创建江西飞行学院。紧跟学院发展，航空物流专业于2018年获教育部批准，预计在2019年招收第一批航空物流专业学生。为让学生扎实掌握航空物流专业知识，学院已建成航空货运实验室、国际联运实验室（见图4-3-8），并购进一台波音737-200飞机供学生专业学习之用。

图4-3-8　国际联运实验室一角

2. 以学生为中心，为学生提供定制化服务

经管院在重视招生的同时，非常关注学生的就业质量。为提升学生的就业质量，提高就业率，物流教研室对学生的就业期望开展调研，根据调研结果以及学生的自我意愿，适度安排学生假期前往企业带薪跟岗学习，缩短就业迷茫期。对于参加专升本考试的学生，物流教研室分派专业老师对其进行一对一辅导，进行跟踪性教学，提高学生升学率。在物流教研室的努力下，物流类专业学生的专升本报考率和升学率都有显著的提高。

（四）就业方向

物流管理专业毕业生在具备管理科学基础知识和现代物流管理专业知识的基础上，重点锻炼和提升工作中涉及的物流规划、物流业务模式及物流信息系统分析能力，本专业特定的实践能力和专业拓展能力、环境适应能力以及强烈的社会责任感和良好的职业道德。毕业生的就业去向一般为政府物流规划决策部门、物流行业协会规划统计部门、大中型制造企业、大中型专业物流企业、大中型现代配送中心、大型传统仓储企业、货运代理企业、大型商业企业、大型冷链企业等相关技术与管理岗位。

航空物流专业毕业生则重点养成从事实际工作中需要具备的航空物流系统基本能力和航空物流规划、航空物流业务模式和航空物流信息系统分析能力。毕业生的就业去向一般为机场、航空公司、航空代理企业、大型冷链企业以及上下游相关企业。校企合作如图4-3-9所示。

图4-3-9　校企合作，学生顶岗实习，助力顺丰"双11"

三、主要荣誉

学院专业教师主持或参与的省级以上纵向课题 52 项，横向课题 7 项。获江西省社会科学优秀成果三等奖 1 项、江西省教学成果二等奖 2 项（证书见图 4-3-10）、物流行指委 2017 年度物流职业教育教学成果二等奖 1 项，江西省职业院校技能大赛教学能力比赛三等奖，省级以上物流技能大赛奖项 32 个。

2011 年，学院《国际贸易实务》课程被江西省教育厅评为省级精品课程，2017 年被江西省教育厅评为省级精品在线开放课程。2012 年，学院物流管理专业被确定为校级重点专业。2014 年，学院被中国物流与采购联合会授予全国物流职业教育人才培养基地。2015 年，学院《商场服务规范与技术》课程被江西省教育厅评为省级精品资源共享课程，2017 年，学院被授予中国物流学会产学研基地。

图 4-3-10　江西省教学成果二等奖证书

2015—2018 年，学院物流管理专业获得省级大学生专业竞赛共 31 个奖项：2015 年获物流技能竞赛团体一等奖 2 项、团体二等奖 2 项、团体三等奖 1 项、个人三等奖 3 人次、优秀组织奖 1 项、优秀教师奖 2 项；2016 年获团体一等奖 1 项、个人一等奖 1 人次、个人二等奖 1 人次、个人三等奖 9 人次、优秀教师奖 2 项；2018 年获团体一等奖 2 项、二等奖 1 项、三等奖 1 项、优秀指导老师奖 2 项。

四、学院物流专业未来发展规划

学院物流类专业已有两个，物流工程专业作为第一批专升本专业，学院正计划将其纳入江西飞行学院物流类专业并在未来五年内加大对其的建设投入。

（一）师资队伍

未来五年内，学校物流类专业将会加大引进人才力度，同时也鼓励在校教师积极提升学历与能力，鼓励教师继续深造，加大政策扶持力度，做到引进与培养双重结合。

（二）硬件设施

根据学校未来五年规划，物流类专业硬件设施将会有所增加。首先，对现有实验室朝智慧物流方向进行改造升级，其次，增加航空物流类实验室及物流工程类实验室，如增加飞机载重平衡实验室、配套升级物流规划与设计类软硬件等。

（三）教学环节

结合学院创建江西飞行学院的总体目标，满足企业对物流类人才的需求，学院物流类专业将会逐渐侧重于物流系统规划与设计、物流信息系统设计、物流装备应用技术的开发，同时，从专业乃至行业的角度出发，对课程设计做到进一步提升。此外，学院将加大校企合作力度，扎实推进实践教学，满足企业及社会对物流类人才不断变化的需求。

（江西经济管理干部学院财贸管理系　徐细凤）

江西旅游商贸职业学院经济管理学院

一、学院基本情况介绍

江西旅游商贸职业学院经济管理学院（以下简称"经管学院"）是江西旅游商贸职业学院在建院之初设立的教学单位，历史积淀深厚，专业声誉卓著。建院十年来，经管学院秉持"以人为本，德育为先"的办学理念，锐意进取，真抓实干，成绩斐然，2002年至今已连续十年被共青团中央授予国家级"青年文明号"荣誉称号。

经管学院现有在校生2980余人，开设有物流管理、冷链物流、电子商务、市场营销、连锁经营管理、移动商务、文秘等专业。建有中央财政支持的现代物流实训基地、省财政支持的电商实训基地等校内实训场所。目前，经管学院已初步形成以国家重点专业为核心，省级特色专业为两翼，院级示范专业为支撑的"现代商贸流通与服务专业群"，并成为江西旅游商贸职业学院打造商贸类专业品牌的最为重要的骨干专业群体。

学院现有专兼职教师98名，省级优秀教学团队1个，省级教学名师2名，江西省中青年骨干教师6名，来自行业企业的兼职教师11人，"双师型"素质教师占89%。教师队伍中有省级教学名师4名，中青年骨干教师6名。学院现有中央财政支持的实训中心1个、省财政支持的实训技能中心1个、院级示范性实训基地1个，同时学院还在多家合作企业内建设校外实习实训基地30余个。功能先进完善的实训教学条件为学生的成长提供了充分的保障。江西旅游商贸职业学院风貌如图4-3-11所示。

图4-3-11 教学环境优美

经管学院围绕现代商贸流通与服务业的人才需求，以高端技能型人才为培养目标，不断深化人才培养模式的改革和创新，建立起了强大的教学资源体系和先进的管理制度，2009年被江西省教育厅批准为"物流管理与连锁经营人才培养模式创新试验区"，2011年被江西省教育厅确认为现代学徒制教学体制改革试点单位。2018年学院物流管理、连锁经营管理专业成为教育部第三批现代学徒制试点单位，并获批全国供销行业"农村电子商务师资培训基地"。

二、学院物流专业发展情况

（一）开设情况

经管学院物流管理专业创建于2002年，于2003年正式招生，是江西省最早创办物流管理专业的高职院校，在校专业学生规模每年保持在800人以上，累计为社会培养和输送高素质技能型人才3000余名。物流管理专业教师团队是江西省优秀教学团队，有省级教学名师2名，江西省中青年骨干教师4名。通过申报中央财政支持项目，物流管理专业建有建筑面积达1500平方米的现代物流实训基地，建成了冷链物流、仓储、运输、国际物流等12个物流专业实训室，先后承办过多项省级职业技能竞赛和专业技能培训，被教育部教学指导委员会评定为全国示范性实训基地。2016年6月，经江西省教育厅同意，以江西科技师范大学与江西旅游商贸职业学院的名义联合开办了物流管理专业"职教本科合作实验班"，开始培养物流应用型本科人才。物流管理专业经过十余年的发展，专业建设水平和综合实力在省内名列前茅，在国内高职院校的专业排名前五十。

（二）专业特色

1. 农产品冷链物流专业方向全省首创，服务三农

江西省是农业大省，农产品丰富，学院物流管理专业结合供销行业在农产品流通方面的优势，通过江西供销职业教育集团平台，整合政府、科研院所、行业协会、企业、大中专院校等相关资源重点建设农产品冷链物流方向专业。已经建成占地面积400多平方米的农产品冷链物流实训室，包括冷藏冷冻库、冷链物流沙盘展示区、冷链可追溯实训室、冷链物流产品智能实训中心四个区域，实训室设备先进、功能完善，既能开展各项冷链物流教学实训，又能承接冷链物流企业相关培训业务。物流管理专业教学团队调研如图4-3-12所示。

2. 国际物流专业方向桃李成蹊，遍布亚非

学院物流管理专业从2013年开始就与广州市赛时国际货运代理有限公司（以下简称"赛时国际"）开展了订单式人才培养、合作开发校本讲义、共建校内实训室、校企师资互聘、共同开发广州国际货代市场业务等形式多样的合作。经过多年的探索和实

图 4 – 3 – 12 物流管理专业教学团队调研

践，赛时订单班开展了"两进两出"人才培养模式改革，学生入学后在学校先进行两年的理论知识学习，然后在大二暑假到赛时国际进行两个月的跟岗实习，大三上学期又回到学校进行有针对性的再学习，直到大三下学期再到公司进行顶岗实习，从而形成了一个完整的人才培养过程。目前已累计为赛时国际输送优秀毕业生 120 余人，有多名学生已成长为企业业务骨干，还有十多名学生通过层层考核成为公司驻肯尼亚、刚果、阿联酋等地区的商务代表，为国家"一带一路"倡议作出了巨大贡献，提升了学校物流管理专业的社会影响力和知名度。

3. 多措并举，多管齐下，服务学生成长成才

物流管理专业先后与顺丰速运、德邦物流、赛时国际合作开展了现代学徒制人才培养实践，学徒制班级由学校和企业分别指派一位老师担任班级导师，形成了"双导师"负责机制，共同指导订单班学生在校学习和在企业实习期间的各项活动，提高订单班学生的培养质量和岗位适应能力，实现了学校、企业、学生三赢。物流管理专业充分发挥第二课堂的育人作用，培养和保持学生的专业兴趣，激发学生的学习潜力。高度重视学生创新创业能力的培养，通过将创新创业课程植入人才培养方案，指导学生参加学校和江西省的"互联网＋"大学生创新创业大赛，培养学生创新创业意识，提高学生创新创业能力。

（三）办学经验

1. 坚定不移地开展校企合作、产教融合

物流管理专业从设立伊始就高度重视校企合作、产教融合，通过整合双方优质资源，校企联合培养高素质技能型人才。从最初的邀请企业专家参与专业建设指导委员会、共同开展专业认知教育，到校企共建"双师型"教学团队，共同开展顶岗实习、工学交替，再深入到双方共同探索现代学徒制人才培养模式、共建生产性实训基地、共同开发企业生产实际教学案例库、共同开展横向课题研究。随着合作的不断深入，学院逐步和物流行业内标杆企业顺丰速运、德邦物流、赛时国际物流等建立起了深层次的校企合作关系，得到了企业的高度肯定。坚定不移地开展校企合作、产教融合，建立互惠互利、合作双赢的校企关系，是学院物流管理专业不断发展壮大，逐渐成长为全省高职物流管理专业排头兵的关键因素。

2. 瞄准行业发展趋势，动态调整专业发展方向

物流管理专业建设伊始，主要培养的是快递物流和生产物流方向的人才。近年来物流教研室根据行业发展趋势和区域经济结构特点，在对物流行业企业进行大量调查研究并经过多方研究认证后，结合学院供销行业背景，于2016年将专业人才培养的主要方向转变为农产品冷链物流和国际物流这两个方向，并且瞄准智慧物流行业发展趋势，在实训室建设、师资引进、项目申报等方面重点向这几个方向倾斜。冷链物流实训中心如图4-3-13所示。

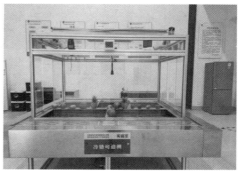

图4-3-13 冷链物流实训中心

3. 充分发挥第二课堂作用，多维度助力学生成才

物流管理专业利用学校物流专业协会、顺丰速运校内门店、众超电器O2O社区店、现代物流实训基地等资源，在导师的指导下，通过开展物流技能比赛、各类创新创业活动、物流市场调研、承办物流会议等形式多样的课外活动，把第二课堂活动融入整个人才培养模式之中，构建了富有自身特色的第二课堂育人体系，极大地调动了学生学习的积极性和主动性，多维度立体助力学生成长成才。学徒班学徒实训基地如图4-3-14所示。

（四）就业方向

物流管理专业培养面向物流行业，适应市场经济和现代化建设发展需要，掌握现代物流管理、供应链管理的理论知识和基本技能，从事物流作业流程管理、物流作业信息管理、物流市场开发、客户关系管理、物流数据分析等工作，能指导、管理他人进行物流作业活动，具有良好的职业道德和创新精神，符合产业转型升级和企业技术创新需要的复合型和创新型的高素质技能型人才。根据江西省是农业大省的实际情况，结合供销行业属性，重点培养农产品冷链物流专业方向的人才，同时积极响应国家提出的"一带一路"倡议，结合"借港出海""南下""东进"大开放主导方向，重点培

图 4 - 3 - 14　学徒班学徒实训基地

养国际物流专业方向的人才。2014—2018 年，物流现代学徒制项目学员总数 478 名，成为赛时国际、顺丰速运、德邦物流等合作企业最稳定的人才来源。2016 届、2017 届、2018 届毕业生第一年的沉淀率达到 58%，比前两届毕业生 35% 的平均沉淀率高出 23 个百分点。学院回访毕业生如图 4 - 3 - 15 所示。

图 4 - 3 - 15　导师前往就业单位回访毕业生

三、主要荣誉

学院曾荣获江西省示范性高等职业学院、江西省高水平高等职业院校立项建设院校、江西省人民政府和国家部委确定的省部共建优秀院校、江西省首批应用技术型本科人才培养院校、中华全国供销合作总社示范性院校、江西职业教育十佳示范高职院校等荣誉称号。

物流管理专业自 2002 年开设以来，先后获得了省级特色专业、省级财政重点建设专业、教育部提升专业服务产业发展能力项目、职教本科试点专业、物流行业金飞马奖、教育部现代学徒制试点项目等荣誉，专业建设成效显著，在省内外高职院校物流专业中树立了不错的口碑。专业在省级教学成果奖的评选中也多次获奖，成绩显著。物流管理专业教学成果奖获奖情况如表 4 - 3 - 1 所示。

表 4 - 3 - 1　　　　　　　　　　物流管理专业教学成果奖获奖情况

序号	获奖时间	教学成果奖名称	获得奖项	授予部门
1	2012 年	高职商科专业校企共育、学做融合人才培养的模式创新	一等奖	江西省教育厅
2	2014 年	高职物流管理专业现代学徒制人才培养模式改革的探索与实践	二等奖	江西省教育厅
3	2016 年	高职院校物流管理专业生产性教学资源的建设与应用	二等奖	江西省教育厅
4	2018 年	基于现代学徒制的高职物流管理专业"分层递进式"质量保证体系的改革实践	特等奖	全国供销行指委
5	2018 年	基于行业指导的高职物流管理专业"一库两平台"生产性教学资源建设与实践	一等奖	全国供销行指委
6	2018 年	校企合作编写教材《运输管理实务》	二等奖	全国供销行指委

专业教师组织学生参加各类物流技能竞赛，在江西省各类物流技能竞赛中屡获好成绩。教师指导学生竞赛获奖情况如表 4 - 3 - 2 所示。

表 4 - 3 - 2　　　　　　　　　　教师指导学生竞赛获奖情况

序号	比赛时间	比赛名称	获奖情况	举办单位
1	2014 年	江西省"科技创新杯"物流技能竞赛	一等奖（2 个）	江西省教育厅
2	2015 年	江西省职业院校现代物流作业方案设计与实施技能竞赛	三等奖	江西省教育厅
3	2016 年	江西省职业院校现代物流作业方案设计与实施技能竞赛	二等奖	江西省教育厅

续　表

序号	比赛时间	比赛名称	获奖情况	举办单位
4	2017 年	江西省"振兴杯"职业技能大赛货运代理项目	第一名	江西省人社厅
5	2017 年	江西省职业院校现代物流作业方案设计与实施技能竞赛	三等奖	江西省教育厅
6	2018 年	江西省大学生物流设计与沙盘模拟经营大赛	第一名	江西省教育厅

（江西旅游商贸职业学院经济管理学院　傅俊　邹建生）

江西服装学院商学院

一、学院基本情况介绍

江西服装学院商学院是江西服装学院重点建设的院系之一，下设商务管理、国际贸易、财会和物联网工程四个教研室，已开设市场营销、国际经济与贸易、软件工程、电子商务、财务管理、国际商务、物流管理、物联网工程 8 个本科专业和市场营销、国际经济与贸易、电子商务、财务管理、国际商务、会计、物联网应用技术、物流管理 8 个专科专业。其中市场营销专业在 2012 年被评定为省级特色专业；电子商务专业在 2016 年被学院评定为首批转型发展试点专业。

学院先后建立了电子商务实验室、软件实验室、会计实验室、国贸实验室、营销实验室、会计综合实验平台、跨境贸易虚拟仿真综合实验平台、物联网工程实验平台、物流管理实验平台、阿仕顿服饰校企合作店等校内实训场所，与京东、苏宁、利郎、阿仕顿、七匹狼、讯商科技、新航线等多家全国知名企业签约，使其成为学院的校外实习基地。

二、学院物流专业发展情况

（一）开设情况

江西服装学院商学院物流管理专业开设了本、专科，学院现有专任教师 107 人（教授 15 人、副教授 21 人、讲师 32 人、初级教师 39 人），其中全国物流教学名师 1 人、"双师型"教师 64 人；兼职教师 18 人（教授 1 人、副教授 5 人、讲师 7 人、初级教师 5 人），其中全国物流教学名师 1 人。

江西服装学院商学院长期以来坚持以质量求生存、以特色促发展、以就业为导向，为实现"国内著名、业界一流"的办学目标，培养时尚行业所需新商科人才而努力奋斗。商学院拥有一支师德高尚、严于律己、求实创新的师资队伍，他们中既有教学经验丰富的教授，又有实战经验丰富的"双师型"教师，也有积极进取的青年教师。近年来，学院遵循"引进与培养并举"的方针，加强青年教师队伍建设，选聘优秀人才，师资队伍水平稳步提高。

（二）专业特色

向塘江西物流中心是全省物流产业集群的重中之重，是全省现代物流体系中的重要枢纽，也是江西省对接"一带一路"倡议的重要物流节点。为了提高物流管理专业教学水平，打出物流管理专业特色品牌，发挥地方高校教学资源优势，江西服装学院商学院充分依靠学校地处全国有名的"物流之都"向塘的独特区位优势，联系沟通向塘江西物流中心内的物流企业，与物流企业合作设置企业订单班，实施双导师制度，创新物流人才培养模式，以为园区内物流企业提供物流信息科技服务为支撑点，与园区内物流企业双向合作，促进向塘江西物流中心物流服务信息产业的发展，以江西省产业结构转型为机遇，化"危"为"机"，积极创新服务地方经济模式，助力向塘物流产业发展。

1. 设置企业订单班，实施双导师制度，创新物流人才培养模式

商学院为探索物流管理专业人才培养模式，不断加强与物流企业的沟通与合作，依据物流管理专业人才教学内容及培养目标，根据园区内物流企业的用人需求，与物流企业共建物流人才培养基地，依据园区内物流企业的发展方向和物流管理特点，和企业一起制订物流管理专业人才培养方案，以企业物流生产运作模块为教学内容，以订单班、学徒制为人才培养模式。这不仅解决了物流企业用工、物流管理学生就业的问题，更是从深层次进行校企共建、共赢合作。学院可以依托物流企业的生产场地、仓库、设施设备建立校外教学实训基地，又可以把物流企业的员工请进课堂，成为学校的专业讲师，聘任校外教授，实施双导师制度，更可以根据教学要求让学生有序分阶段进入物流企业实训、实习，大大提升了物流管理专业教学效果，锻炼了学生的学习能力，同时利用寒暑假安排物流管理专业教师进入物流企业学习体验，极大地丰富了物流管理专业教师的教学经验，弥补了物流管理专业教学与专业实训的短板，形成了学校、企业、园区、政府、学生、教师、员工多向融合协作效应，既为物流企业创造了良好的经济效益，也为学校创造了良好的社会效益。校企合作实训如图4-3-16所示。

2. 依托学校高层次创新平台，与园区入驻物流企业双向合作

按照教育部新商科工学结合的要求，结合向塘江西物流中心入驻物流企业的特点，与园区入驻物流企业合作建设校内和校外实训基地，建立起具有真实职业氛围并融合教学、培训、职业技能鉴定、技术服务等功能的开放式实训基地。物流管理实训基地的建设分为智能化服装物流实训中心、智能城乡物资配送实验室和校企共建物流人才培养模式建设三个方面。

以培养物流管理专项技能为基础，构建基础实践能力、专业实践能力、综合实践能力、物流管理综合素质四个层次循序渐进，相互衔接的实践教学体系，满足物流管理专业课程的一体化教学。将物流实训中心建成为立足江西省、服务全国的产学结合的物流管理技术公共实训基地，使其成为校企合作、工学结合的载体，并力争成为江

图 4 - 3 - 16　江西服装学院物流管理专业学生前往京东物流实训

西省或国家级示范性实训基地。同时加强校外实训基地建设，与企业一起探索合作办学与工学结合的教学模式。各专业的课程实验、专业实验实训、项目专题实训、生产实践、综合实践、毕业实习等均得到切实保障。

3. 以提供物流信息科技服务为支撑点，创新服务园区物流企业思路

江西服装学院是向塘江西物流中心内唯一的一所本科院校，坚持"应用为导向的自主创新"教学服务地方经济的新模式。商学院依靠学校丰富的教学资源优势，以帮助解决园区内中小型物流企业的信息化技术瓶颈，鼓励中小型物流企业与学校合作开发建设物流信息行业服务系统网络架构，依靠物流信息行业服务系统共享的物流信息，帮助园区物流企业解决信息不能共享、资源闲置浪费的问题，大大提高了物流企业的经济效益。为积极推动向塘物流产业集群及智慧物流发展，发挥了地方高校积极服务地方经济的引领作用，创新了服务园区物流企业发展途径。向塘江西物流中心入驻企业——南昌向塘铁路口岸开发有限责任公司如图 4 - 3 - 17 所示。

图 4 - 3 - 17　向塘江西物流中心入驻企业——南昌向塘铁路口岸开发有限责任公司

（三）办学经验

江西服装学院商学院始终坚持"产教融合、校企合作"，主动适应高校转型发展新态势，面向国家服装产业发展，积极融入地方经济社会发展大局，不断改善教育教学环境，改革教育教学方式、人才培养模式、评价模式，深化教育教学改革，在推动学校外延式发展的同时加强学校内涵式发展，为社会培养了大批具有特色的"四创型"高素质技术技能型人才，得到了社会的普遍认可。进一步依托产业与学校双方的地理优势，坚持产教融合、协同育人，根据学科专业侧重点，对接电商、物流产业发展的相关支撑及服务需求，打造具有明显产业背景和一定优势的专业群，以学科专业对接产业行业，以专业群对接产业链，提高学院服务区域经济社会发展的能力，实现专业群与产业的有效对接。

（四）就业方向

学院多年的办学实践积淀了丰富的就业资源，先后与省内外百余家知名服装品牌企业及事业单位建立了稳定的合作关系，形成了"植根江西、辐射全国；面向行业、服务社会"的良好格局。学院承诺为所有合格毕业生推荐就业，为每位学生提供不少于三次的就业机会。毕业生年年供不应求，"高层次、高薪酬、高体面"就业是学校毕业生就业工作的一张亮丽的名片。众多品牌企业纷纷来校设置奖学金、开设订单班。建校以来，8万余名毕业生扎根行业，自强不息，涌现出众多中国"十佳"职业服装设计师以及创业新锐，被国内服装界誉为"江服现象"。

三、主要荣誉

近年来，学院的发展得到了社会各界的肯定，先后荣获"全国十大专业特色学校""中国十大就业质量示范学校"和江西省就业先进单位。连续三年被评为江西省教育系统"规范管理年""创新发展年""提升质量年"先进单位，多次被评为江西省安全稳定先进单位。2016年11月，学院被中国纺织工业联合会评为"中国纺织行业人才建设示范院校"。2017年荣获江西省教学成果一等奖2项，二等奖2项，位列江西省本科院校前列。2018年，服装与服饰设计、服装设计与工程两个专业，在江西省本科专业综合评价中均名列全省第一。

（江西服装学院商学院　梅艺华）

第五部分
政策资料

2018 年物流业主要政策文件

2018 年国家物流业主要政策清单

序号	文件名称	发文机关	文号	发文日期
1	中共中央 国务院关于实施乡村振兴战略的意见	中共中央、国务院	中发〔2018〕1 号	2018 年 1 月 2 日
2	国务院办公厅关于推进电子商务与快递物流协同发展的意见	国务院办公厅	国办发〔2018〕1 号	2018 年 1 月 23 日
3	交通运输部办公厅关于进一步严格规范公路治超执法行为的紧急通知	交通运输部办公厅	交办公路明电〔2018〕4 号	2018 年 1 月 24 日
4	交通运输部办公厅关于做好推进道路货运车辆检验检测改革工作的通知	交通运输部办公厅	交办运〔2018〕21 号	2018 年 2 月 9 日
5	商务部办公厅 公安部办公厅 国家邮政局办公室 供销合作总社办公厅关于组织实施城乡高效配送重点工程的通知	商务部办公厅、公安部办公厅、国家邮政局办公室、供销合作总社办公厅	商办流通函〔2018〕115 号	2018 年 3 月 30 日
6	商务部办公厅 中华全国供销合作总社办公厅关于深化战略合作推进农村流通现代化的通知	商务部办公厅、中华全国供销合作总社办公厅	商办建函〔2018〕107 号	2018 年 4 月 2 日
7	交通运输部办公厅关于深入推进无车承运人试点工作的通知	交通运输部办公厅	交办运函〔2018〕539 号	2018 年 4 月 17 日
8	关于开展供应链创新与应用试点的通知	商务部、工业和信息化部、生态环境部、农业农村部、人民银行、国家市场监督管理总局、中国银行保险监督管理委员会、中国物流与采购联合会	商建函〔2018〕142 号	2018 年 4 月 10 日

续　表

序号	文件名称	发文机关	文号	发文日期
9	交通运输部办公厅 公安部办公厅 工业和信息化部办公厅关于深入推进车辆运输车治理工作的通知	交通运输部办公厅、公安部办公厅、工业和信息化部办公厅	交 办 运 函〔2018〕702 号	2018 年 5 月 10 日
10	民航局关于促进航空物流业发展的指导意见	中国民用航空局	民航发〔2018〕48 号	2018 年 5 月 11 日
11	关于开展 2018 年流通领域现代供应链体系建设的通知	财政部办公厅、商务部办公厅	财办建〔2018〕101 号	2018 年 5 月 16 日
12	国家邮政局关于发布《快递末端网点备案暂行规定》的通告	国家邮政局	国邮发〔2018〕60 号	2018 年 5 月 28 日
13	财政部税务总局关于物流企业承租用于大宗商品仓储设施的土地城镇土地使用税优惠政策的通知	财政部、税务总局	财 税〔2018〕62 号	2018 年 6 月 1 日
14	交通运输部办公厅 中华全国总工会办公厅关于开展"司机之家"建设试点工作的通知	交通运输部办公厅、中华全国总工会办公厅	交 办 运〔2018〕71 号	2018 年 6 月 11 日
15	交通运输部办公厅关于印发深入推进长江经济带多式联运发展三年行动计划的通知	交通运输部办公厅	交 办 水〔2018〕104 号	2018 年 8 月 31 日
16	国务院办公厅关于印发推进运输结构调整三年行动计划（2018—2020 年）的通知	国务院办公厅	国办发〔2018〕91 号	2018 年 10 月 9 日
17	关于进一步规范和优化城市配送车辆通行管理的通知	公安部交通管理局	公交管〔2018〕552 号	2018 年 10 月 20 日
18	国家发展改革委 交通运输部关于印发《国家物流枢纽布局和建设规划》的通知	国家发展改革委、交通运输部	发 改 经 贸〔2018〕1886 号	2018 年 12 月 21 日

序号	文件名称	发文机关	文号	发文日期
19	交通运输部办公厅关于取消总质量4.5吨及以下普通货运车辆道路运输证和驾驶员从业资格证的通知	交通运输部办公厅	交办运函〔2018〕2052号	2018年12月24日
20	交通运输部办公厅关于推进乡镇运输服务站建设加快完善农村物流网络节点体系	交通运输部办公厅	交办运〔2018〕181号	2018年12月29日

国务院办公厅关于印发推进运输结构调整
三年行动计划（2018—2020 年）的通知

国办发〔2018〕91 号

各省、自治区、直辖市人民政府，国务院各部委、各直属机构：

《推进运输结构调整三年行动计划（2018—2020 年）》已经国务院同意，现印发给你们，请结合实际，认真组织实施。

国务院办公厅

2018 年 9 月 17 日

推进运输结构调整三年行动计划

（2018—2020 年）

为贯彻落实党中央、国务院关于推进运输结构调整的决策部署，打赢蓝天保卫战、打好污染防治攻坚战，提高综合运输效率、降低物流成本，制定本行动计划。

一、总体要求

（一）指导思想。以习近平新时代中国特色社会主义思想为指导，全面贯彻党的十九大和十九届二中、三中全会精神，牢固树立和贯彻落实新发展理念，按照高质量发展要求，标本兼治、综合施策，政策引导、市场驱动，重点突破、系统推进，以深化交通运输供给侧结构性改革为主线，以京津冀及周边地区、长三角地区、汾渭平原等区域（以下称重点区域）为主战场，以推进大宗货物运输"公转铁、公转水"为主攻方向，不断完善综合运输网络，切实提高运输组织水平，减少公路运输量，增加铁路运输量，加快建设现代综合交通运输体系，有力支撑打赢蓝天保卫战、打好污染防治攻坚战，更好服务建设交通强国和决胜全面建成小康社会。

（二）工作目标。到 2020 年，全国货物运输结构明显优化，铁路、水路承担的大宗货物运输量显著提高，港口铁路集疏运量和集装箱多式联运量大幅增长，重点区域运输结构调整取得突破性进展，将京津冀及周边地区打造成为全国运输结构调整示范区。与 2017 年相比，全国铁路货运量增加 11 亿吨、增长 30%，其中京津冀及周边地区增长 40%、长三角地区增长 10%、汾渭平原增长 25%；全国水路货运量增加 5 亿吨、增长 7.5%；沿海港口大宗货物公路运输量减少 4.4 亿吨。全国多式联运货运量年均增长 20%，重点港口集装箱铁水联运量年均增长 10% 以上。

（三）重点区域范围。京津冀及周边地区包括北京、天津、河北、河南、山东、山西、辽宁、内蒙古 8 省（区、市），长三角地区包括上海、江苏、浙江、安徽 4 省（市），汾渭平原包括山西、河南、陕西 3 省。

二、铁路运能提升行动

（四）提升主要物流通道干线铁路运输能力。加快实施《"十三五"现代综合交通运输体系发展规划》《铁路"十三五"发展规划》和《中长期铁路网规划》，加快重点干线铁路项目建设进度，加快蒙华、京原、黄大等连接西部与华中、华北地区干线铁路建设和改造，提升瓦日、邯黄等既有铁路综合利用效率，实施铁路干线主要编组站设备设施改造扩能，缓解部分区段货运能力紧张，提升路网运输能力。（中国铁路总公司牵头，发展改革委、交通运输部、财政部、铁路局参与，地方各级人民政府负责落实。以下均需地方各级人民政府落实，不再列出）

（五）加快大型工矿企业和物流园区铁路专用线建设。支持煤炭、钢铁、电解铝、电力、焦化、汽车制造等大型工矿企业以及大型物流园区新建或改扩建铁路专用线。简化铁路专用线接轨审核程序，压缩接轨协议办理时间，完善铁路专用线共建共用机制，创新投融资模式，吸引社会资本投入。合理确定新建及改扩建铁路专用线建设等级和技术标准，鼓励新建货运干线铁路同步规划、设计、建设、开通配套铁路专用线。到 2020 年，全国大宗货物年货运量 150 万吨以上的大型工矿企业和新建物流园区，铁路专用线接入比例达到 80% 以上；重点区域具有铁路专用线的大型工矿企业和新建物流园区，大宗货物铁路运输比例达到 80% 以上。（交通运输部、发展改革委、自然资源部、生态环境部、铁路局、中国铁路总公司按职责分工负责）

（六）优化铁路运输组织模式。优先保障煤炭、焦炭、矿石、粮食等大宗货物运力供给。优化列车运行图，丰富列车编组形式，加强铁路系统内跨局组织协调，开发当日达、次日达等多种运输产品，实现车船班期稳定衔接。在运输总量达到一定规模的通道，开发铁路货运班列、点到点货运列车、大宗货物直达列车等多频次多样化班列产品，构建快捷货运班列网络。研究推进铁路双层集装箱、驮背运输产品开发，提升通道配套设施设备能力。充分发挥高铁运能，在有条件的通道实现客货分线运输。（中国铁路总公司牵头，交通运输部、发展改革委参与）

（七）提升铁路货运服务水平。深化铁路运输价格市场化改革，建立健全灵活的运价调整机制，发挥市场配置资源的决定性作用。完善短距离大宗货物运价浮动机制。规范铁路专用线代维收费行为，推动降低专用线共用收费水平。减少和取消铁路两端短驳环节，规范短驳服务收费行为，降低短驳成本。推动铁路运输企业与煤炭、矿石、钢铁等大客户签订运量运能互保协议，实现互惠共赢。推动铁路运输企业与港口、物流园区、大型工矿企业、物流企业等开展合作，构建门到门接取送达网络，提供全程物流服务。（中国铁路总公司牵头，发展改革委、市场监管总局、交通运输部、铁路局参与）

三、水运系统升级行动

（八）完善内河水运网络。统筹优化沿海和内河集装箱、煤炭、矿石、原油、液化天然气、商品汽车等专业运输系统布局，提升水运设施专业化水平。坚持生态优先、绿色发展理念，以流域生态系统性保护为前提，增强长江干线航运能力，推进西江干线和京杭运河山东段、江苏段、浙江段航道扩能改造，加快推进长三角高等级航道整治工程。加强长江、西江、京杭运河、淮河重要支流航道建设。加快推进三峡水运新通道等重大水运基础设施工程前期论证工作。（交通运输部牵头，发展改革委、生态环境部、水利部参与）

（九）推进集疏港铁路建设。加快实施《"十三五"港口集疏运系统建设方案》《"十三五"长江经济带港口多式联运建设实施方案》《推动长江干线港口铁水联运设施联通的行动计划》，着力推进集疏港铁路建设。加强港区集疏港铁路与干线铁路和码头堆场的衔接，优化铁路港前站布局，鼓励集疏港铁路向堆场、码头前沿延伸，加快港区铁路装卸场站及配套设施建设，打通铁路进港最后一公里。2020年全国沿海重要港区铁路进港率大幅提高，长江干线主要港口全面接入集疏港铁路。（交通运输部、发展改革委、自然资源部、财政部、生态环境部、铁路局、中国铁路总公司按职责分工负责）

（十）推动大宗货物集疏港运输向铁路和水路转移。进一步规范港口经营服务性收费，对实行政府定价的，严格执行规定的收费标准；对实行市场调节价的，督促落实价格法律法规和相关规定，不得违规加收任何价外费用。进一步加强煤炭集港运输管理，2018年年底前，环渤海地区、山东省、长三角地区沿海主要港口和唐山港、黄骅港的煤炭集港改由铁路或水路运输；2020年采暖季前，沿海主要港口和唐山港、黄骅港的矿石、焦炭等大宗货物原则上主要改由铁路或水路运输。（交通运输部、中国铁路总公司、发展改革委牵头，生态环境部、市场监管总局、铁路局参与）

（十一）大力发展江海直达和江海联运。积极推动宁波舟山港、上海港、深圳港、广州港、连云港港以及长江干线港口等江海直达和江海联运配套码头、锚地等设施技术改造。统筹江海直达和江海联运发展，积极推进干散货、集装箱江海直达运输，实现集装箱直达运输班轮化发展。制定完善以江船出海为主的江海直达船舶规范，重点推进江海直达散货船和集装箱船等船型研发及应用。（交通运输部牵头，工业和信息化部参与）

四、公路货运治理行动

（十二）强化公路货运车辆超限超载治理。健全货运车辆非法改装联合监管工作机制，杜绝非法改装货运车辆出厂上路。加大货物装载源头监管力度，重点加强矿山、水泥厂、港口、物流园区等重点源头单位货车出场（站）装载情况检查，禁止超限超载车辆出场（站）上路行驶。严格落实治理车辆超限超载联合执法常态化制度化工作要求，统一公路货运车辆超限超载认定标准，加大对大宗货物运输车辆超限超载的执法力度。进一步优化完善公路治超网络，推广高速公路收费站入口称重检测，优化国省干线公路超限检测站点布局，完善农村公路限宽限高保护设施。加强科技治超，利用信息化手段加强车辆超限超载检测，实现跨区域、跨部门治超信息资源交换共享，落实"一超四罚"。继续加强信用治超，严格落实公路治超"黑名单"制度，对严重违法超限超载运输当事人实施联合惩戒。到 2020 年年底，全国高速公路全面实施收费站入口称重检测，各省（区、市）高速公路货运车辆平均违法超限超载率不超过0.5％，普通公路货运车辆超限超载得到有效遏制。（交通运输部牵头，工业和信息化部、公安部、市场监管总局参与）

（十三）大力推进货运车型标准化。巩固车辆运输车治理工作成果，稳步开展危险货物运输罐车、超长平板半挂车、超长集装箱半挂车治理工作。做好既有营运车辆情况排查，建立不合规车辆数据库，制订车辆退出计划，按照标准引导、疏堵结合、更新替代、循序渐进的原则强化执法监管，引导督促行业、企业加快更新淘汰不合规车辆，促进标准化车型更新替代。开展中置轴汽车列车示范运行，加快轻量化挂车推广应用。（交通运输部牵头，工业和信息化部、公安部、市场监管总局参与）

（十四）推动道路货运行业集约高效发展。促进"互联网＋货运物流"新业态、新模式发展，深入推进无车承运人试点工作，健全完善无车承运人法规制度，推动货运物流平台健康有序发展。到 2020 年，重点培育 50 家左右创新能力强、运营管理规范、资源综合利用效率高的无车承运人品牌企业。支持引导货运大车队、挂车共享租赁、甩挂运输、企业联盟、品牌连锁等集约高效的运输组织模式发展，发挥规模化、网络化运营优势，降低运输成本，有效整合分散经营的中小货运企业和个体运输业户。支持大型道路货运企业以资产为纽带，通过兼并、重组、收购、控股、加盟连锁等方式，拓展服务网络，延伸服务链条，实现资源高效配置，加快向现代物流企业转型升级。（交通运输部负责）

五、多式联运提速行动

（十五）加快联运枢纽建设和装备升级。推进具有多式联运功能的物流园区建设，加快铁路物流基地、铁路集装箱办理站、港口物流枢纽、航空转运中心、快递物流园区等规划建设和升级改造，加强不同运输方式间的有效衔接。进一步拓展高铁站场货运服务功能，完善货运配套设施。有序推进货运机场建设，拓展完善机场货运服务功能。大力推广集装化运输，支持企业加快多式联运运载单元、快速转运设备、专用载运机具等升级改造，完善内陆集装箱配套技术标准，推广应用45英尺集装箱和35吨敞顶集装箱，促进集装化、厢式化、标准化装备应用。（交通运输部、发展改革委、铁路局、民航局、邮政局、中国铁路总公司按职责分工负责）

（十六）加快发展集装箱铁水联运。鼓励铁路、港口、航运等企业加强合作，促进海运集装箱通过铁路集疏港。在环渤海、长三角、珠三角、北部湾和海峡西岸经济区等重点沿海区域和长江干线，打造"长途重点货类精品班列＋短途城际小运转班列"铁水联运产品体系。鼓励铁路运输企业增加铁路集装箱和集装箱平车保有量，提高集装箱共享共用和流转交换能力，利用物联网等技术手段提升集装箱箱管和综合信息服务水平。（交通运输部、中国铁路总公司牵头，发展改革委、铁路局参与）

（十七）深入实施多式联运示范工程。加大对多式联运示范工程项目建设的支持力度，加强示范工程运行监测，推动运输组织模式创新。深入推进天津至华北、西北地区等六条集装箱铁水联运示范线路建设。鼓励骨干龙头企业在运输装备研发、多式联运单证统一、数据信息交换共享等方面先行先试，充分发挥引领示范作用。支持各地开展集装箱运输、商品车滚装运输、全程冷链运输、电商快递班列等多式联运试点示范创建。（交通运输部、发展改革委牵头，铁路局、民航局、邮政局、中国铁路总公司参与）

六、城市绿色配送行动

（十八）推进城市绿色货运配送示范工程。引导特大城市群和区域中心城市规划建设绿色货运配送网络，完善干支衔接型物流园区（货运枢纽）和城市配送网络节点及配送车辆停靠装卸配套设施建设。鼓励邮政快递企业、城市配送企业创新统一配送、集中配送、共同配送、夜间配送等集约化运输组织模式。到2020年，在全国建成100个左右的城市绿色货运配送示范项目。加大对示范项目物流园区（货运枢纽）建设、新能源车辆推广应用、绿色物流智慧服务平台建设等支持力度。（交通运输部牵头，公安部、商务部、财政部参与）

（十九）加大新能源城市配送车辆推广应用力度。加快新能源和清洁能源车辆推广应用，到2020年，城市建成区新增和更新轻型物流配送车辆中，新能源车辆和达到国六排放标准清洁能源车辆的比例超过50％，重点区域达到80％。各地将公共充电桩建设纳入城市基础设施规划建设范围，加大用地、资金等支持力度，在物流园区、工业园区、大型商业购物中心、农贸批发市场等货流密集区域，集中规划建设专用充电站和快速充电桩。结合城市配送需求，制定新能源城市配送车辆便利通行政策，改善车辆通行条件。在有条件的地区建立新能源城市配送车辆运营补贴机制，降低使用成本。在重点物流园区、铁路物流中心、机场、港口等推广使用电动化、清洁化作业车辆。

（交通运输部、工业和信息化部牵头，公安部、财政部、自然资源部、生态环境部、铁路局、民航局参与）

（二十）推进城市生产生活物资公铁联运。充分发挥铁路既有站场资源优势，完善干支衔接的基础设施网络，创新运营组织模式，打造"轨道＋仓储配送"的铁路城市物流配送新模式，提高城市生产生活物资运输中公铁联运的比例。在北京等大型城市组织开展城市生产生活物资公铁接驳配送试点，加快城市周边地区铁路外围集结转运中心和市内铁路站场设施改造，构建"外集内配、绿色联运"的公铁联运城市配送新体系，及时总结经验并推广应用。（中国铁路总公司、交通运输部按职责分工负责）

七、信息资源整合行动

（二十一）加强多式联运公共信息交换共享。加快建设多式联运公共信息平台，实现部门之间、运输方式之间信息交换共享。加强交通运输、海关、市场监管等部门间信息开放共享，为企业提供资质资格、认证认可、检验检疫、通关查验、违法违章、信用评价、政策动态等一站式综合信息服务。加快完善铁水联运信息交换接口标准体系，推进业务单证电子化，促进铁路、港口信息共享，实现铁路现车、装卸车、货物在途、到达预确报以及港口装卸、货物堆存、船舶进出港、船期舱位预定等铁水联运信息互联共享。到 2019 年年底，沿海及长江干线主要港口实现铁水联运信息交换共享。到 2020 年年底，基本建成全国多式联运公共信息平台。（交通运输部、发展改革委、中国铁路总公司牵头，海关总署、市场监管总局、铁路局、民航局、邮政局参与）

（二十二）提升物流信息服务水平。升级国家交通运输物流公共信息平台，促进铁路、港口、航运和第三方物流等龙头企业加强合作，强化货物在途状态查询、运输价格查询、车货动态匹配、集装箱定位跟踪等综合信息服务，提高物流服务智能化、透明化水平。（交通运输部、发展改革委牵头，铁路局、民航局、邮政局、中国铁路总公司参与）

（二十三）加强运输结构调整信息报送和监测分析。研究建立运输结构调整指标体系，探索相关分析方法。建立货物运输"公转铁、公转水"运行动态、多式联运发展状态、新能源车辆推广应用等信息运行监测和报送机制。（交通运输部牵头，工业和信息化部、生态环境部、铁路局、中国铁路总公司参与）

八、加大政策保障力度

（二十四）积极落实财政等支持政策。利用车购税资金、中央基建投资等现有资金，统筹推进公铁联运、海铁联运等多式联运发展，提升港口集疏运能力，加强物流园区、工矿企业等铁路专用线建设，为煤炭、矿石等大宗货物运输方式调整创造有利环境。鼓励社会资本设立多式联运产业基金，拓宽投融资渠道，加快运输结构调整和多式联运发展。鼓励各地对运输结构调整工作成效显著的工矿企业，在分解错峰生产任务时适当减少限产比例。贯彻落实《国务院关于印发打赢蓝天保卫战三年行动计划的通知》（国发〔2018〕22号）有关要求，对大力淘汰老旧车辆、推广应用新能源汽车的有关企业和人员依照有关政策及时给予经济补偿。（财政部、发展改革委、交通运输部、生态环境部牵头，铁路局、中国铁路总公司参与）

（二十五）完善用地用海支持政策。加大铁路专用线用地支持力度，将本行动计划支持的铁路专用线项目（不含物流园区），纳入占用永久基本农田的重大建设项目用地预审受理范围，按照相关规定办理用地手续。各省（区、市）要在国土空间规划指导下组织编制港口集疏运铁路、物流园区和工矿企业铁路专用线建设方案，保障用地指标。对急需开工的铁路专用线控制性工程，属于国家重点建设项目的，按照相关规定向自然资源部申请办理先行用地。加大对"公转水"码头及配建工程的用海支持力度，对纳入港口总体规划和运输结构调整计划的铁水联运、水水中转码头及配建的防波堤、航道、锚地等项目，列入国家重大战略的，在符合海域管理法律法规及围填海管理政策的情况下，重点保障用海需求。（自然资源部、交通运输部牵头，发展改革委、铁路局、中国铁路总公司参与）

九、加大督导考核力度

（二十六）加强组织领导。地方各级政府要切实加强组织领导，按照"一市一策、一港一策、一企一策"要求，组织编制本地区运输结构调整工作实施方案，细化分解目标任务，制定责任清单，健全责任体系，科学安排工作进度，出台配套政策，确保按时保质完成各项任务。交通运输部、发展改革委要加强统筹协调和组织调度，完善运输结构调整工作协调机制，及时研究解决运输结构调整中的重大问题。（交通运输部、发展改革委牵头，各有关部门参与）

（二十七）强化督导考评。加强对地方政府和有关部门运输结构调整工作推进落实情况的督查考核，结果向社会公布。地方各级政府要建立健全动态评估机制，加强对铁路、港口、工矿等企业的督导考核，确保责任落实到位。（交通运输部、发展改革委牵头，各有关部门参与）

十、营造良好发展环境

（二十八）保障行业健康稳定发展。加强部门协同联动，强化货运市场和重点企业监测，及时掌握行业动态，加大政策支持力度，完善从业人员社会保障、职业培训等服务，积极培育拓展新兴市场，推动货运行业创新稳定发展和转型升级。（交通运输部牵头，各有关部门参与）

（二十九）做好政策宣传和舆论引导。加大对运输结构调整工作的宣传报道力度，加强正面引导，及时回应社会关切，为运输结构调整工作营造良好舆论氛围。（交通运输部、发展改革委牵头，各有关部门参与）

国家发展改革委 交通运输部关于印发
《国家物流枢纽布局和建设规划》的通知

发改经贸〔2018〕1886号

各省、自治区、直辖市人民政府，国务院各部委、各直属机构：

为贯彻落实党中央、国务院关于加强物流等基础设施网络建设的决策部署，科学推进国家物流枢纽布局和建设，发展改革委、交通运输部会同相关部门研究制定了《国家物流枢纽布局和建设规划》，经国务院同意，现印发你们，请认真贯彻执行。

国家发展改革委

交 通 运 输 部

2018 年 12 月 21 日

国家物流枢纽布局和建设规划

物流枢纽是集中实现货物集散、存储、分拨、转运等多种功能的物流设施群和物流活动组织中心。国家物流枢纽是物流体系的核心基础设施，是辐射区域更广、集聚效应更强、服务功能更优、运行效率更高的综合性物流枢纽，在全国物流网络中发挥关键节点、重要平台和骨干枢纽的作用。为贯彻落实党中央、国务院关于加强物流等基础设施网络建设的决策部署，科学推进国家物流枢纽布局和建设，经国务院同意，制定本规划。

一、规划背景

党的十八大以来，我国物流业实现较快发展，在国民经济中的基础性、战略性、先导性作用显著增强。物流专业设施和交通基础设施网络不断完善，特别是一些地区自发建设形成一批物流枢纽，在促进物流资源集聚、提高物流运行效率、支撑区域产业转型升级等方面发挥了重要作用，为建设国家物流枢纽网络奠定良好基础。

基础设施条件不断完善。截至 2017 年年底，我国铁路、公路营运总里程分别达到12.7 万公里和477.3 万公里，万吨级以上港口泊位2366 个，民用运输机场226 个，铁路专用线总里程约1.8 万公里。全国营业性通用仓库面积超过 10 亿平方米，冷库库容约 1.2 亿立方米，运营、在建和规划的各类物流园区超过 1600 个。

运行组织效率持续提高。互联网、物联网、大数据、云计算等现代信息技术与物流业发展深度融合，无人机、无人仓、物流机器人、新能源汽车等智能化、绿色化设施设备在物流领域加快推广应用，物流枢纽运行效率显著提高，有力引导和支撑物流业规模化集约化发展，为加快物流转型升级和创新发展注入新的活力。

综合服务能力大幅提升。货物集散转运、仓储配送、装卸搬运、加工集拼等基础服务能力不断增强，与制造、商贸等产业融合发展趋势日益明显，物流要素加速向枢纽聚集，以平台整合、供应链融合为特征的新业态新模式加快发展，交易撮合、金融结算等增值服务功能不断拓展，物流枢纽的价值创造能力进一步增强。

经济支撑带动作用明显。国际陆港、中欧班列枢纽节点等快速发展，跨境电商、同城配送等物流新需求持续增长，物流枢纽的资源聚集效应和产业辐射效应不断显现，对经济增长的带动作用日益增强，有效支撑我国世界第二大经济体和第一大货物贸易国的地位。

但也要看到，与发达国家相比，我国物流枢纽发展还存在一定差距。一是系统规划不足，现有物流枢纽设施大多分散规划、自发建设，骨干组织作用发挥不足，物流枢纽间协同效应不明显，没有形成顺畅便捷的全国性网络。二是空间布局不完善，物流枢纽分布不均衡，西部地区明显滞后，部分地区还存在空白；一些物流枢纽与铁路、港口等交通基础设施以及产业集聚区距离较远，集疏运成本较高。三是资源整合不充分，部分物流枢纽存在同质化竞争、低水平重复建设问题，内部缺乏有效分工，集聚和配置资源要素的作用没有充分发挥。四是发展方式较为粗放，一些已建成物流枢纽经营方式落后、功能单一，无法开展多式联运；有的枢纽盲目扩大占地面积，物流基础设施投入不足，服务质量有待提高。

当前，我国经济已由高速增长阶段转向高质量发展阶段。加快国家物流枢纽网络布局和建设，有利于整合存量物流基础设施资源，更好发挥物流枢纽的规模经济效应，推动物流组织方式变革，提高物流整体运行效率和现代化水平；有利于补齐物流基础设施短板，扩大优质物流服务供给，打造低成本、高效率的全国性物流服务网络，提升实体经济活力和竞争力；有利于更好发挥干线物流通道效能，加快推进要素集聚、资源整合和城乡空间格局与产业布局重塑，促进区域协调发展，培育新的经济增长极；有利于深化国内国际物流体系联动协同，促进生产制造、国际贸易和国际物流深度融合，提高国际供应链整体竞争力，培育国际竞争新优势，加快推动我国产业向全球价值链中高端迈进。

二、总体要求

（一）指导思想

以习近平新时代中国特色社会主义思想为指导，全面贯彻党的十九大和十九届二中、三中全会精神，牢固树立和贯彻落实新发展理念，按照高质量发展的要求，统筹推进"五位一体"总体布局和协调推进"四个全面"战略布局，坚持以供给侧结构性改革为主线，认真落实党中央、国务院决策部署，推动物流组织模式和行业管理体制机制创新，加快现代信息技术和先进设施设备应用，构建科学合理、功能完备、开放共享、智慧高效、绿色安全的国家物流枢纽网络，打造"通道＋枢纽＋网络"的物流运行体系，实现物流资源优化配置和物流活动系统化组织，进一步提升物流服务质量，降低全社会物流和交易成本，为优化国家经济空间布局和构建现代化经济体系提供有力支撑。

（二）基本原则

市场主导、规划引领。遵循市场经济规律和现代物流发展规律，使市场在资源配置中起决定性作用和更好发挥政府作用，通过规划引领和指导，推动物流资源向有市场需求的枢纽进一步集聚，支持和引导具备条件的物流枢纽做大做强，在物流运行体系中发挥骨干作用。

集约整合、融合创新。坚持以存量设施整合提升为主、以增量设施补短板为辅，重点提高现有物流枢纽资源集约利用水平。依托国家物流枢纽加强物流与交通、制造、商贸等产业联动融合，培育行业发展新动能，探索枢纽经济新范式。

统筹兼顾、系统成网。统筹城市经济发展基础和增长潜力，兼顾东中西部地区协调发展，围绕产业发展、区域协调、公共服务、内联外通等需要，科学选址、合理布局、加强联动，加快构建国家物流枢纽网络。

协调衔接、开放共享。加强物流与交通基础设施衔接，提高不同运输方式间货物换装效率，推动信息互联互通、设施协调匹配、设备共享共用，增强国家物流枢纽多式联运功能，提高运行效率和一体化组织水平。

智慧高效、绿色发展。顺应现代物流业发展新趋势，加强现代信息技术和智能化、绿色化装备应用，推进货物运输结构调整，提高资源配置效率，降低能耗和排放水平，打造绿色智慧型国家物流枢纽。

（三）发展目标

到 2020 年，通过优化整合、功能提升，布局建设 30 个左右辐射带动能力较强、现代化运作水平较高、互联衔接紧密的国家物流枢纽，促进区域内和跨区域物流活动组织化、规模化运行，培育形成一批资源整合能力强、运营模式先进的枢纽运营企业，初步建立符合我国国情的枢纽建设运行模式，形成国家物流枢纽网络基本框架。

到 2025 年，布局建设 150 个左右国家物流枢纽，枢纽间的分工协作和对接机制更加完善，社会物流运行效率大幅提高，基本形成以国家物流枢纽为核心的现代化物流运行体系，同时随着国家产业结构和空间布局的进一步优化，以及物流降本增效综合措施的持续发力，推动全社会物流总费用与 GDP 的比率下降至 12% 左右。

——高效物流运行网络基本形成。以"干线运输＋区域分拨"为主要特征的现代化多式联运网络基本建立，全国铁路货物周转量比重提升到 30% 左右，500 公里以上长距离公路运量大幅减少，铁路集装箱运输比重和集装箱铁水联运比重大幅提高，航空货物周转量比重明显提升。

——物流枢纽组织效率大幅提升。多式联运、甩挂运输等先进运输组织方式广泛应用，各种运输方式衔接更加紧密，联运换装转运效率显著提高，集疏运体系更加完善，国家物流枢纽单元化、集装化运输比重超过 40%。

——物流综合服务能力显著增强。完善互联互通的枢纽信息网络，国家物流枢纽一体化运作、网络化经营、专业化服务能力进一步提高，与供应链、产业链、价值链深度融合，对实体经济的支撑和促进作用明显增强，枢纽经济效应充分显现。

到 2035 年，基本形成与现代化经济体系相适应的国家物流枢纽网络，实现与综合交通运输体系顺畅衔接、协同发展，物流规模化、组织化、网络化、智能化水平全面提升，铁路、水运等干线通道能力充分释放，运输结构更加合理。全社会物流总费用与 GDP 的比率继续显著下降，物流运行效率和效益达到国际先进水平。依托国家物流枢纽，形成一批具有国际影响的枢纽经济增长极，将国家物流枢纽打造成为产业转型升级、区域经济协调发展和国民经济竞争力提升的重要推动力量。

三、合理布局国家物流枢纽，优化基础设施供给结构

（一）国家物流枢纽的类型和功能定位

国家物流枢纽分为陆港型、港口型、空港型、生产服务型、商贸服务型、陆上边境口岸型 6 种类型。

陆港型。依托铁路、公路等陆路交通运输大通道和场站（物流基地）等，衔接内陆地区干支线运输，主要为保障区域生产生活、优化产业布局、提升区域经济竞争力，提供畅通国内、联通国际的物流组织和区域分拨服务。

港口型。依托沿海、内河港口，对接国内国际航线和港口集疏运网络，实现水陆联运、水水中转有机衔接，主要为港口腹地及其辐射区域提供货物集散、国际中转、转口贸易、保税监管等物流服务和其他增值服务。

空港型。依托航空枢纽机场，主要为空港及其辐射区域提供快捷高效的国内国际航空直运、中转、集散等物流服务和铁空、公空等联运服务。

生产服务型。依托大型厂矿、制造业基地、产业集聚区、农业主产区等，主要为工业、农业生产提供原材料供应、中间产品和产成品储运、分销等一体化的现代供应链服务。

商贸服务型。依托商贸集聚区、大型专业市场、大城市消费市场等，主要为国际国内和区域性商贸活动、城市大规模消费需求提供商品仓储、干支联运、分拨配送等

物流服务，以及金融、结算、供应链管理等增值服务。

陆上边境口岸型。依托沿边陆路口岸，对接国内国际物流通道，主要为国际贸易活动提供一体化通关、便捷化过境运输、保税等综合性物流服务，为口岸区域产业、跨境电商等发展提供有力支撑。

（二）国家物流枢纽布局和规划建设要求

国家物流枢纽基本布局。加强宏观层面的系统布局，依据区域经济总量、产业空间布局、基础设施联通度和人口分布等，统筹考虑国家重大战略实施、区域经济发展、产业结构优化升级等需要，结合"十纵十横"交通运输通道和国内物流大通道基本格局，选择127个具备一定基础条件的城市作为国家物流枢纽承载城市，规划建设212个国家物流枢纽，包括41个陆港型、30个港口型、23个空港型、47个生产服务型、55个商贸服务型和16个陆上边境口岸型国家物流枢纽。

专栏1　国家物流枢纽布局承载城市

1. 陆港型国家物流枢纽承载城市。包括石家庄、保定、太原、大同、临汾、呼和浩特、乌兰察布、沈阳、长春、哈尔滨、佳木斯、南京、徐州、杭州、合肥、南昌、鹰潭、济南、潍坊、郑州、安阳、武汉、长沙、衡阳、南宁、柳州、重庆、成都、遂宁、贵阳、遵义、昆明、拉萨、西安、延安、兰州、酒泉、格尔木、乌鲁木齐、哈密、库尔勒。

2. 港口型国家物流枢纽承载城市。包括天津、唐山、秦皇岛、沧州、大连、营口、上海、南京、苏州、南通、连云港、宁波—舟山、芜湖、安庆、福州、厦门、九江、青岛、日照、烟台、武汉、宜昌、岳阳、广州、深圳、湛江、钦州—北海—防城港、洋浦、重庆、泸州。

3. 空港型国家物流枢纽承载城市。包括北京、天津、哈尔滨、上海、南京、杭州、宁波、厦门、青岛、郑州、长沙、武汉—鄂州、广州、深圳、三亚、重庆、成都、贵阳、昆明、拉萨、西安、银川、乌鲁木齐。

4. 生产服务型国家物流枢纽承载城市。包括天津、石家庄、唐山、邯郸、太原、鄂尔多斯、包头、沈阳、大连、长春、哈尔滨、大庆、上海、南京、无锡、苏州、杭州、宁波、嘉兴、金华、合肥、蚌埠、福州、三明、南昌、青岛、郑州、洛阳、武汉、十堰、襄阳、长沙、郴州、广州、深圳、珠海、佛山、东莞、南宁、柳州、重庆、成都、攀枝花、贵阳、西安、宝鸡、石河子。

5. 商贸服务型国家物流枢纽承载城市。包括天津、石家庄、保定、太原、呼和浩特、赤峰、沈阳、大连、长春、吉林、哈尔滨、牡丹江、上海、南京、南通、杭州、温州、金华（义乌）、合肥、阜阳、福州、平潭、厦门、泉州、南昌、赣州、济南、青岛、临沂、郑州、洛阳、商丘、南阳、信阳、武汉、长沙、怀化、广州、深圳、汕头、南宁、桂林、海口、重庆、成都、达州、贵阳、昆明、大理、西安、兰州、西宁、银川、乌鲁木齐、喀什。

6. 陆上边境口岸型国家物流枢纽承载城市。包括呼伦贝尔（满洲里）、锡林郭勒（二连浩特）、丹东、延边（珲春）、黑河、牡丹江（绥芬河—东宁）、防城港（东兴）、崇左（凭祥）、德宏（瑞丽）、红河（河口）、西双版纳（磨憨）、日喀则（吉隆）、伊犁（霍尔果斯）、博尔塔拉（阿拉山口）、克孜勒苏（吐尔尕特）、喀什（红其拉甫）。

国家物流枢纽规划建设要求。一是区位条件良好。毗邻港口、机场、铁路场站等重要交通基础设施和产业聚集区，与城市中心的距离位于经济合理的物流半径内，并与城市群分工相匹配。二是空间布局集约。以连片集中布局为主，集中设置物流设施，集约利用土地资源。同一国家物流枢纽分散布局的互补功能设施原则上不超过 2 个。三是存量设施优先。以完善提升已建成物流设施的枢纽功能为主，必要情况下可结合区域经济发展需要适当整合、迁移或新建枢纽设施。四是开放性和公共性强。具备提供公共物流服务、引导分散资源有序聚集、推动区域物流集约发展等功能，并在满足区域生产生活物流需求中发挥骨干作用。五是服务功能完善。具备干线运输、区域分拨等功能，以及多式联运转运设施设备和系统集成、互联兼容的公共信息平台等，可根据需要提供通关、保税等国际物流相关服务。六是统筹运营管理。由一家企业或多家企业联合主导国家物流枢纽建设、运营和管理，统筹调配物流服务资源，整合对接物流业务，实行统一的安全作业规范。七是区域协同联动。鼓励同一承载城市内不同类型的国家物流枢纽加强协同或合并建设，增强综合服务功能；支持京津冀、长三角、珠三角等地区的承载城市在城市群内部开展国家物流枢纽合作共建，实现优势互补。

国家物流枢纽培育发展要求。各承载城市要遵循市场规律，尊重市场选择，以市场自发形成的物流枢纽设施和运行体系为基础，对照上述要求，选择基础条件成熟、市场需求旺盛、发展潜力较大的物流枢纽进行重点培育，并可根据市场和产业布局变化情况以及交通基础设施发展情况等进行必要的调整。同时，通过规划引导和政策支持，加强公共服务产品供给，补齐设施短板，规范市场秩序，促进公平竞争。要加强国家物流枢纽与其他物流枢纽的分工协作和有效衔接，两者不排斥、不替代，通过国家物流枢纽的发展带动其他物流枢纽做大做强，打造以国家物流枢纽为骨干，以其他物流枢纽为补充，多层次、立体化、广覆盖的物流枢纽设施体系。

四、整合优化物流枢纽资源，提高物流组织效率

（一）培育协同高效的运营主体

鼓励和支持具备条件的企业通过战略联盟、资本合作、设施联通、功能联合、平台对接、资源共享等市场化方式打造优势互补、业务协同、利益一致的合作共同体，推进国家物流枢纽设施建设和统筹运营管理，有序推动干线运输、区域分拨、多式联运、仓储服务、跨境物流、城市配送等物流服务资源集聚，引导物流服务企业集群发展，提升物流一体化组织效率。

（二）推动物流设施集约整合

整合优化存量物流设施。优先利用现有物流园区特别是国家示范物流园区，以及货运场站、铁路物流基地等设施规划建设国家物流枢纽。鼓励通过统筹规划迁建等方

式整合铁路专用线、专业化仓储、多式联运转运、区域分拨配送等物流设施及通关、保税等配套设施，推动物流枢纽资源空间集中；对迁建难度较大的分散区块设施，支持通过协同运作和功能匹配实现统一的枢纽功能。支持国家物流枢纽集中承接第三方物流、电子商务、邮政、快递等物流服务的区域分拨和仓储功能，减少物流设施无效低效供给，促进土地等资源集约利用，提升设施综合利用效率。

统筹补齐物流枢纽设施短板。加强物流枢纽设施薄弱地区特别是中西部地区物流软硬件设施建设，支持物流枢纽设施短板突出地区结合产业发展和城市功能定位等，按照适度超前原则高起点规划新建物流枢纽设施，推动国家物流枢纽网络空间结构进一步完善，带动区域经济发展。

（三）增强国家物流枢纽平台支撑能力

加强综合信息服务平台建设。鼓励和支持国家物流枢纽依托现有资源建设综合信息服务平台，打破物流信息壁垒，推动枢纽内企业、供应链上下游企业信息共享，实现车辆、货物位置及状态等信息实时查询；加强交通、公安、海关、市场监管、气象、邮政等部门公共数据开放共享，为便利企业生产经营和完善物流信用环境提供支撑；加强物流服务安全监管和物流活动的跟踪监测，推动相关企业落实实名登记和信息留存等安全管理制度，实现货物来源可追溯、责任可倒查。依托国家交通运输物流公共信息平台等建立国家物流枢纽间综合信息互联互通机制，促进物流订单、储运业务、货物追踪、支付结算等信息集成共享、高效流动，提高物流供需匹配效率，加强干线运输、支线运输、城市配送的一体化衔接。完善数据交换、数据传输等标准，进一步提升不同枢纽信息系统的兼容性和开放性。

推动物流资源交易平台建设。依托具备条件的国家物流枢纽综合信息服务平台，建设物流资源要素交易平台，开展挂车等运输工具、集装箱、托盘等标准化器具及叉车、正面吊等装卸搬运设备的租赁交易，在制度设计和交易服务等方面加强探索创新，允许交易平台开展水运、航空货运、陆运等运力资源和仓储资源交易，提高各类物流资源的市场化配置效率和循环共用水平。

专栏 2　国家物流枢纽资源整合工程

1. 国家物流枢纽建设运营主体培育工程。借鉴国外成熟经验，遵循市场化原则，创新物流枢纽经营管理模式，探索建立国家物流枢纽建设运营参与企业的利益协同机制，培育协同高效的运营主体，提高枢纽组织效率。

目标及完成时限：2020 年年底前，争取培育 10 家左右国家物流枢纽建设运营标杆企业，形成可推广、可复制的枢纽建设运营经验。

2. 国家物流枢纽联盟工程。发挥行业协会等作用，支持和推动枢纽建设运营企业成立国家物流枢纽联盟。发挥骨干企业网络化经营优势，推动国家物流枢纽之间加强业务对接，积极推进要素流动、信息互联、标准协同等合作机制建设，加快推动形成国家物流枢纽网络。

目标及完成时限：2020 年年底前，依托已投入运行的国家物流枢纽，成立国家物流枢纽联盟，在信息互联互通、标准规范对接等方面取得突破。

2025 年年底前，基本形成稳定完善的国家物流枢纽合作机制，力争将已建成的国家物流枢纽纳入联盟，形成顺畅衔接、高效运作的国家物流枢纽网络。

五、构建国家物流枢纽网络体系，提升物流运行质量

（一）建设国家物流枢纽干线网络体系

构建国内物流干线通道网络。鼓励国家物流枢纽间协同开展规模化物流业务，建设高质量的干线物流通道网络。重点加快发展枢纽间的铁路干线运输，优化运输组织，构建便捷高效的铁路货运网络。鼓励陆港型、生产服务型枢纽推行大宗货物铁路中长期协议运输，面向腹地企业提供铁路货运班列、点到点货运列车、大宗货物直达列车等多样化铁路运输服务；支持陆港型、港口型、商贸服务型枢纽间开行"钟摆式"铁路货运专线、快运班列，促进货物列车客车化开行，提高铁路运输的稳定性和准时性，优先鼓励依托全国性和区域性铁路物流中心培育发展陆港型枢纽；加密港口型枢纽间的沿海沿江班轮航线网络，提升长江中上游港口码头基础配套水平和货物集散能力；拓展空港型枢纽货运航线网络，扩大全货机服务覆盖范围。完善进出枢纽的配套道路设施建设，提高联运疏解效率。

提升国际物流网络化服务水平。提高国家物流枢纽通关和保税监管能力，支持枢纽结合自身货物流向拓展海运、空运、铁路国际运输线路，密切与全球重要物流枢纽、能源与原材料产地、制造业基地、贸易中心等的合作，为构建"全球采购、全球生产、全球销售"的国际物流服务网络提供支撑。促进国家物流枢纽与中欧班列融合发展，指导枢纽运营主体集中对接中欧班列干线运力资源，加强分散货源组织，提高枢纽国际货运规模化组织水平。充分发挥中欧班列国际铁路合作机制作用，强化国家物流枢纽与国外物流节点的战略合作和业务联系，加强中欧班列回程货源组织，进一步提高运行质量。发挥陆上边境口岸型枢纽的辐射作用，加强与"一带一路"沿线国家口岸相关设施的功能衔接、信息互联，加强单证规则、检验检疫、认证认可、通关报关、安全与应急等方面的国际合作，畅通陆路双向贸易大通道。

（二）依托国家物流枢纽加快多式联运发展

加强干支衔接和组织协同。充分发挥国家物流枢纽的资源集聚和区域辐射作用，依托枢纽网络开发常态化、稳定化、品牌化的"一站式"多式联运服务产品。推动港口型枢纽统筹对接船期、港口装卸作业、堆存仓储安排和干线铁路运输计划。鼓励空港型枢纽开展陆空联运、铁空联运、空空中转，发展"卡车航班"，构建高价值商品的快捷物流服务网络。支持具备条件的国家物流枢纽建立"公共挂车池"，发展甩挂运

输，试点开展滚装运输；支持建设多式联运场站和吊装、滚装、平移等快速换装转运设施，加快发展国内国际集装箱公铁联运和海铁联运。

创新标准形成和应用衔接机制。支持和引导国家物流枢纽采用已发布的快递、仓储、冷链、口岸查验等推荐性国家标准和行业标准，严格执行有关规划建设和安全作业标准。研究国家物流枢纽间多式联运转运、装卸场站等物流设施标准，完善货物装载要求、危险品界定等作业规范，加强物流票证单据、服务标准协调对接。充分发挥物流骨干企业作用，通过高频次、规模化、市场化的物流活动，推动多式联运服务、设施设备等标准进一步衔接，重点在水铁、公铁联运以及物流信息共享等领域，探索形成适应枢纽间多式联运发展的市场标准，为制定国家和行业有关标准提供依据。

推广多式联运"一单制"。研究在国家物流枢纽间推行集装箱多式联运电子化统一单证，加强单证信息交换共享，实现"一单制"物流全程可监测、可追溯。加强不同运输方式在货物交接、合同运单、信息共享、责任划分、保险理赔等方面的制度与规范衔接。鼓励企业围绕"一单制"物流创新业务模式，拓展统一单证的金融、贸易、信用等功能，扩大单证应用范围，强化与国际多式联运规则对接，推动"一单制"物流加快发展。

（三）打造高效专业的物流服务网络

现代供应链。促进国家物流枢纽与区域内相关产业协同联动和深度融合发展，打造以国家物流枢纽为核心的现代供应链。鼓励和引导制造、商贸、物流、金融等企业，依托国家物流枢纽实现上下游各环节资源优化整合和高效组织协同，发展供应链库存管理、生产线物流等新模式，满足敏捷制造、准时生产等精益化生产需要；探索发展以个性化定制、柔性化生产、资源高度共享为特征的虚拟生产、云制造等现代供应链模式，提升全物流链条价值创造能力，实现综合竞争力跃升。

邮政快递物流。推动邮政和快递物流设施与新建国家物流枢纽同步规划、同步建设，完善提升已有物流枢纽的邮件快件分拨处理功能。推动快递专业类物流园区改扩建，积极承接国家物流枢纽功能。提升邮件快件分拨处理智能化、信息化、绿色化水平。鼓励发展航空快递、高铁快递、冷链快递、电商快递、跨境寄递，推动快递物流与供应链、产业链融合发展。支持建设国际邮件互换局（交换站）和国际快件监管中心。

电子商务物流。鼓励和支持国家物流枢纽增强电子商务物流服务功能，发挥干线与区域分拨网络作用，为电商提供覆盖更广、效率更高的专业物流服务，促进农村电子商务物流体系建设，推动农产品"上行"和工业品"下行"双向高效流通，提高电子商务物流服务的时效性、准确性。鼓励国家物流枢纽综合信息服务平台与电子商务物流信息平台对接，推动国家物流枢纽网络与电子商务网络信息互联互通，实现"双网"融合。增强国家物流枢纽在跨境电商通关、保税、结算等方面的功能，提高枢纽支撑电子商务物流一体化服务的能力。

冷链物流。引导冷链物流设施向国家物流枢纽集聚，促进冷链物流规模化发展。鼓励国家物流枢纽高起点建设冷链物流设施，重点发展流通型冷库、立体库等，提高冷链设施供给质量。鼓励企业依托国家物流枢纽建设面向城市消费的低温加工处理中心，开展冷链共同配送、"生鲜电商＋冷链宅配"等新模式；大力发展铁路冷藏运输、冷藏集装箱多式联运。依托国家物流枢纽综合信息服务平台，加强全程温度记录和信息追溯，促进消费升级，保障食品质量安全。

大宗商品物流。鼓励粮食、棉花等大宗商品物流嵌入国家物流枢纽服务系统，通过供应链信息协同、集中存储、精细化生产组织等方式，加快资源产地、工业聚集区、贸易口岸的物流组织变革，推动大宗商品物流从以生产企业安排为主的传统模式向以枢纽为载体的集约模式转型，促进枢纽与相关生产企业仓储资源合理配置，进一步降低库存和存货资金占用。发展铁路散粮运输、棉花集装箱运输和能源、矿产品重载运输，推动运输结构调整。

驮背运输。依托国家物流枢纽在具备条件的地区选择适合线路发展驮背运输，充分发挥驮背运输安全可靠、节能环保、运输灵活等优势。加强国家物流枢纽网络的驮背运输组织体系建设，完善与既有铁路、公路运输体系的高效衔接，进一步推动公铁联运发展，促进货物运输"公转铁"。

航空物流。促进国家物流枢纽与机场等航空货运基础设施协同融合发展，加强设施联通和流程对接。依托国家物流枢纽创新航空货运产品体系和业务模式，为集成电路等高端制造业以及生鲜冷链等高附加值产业发展提供高效便捷的物流服务支撑，优化提升航空物流产业链，增强服务实体经济能力。

应急物流。发挥国家物流枢纽网络功能和干线转运能力优势，构建应对突发情况能力强、保障效率和可靠性高的应急物流服务网络。优化存量应急物资储备设施布局，完善枢纽综合信息平台应急功能，提升统一调度、信息共享和运行协调能力。研究制定枢纽应急物流预案，建立制度化的响应机制和协同机制，确保应急物流运行迅速、精准、顺畅。

（四）促进国家物流枢纽网络军民融合发展

按照军民融合发展战略和国防建设有关要求，明确有关枢纽设施服务军事物流的建设内容和标准，支持军队后勤保障社会化。根据军事物流活动保密性、时效性、优先性等要求，拓宽军队使用地方运力、仓储设施、交通网络等物流资源的工作渠道，打通军地物流信息系统数据安全交换通道，建设物流信息资源军地共享平台，建立枢纽服务军事物流需求的运行机制，利用国家物流枢纽的干线调配能力和快速分拨网络服务军事物流需要。

> **专栏 3　国家物流枢纽服务能力提升工程**
>
> 1. 内陆集装箱体系建设工程。结合我国国情和物流业发展实际，研究推广尺寸和类型适宜的内陆集装箱，完善相关技术标准体系。加强载运工具、转运设施等与内陆集装箱标准间的衔接，在国家物流枢纽网络内积极开展内陆集装箱多式联运，形成可复制的模式后逐步推广。
>
> 目标及完成时限：2020 年年底前，在部分国家物流枢纽间试点建立"钟摆式"内陆集装箱联运体系。
>
> 2. 枢纽多式联运建设工程。加快国家物流枢纽集疏运铁路、公路和多式联运转运设施建设，建立规模化、专业化的集疏运分拨配送体系。研究制定满足多式联运要求的快速中转作业流程和服务规范。依托统一单证探索开展"一单制"物流。
>
> 目标及完成时限：2020 年年底前，在已投入运行的国家物流枢纽间初步建立多式联运体系，标准化联运设施设备得到推广应用，多式联运相关的服务规范和运行规则建设取得积极进展。
>
> 2025 年年底前，多式联运体系基本建成，先进的标准化联运设施设备得到大规模应用，多式联运相关的服务规范和运行规则基本形成，"一单制"物流加快发展。
>
> 3. 枢纽铁路专用线工程。支持国家物流枢纽新建或改扩建铁路专用线，简化铁路专用线建设审批程序，建立专用线共建共用机制，提高国家物流枢纽内铁路专用线密度，加强装卸场站等联运换装配套设施建设。重点推进港口型枢纽建设连接码头堆场、铁路干线的专用线，鼓励有需要、有条件的铁路专用线向码头前沿延伸。鼓励具备条件的空港型枢纽加强铁路专用线建设。
>
> 目标及完成时限：结合国家物流枢纽建设持续推进。除空港型、部分陆上边境口岸型外，已投入运行的国家物流枢纽均具备铁路专用线，实现与铁路运输干线以及港口等交通基础设施有效联接。
>
> 4. 枢纽国际物流功能提升工程。支持基础条件好的国家物流枢纽扩大国际物流业务，建设全球转运中心、分拨中心，拓展全球交易中心、结算中心功能，积极推进中国标准"走出去"并与国际标准对接，提高在世界物流和贸易网络中的影响力。
>
> 目标及完成时限：2020 年年底前，建设 5～10 个具有较强国际竞争力的国家物流枢纽，健全通达全球主要经济体的国际物流服务网络，辐射带动更多枢纽提升国际物流功能。
>
> 5. 标准化装载器具推广应用工程。重点加强集装箱、集装袋、周转箱等载运工具和托盘（1200mm×1000mm）、包装基础模数（600mm×400mm）在国家物流枢纽推广应用，促进不同物流环节、不同枢纽间的设施设备标准衔接，提高标准化装载器具循环共用水平。
>
> 目标及完成时限：到 2020 年，已投入运行的国家物流枢纽中标准托盘、集装箱、集装袋、周转箱等标准化装载器具得到广泛应用，基本建立标准化装载器具循环共用体系。

六、推动国家物流枢纽全面创新，培育物流发展新动能

（一）加强新技术、新装备创新应用

促进现代信息技术与国家物流枢纽运营管理深度融合，提高在线调度、全流程监测和货物追溯能力。鼓励有条件的国家物流枢纽建设全自动化码头、"无人场站"、智

能化仓储等现代物流设施。推广电子化单证，加强自动化控制、决策支持等管理技术以及场内无人驾驶智能卡车、自动导引车、智能穿梭车、智能机器人、无人机等装备在国家物流枢纽内的应用，提升运输、仓储、装卸搬运、分拣、配送等作业效率和管理水平。鼓励发展智能化的多式联运场站、短驳及转运设施，提高铁路和其他运输方式换装效率。加强物流包装物在枢纽间的循环共用和回收利用，推广使用可循环、可折叠、可降解的新型物流设备和材料，鼓励使用新能源汽车等绿色载运工具和装卸机械，配套建设集中式充电站或充电桩，支持节能环保型仓储设施建设，降低能耗和排放水平。

（二）发展物流新业态新模式

高效响应物流市场新需求。适应产业转型、内需扩大、消费升级带来的物流需求变化，加强国家物流枢纽与腹地生产、流通、贸易等大型企业的无缝对接，提高市场感知能力和响应力。发展集中仓储、共同配送、仓配一体等消费物流新模式，构建以国家物流枢纽为重要支撑的快速送达生活物流圈，满足城乡居民小批量、多批次、个性化、高品质生活物流需求。引导国家物流枢纽系统对接国际物流网络和全球供应链体系，支持中欧班列、跨境电商发展。鼓励大型物流企业依托国家物流枢纽开展工程设备、大宗原材料的国际工程物流服务。

鼓励物流枢纽服务创新。建立国家物流枢纽共享业务模式，通过设施共建、产权共有、利益协同等方式，引导企业根据物流需求变化合理配置仓储、运力等资源。加强基础性、公共性、联运型物流设施建设，强化物流枢纽社会化服务功能，提高设施设备共享共用水平。发展枢纽平台业务模式，将枢纽内分散的物流业务资源向枢纽平台整合，以平台为窗口加强业务资源协作，统一对接上游产业物流需求和下游物流服务供给。拓展枢纽供应链业务模式，发挥国家物流枢纽在区域物流活动中的核心作用，创新枢纽的产业服务功能，依托国家物流枢纽深化产业上下游、区域经济活动的专业化分工合作，推动枢纽向供应链组织中心转变。

（三）打造特色鲜明的枢纽经济

引导地方统筹城市空间布局和产业发展，充分发挥国家物流枢纽辐射广、成本低、效率高的优势，带动区域农业、制造、商贸等产业集聚发展，打造形成各种要素大聚集、大流通、大交易的枢纽经济，不断提升枢纽的综合竞争优势和规模经济效应。依托陆港型枢纽，加快推进与周边地区要素禀赋相适应的产业规模化发展。依托港口型枢纽，优先推进临港工业、国际贸易、大宗商品交易等产业联动发展。依托空港型枢纽，积极推进高端国际贸易、制造、快递等产业提质升级。依托生产服务型枢纽，着力推进传统制造业供应链组织优化升级，培育现代制造业体系。依托商贸服务型枢纽，重点推进传统商贸向平台化、网络化转型，带动关联产业集群发展壮大。依托陆上边境口岸型枢纽，推进跨境电商、进出口加工等产业聚集发展，打造口岸产业集群。

专栏4　国家物流枢纽创新驱动工程

1. 枢纽经济培育工程。发挥国家物流枢纽要素聚集和辐射带动优势，推进东部地区加快要素有机融合与创新发展，提高经济发展效益和产业竞争力，培育一批支撑产业升级和高质量发展的枢纽经济增长极；推进中西部地区加快经济要素聚集，促进产业规模化发展，培育一批带动区域经济增长的枢纽经济区。

目标及完成时限：2025年年底前，依托国家物流枢纽及相关产业要素资源，推动20个左右承载城市发展各具特色的枢纽经济，探索形成不同区域、不同类型国家物流枢纽支撑和带动经济发展的成熟经验。

2. 枢纽业务模式创新培育工程。支持和引导国家物流枢纽开展物流线上线下融合、共同配送、云仓储、众包物流等共享业务。在平台开展物流对接业务的基础上，进一步拓展交易担保、融资租赁、质押监管、信息咨询、金融保险、信用评价等增值服务，搭建物业务综合平台。结合枢纽供应链组织中心建设，提高枢纽协同制造、精益物流、产品追溯等服务水平，有序发展供应链金融，鼓励开展市场预测、价格分析、风险预警等信息服务。

目标及完成时限：2025年年底前，建设30个左右体现共享型、平台型、供应链组织型特色的国家物流枢纽。

3. 智能快递公共枢纽建设工程。依托国家物流枢纽，建设一批信息化、标准化、智能化、绿色化特征显著，设施配套、运行高效、开放共享的国际和国内快递公共枢纽，推进快递与上下游行业信息联通、货物畅通、资金融通，促进快递运转效率进一步提升。

目标及完成时限：2025年年底前，基于国家物流枢纽的快递高效服务网络基本建立，联结并辐射国际重要节点城市，实现物品安全便捷寄递。

七、加强政策支持保障，营造良好发展环境

（一）建立完善枢纽建设协调推进和动态调整机制

充分发挥全国现代物流工作部际联席会议作用，建立国家物流枢纽培育和发展工作协调机制，统筹推进全国物流枢纽布局和规划建设工作。在符合国土空间规划的基础上加强与综合交通运输规划等的衔接。研究制定国家物流枢纽网络建设实施方案，有序推动国家物流枢纽建设。建立国家物流枢纽定期评估和动态调整机制，在规划实施过程中，对由市场自发建设形成且对完善国家和区域物流网络具有重要意义的枢纽和所在城市及时调整纳入规划范围，享受相关政策；对枢纽长期达不到建设要求或无法有效推进枢纽实施的承载城市要及时调出。有关地方要加强部门间的协调，扎实推进相关工作，形成工作合力和政策协同。

（二）优化枢纽培育和发展环境

持续深化物流领域"放管服"改革，打破阻碍货畅其流的制度藩篱，支持国家物

流枢纽的运营企业通过技术创新、模式创新、管理创新等方式提升运营水平，为入驻企业提供优质服务。规范枢纽内物流服务企业的经营行为，严格执行明码标价有关规定，坚决消除乱收费、乱设卡等推高物流费用的"痼疾"。适当下浮枢纽间铁路干线运输收费，适当提高中西部地区铁路运输收费下浮比例。研究内陆地区国家物流枢纽实施陆港启运港退税的可行性。鼓励地方政府在国家物流枢纽统筹设立办事服务机构，支持交通、公安、市场监管、税务、邮政等部门进驻枢纽并开展联合办公。在全国信用信息共享平台和国家企业信用信息公示系统中，完善枢纽物流服务企业信用信息，增强企业信用信息记录和查询服务功能，落实企业失信联合惩戒制度，为国家物流枢纽发展提供良好信用环境。

（三）完善规划和用地支持政策

对国家物流枢纽范围内的物流仓储、铁路站场、铁路专用线和集疏运铁路、公路等新增建设用地项目，经国务院及有关部门审批、核准、备案的，允许使用预留国家计划；地方相关部门审批、核准、备案的，由各省（区、市）计划重点保障。鼓励通过"先租后让""租让结合"等多种方式供应土地。对因建设国家物流枢纽需调整有关规划的，要积极予以支持。利用国家物流枢纽中的铁路划拨用地用于物流相关设施建设，从事长期租赁等物流经营活动的，可在五年内实行继续按原用途和土地权利类型使用土地的过渡期政策，期满及涉及转让需办理相关用地手续的，可按新用途、新权利类型和市场价格以协议方式办理。加强国家物流枢纽空间布局与城市功能提升的衔接，确保枢纽用地规模、土地性质和空间位置长期稳定。研究制定合理的枢纽容积率下限，提高土地资源利用效率。

（四）加大投资和金融支持力度

中央和地方财政资金利用现有渠道积极支持枢纽相关设施建设。研究设立国家物流枢纽中央预算内投资专项，重点支持国家物流枢纽铁路专用线、多式联运转运设施、公共信息平台、军民合用物流设施以及内部道路等公益性较强的基础设施建设，适当提高中西部地区枢纽资金支持比例。中央财政投资支持的国家物流枢纽项目需签订承诺书，如改变项目土地的物流用途等，须连本带息退还中央财政资金。引导商业金融机构在风险可控、商业可持续条件下，积极支持国家物流枢纽设施建设。支持符合条件的国家物流枢纽运营主体通过发行公司债券、非金融企业债务融资工具、企业债券和上市等多种方式拓宽融资渠道。按照市场化运作原则，支持大型物流企业或金融机构等设立物流产业发展投资基金，鼓励包括民企、外企在内的各类社会资本共同参与国家物流枢纽规划建设和运营。

（五）加强规划组织实施

各地区、各部门要按照职责分工，完善细化相关配套政策措施，认真落实规划各项工作任务。各省级发展改革部门要会同交通运输等部门，根据本规划和相关工作方案要求，指导承载城市结合城市总体规划和本地区实际编制具体方案，并对照有关要求和重点任务，积极推进枢纽规划建设。已编制物流业发展规划的城市，应结合国家物流枢纽布局，对原有规划进行调整修编；尚未编制物流业发展规划的城市，按照本规划要求结合实际尽快统筹编制相关规划。国家物流枢纽运营主体要完善统计制度，加强数据收集和分析，定期报送相关运营情况。国家发展改革委、交通运输部要会同有关部门加强统筹协调和工作指导，及时协调解决规划实施中存在的问题，重大问题及时向国务院报告。

国家发展改革委

交 通 运 输 部

2018 年 12 月 21 日

商务部办公厅 公安部办公厅 国家邮政局办公室 供销合作总社办公厅关于组织实施城乡高效 配送重点工程的通知

商办流通函〔2018〕115号

为深入贯彻落实党的十九大精神，进一步加快城乡配送体系建设，推动配送技术与模式创新，实现城乡配送高效发展，按照《商务部公安部交通运输部国家邮政局供销合作总社关于印发〈城乡高效配送专项行动计划（2017—2020年）〉的通知》（商流通函〔2017〕917号）（以下简称《行动计划》）要求，商务部、公安部、国家邮政局、供销合作总社决定联合组织开展重点工程。现将有关事项通知如下：

一、总体安排

各地按照《行动计划》任务要求，组织开展专项行动，确定一批工作基础好、有发展潜力、兼顾不同类型的城市进行试点探索，选择一批经营规模大、配送品类全、网点布局广、辐射功能强的骨干企业加强联系指导，围绕《行动计划》三大工程中的城乡配送网络建设工程和技术与模式创新工程，通过设施规划保障、政策引导支持、体制机制创新、重点项目推动，促进城乡配送资源整合与协同共享，推广现代物流技术应用和标准实施，推进城乡配送组织方式创新和集约化发展。

二、工作目标

到2020年，依托全国城乡高效配送城市、全国城乡配送骨干企业，初步建立高效集约、协同共享、融合开放、绿色环保的城乡高效配送体系。高效配送城市社会物流总成本占GDP的比例下降2个百分点，仓库利用率达到90%以上，共同配送率达到50%以上，绿色仓库与新能源车辆比例达到30%以上。形成一批可复制可推广的城乡高效配送经验模式。

三、重点工作

（一）城乡配送网络建设工程

1. 完善三级配送网络。加快构建以综合物流中心（各类物流园区）、公共配送

（分拨）中心、末端配送网点为支撑的城市配送网络。建立健全以县域物流配送中心、乡镇配送节点和村级末端公共服务站点为支撑的农村配送网络，补齐农村物流和农产品物流短板。加强地区之间、城乡之间网络衔接，促进城乡双向流通。

2. 推动网络共享共用。发挥城乡配送骨干企业优势，建立与上下游企业协同联动的合作机制，整合利用商贸、交通、邮政、快递、供销等系统资源，综合利用商业、仓储、邮政、快递、社区服务等各类设施，重点发展共享共用的配送中心、末端综合服务网点和自助提货设施。

（二）技术与模式创新工程

1. 加强技术标准应用。推广物联网感知技术，推进大数据、云计算和人工智能技术应用，发展智慧物流、共享物流、智慧供应链。支持冷链设施设备投入，发展多温层共同配送。加强绿色仓库建设，推广新能源车辆，推动包装减量化、绿色化和循环利用。加快周转箱、托盘（笼）等物流标准载具应用，支持托盘、周转箱等循环共用网点建设，发展单元化物流。

2. 推动配送模式创新。强化城乡配送平台功能整合，引导配送需求服务外包，统筹配送供给资源，发展共同配送、统一配送、集中配送、夜间配送、分时段配送等多种形式的集约化配送。推动物流配送社会化，培育专业化第三方物流企业，扩大配送规模，完善配送网点，提高仓库利用率、车辆满载率和快递末端服务能力。强化物流配送与供应链融合发展，推动商品采购、分销、零售、库存、配送、包装等环节协同联动。

四、工作要求

（一）加强组织领导

各地要强化城乡配送工作的主体意识，将城乡配送作为支撑消费、保障流通、服务生产的基础性工作，加强对重点工程的组织领导。在政府统一领导下，建立由商务部门牵头、相关部门参与的工作机制，明确责任分工，加强部门合作和资源共享，做好综合协调、检查指导和绩效评估，推进重点工程建设取得实效。

（二）加强政策保障

各地要完善物流用地政策，科学编制仓储设施和末端配送网点规划，将智能快件箱、快递末端综合服务场所纳入公共服务设施相关规划。合理规划建设商业、物流等自助设施，合理设置配送车辆停靠、装卸等配套设施，合理规划大型商业设施周边通行路线。优化配送车辆通行管理，加强运输配送环节安全管理。

（三）加强试点探索

各地要尽快选择若干城市开展试点探索，指导试点城市结合城市产业结构、流通业发展实际、消费需求以及现有仓储配送设施、企业现状、组织方式等，组织物流配送调查，分析城乡配送需求，找准物流配送短板，结合实际编制试点实施方案。建立重点企业联系制度，按照全国城乡配送骨干企业要求加强联系指导。试点城市实施方案、骨干企业培育指导方案于2018年5月底前报送商务部流通业发展司备案。

（四）加强评估总结

各地要加强重点工程实施情况的考核评估，建立城乡配送统计监测体系，推动重点工程取得可量化可考核的成果，形成可复制可推广的经验。试点城市重点在网络体系建设、资源整合利用、设施共享共用、政策体制机制改革等方面进行总结。骨干企业重点在完善网点、共享资源、应用技术、创新模式等方面进行总结。各地重点工程实施情况、试点城市与骨干企业经验模式，于每年11月底前报商务部流通业发展司。

商务部将会同有关部门，加强对重点工程实施的工作指导、业务培训和监督检查，结合实地调研对各地重点工程实施情况开展年度评估，并进行情况通报。及时总结成熟经验模式，在全国范围进行复制推广。有关行业协会要发挥自身优势，主动参与重点工程实施工作，协助开展行业分析、政策研究、方案编制与企业咨询，共同推进城乡配送体系建设。

2018 年江西省物流业主要政策清单

序号	文件名称	发文机关	文号	发文日期
1	江西省人民政府办公厅关于进一步推进物流降本增效促进实体经济发展的实施意见	江西省人民政府办公厅	赣府厅发〔2018〕3 号	2018 年 1 月 16 日
2	江西省城乡高效配送专项行动计划实施方案	江西省商务厅、江西省公安厅、江西省交通运输厅、江西省邮政管理局、江西省供销合作社	赣商务服务业字〔2018〕31 号	2018 年 4 月 20 日
3	关于组织申报国家供应链创新与应用试点城市和试点企业的通知	江西省商务厅、江西省工业和信息化委员会、江西省环境保护厅、江西省农业厅、中国人民银行南昌中心支行、江西省质量技术监督局、中国银行保险监督管理委员会江西监管局、江西省物流与采购联合会	赣商务建设字〔2018〕69 号	2018 年 4 月 27 日
4	江西省交通运输厅 江西省公安厅 江西省质量技术监督局关于加快推进道路货运车辆检验检测改革工作的实施意见	江西省交通运输厅、江西省公安厅、江西省质量技术监督局	赣交运输字〔2018〕19 号	2018 年 4 月 27 日
5	关于印发《促进道路货运行业健康稳定发展实施方案（2017—2020 年)》的通知	江西省交通运输厅、江西省发展和改革委员会、江西省教育厅、江西省工业和信息化委员会、江西省公安厅、江西省财政厅、江西省人力资源和社会保障厅、国家税务总局江西省税务局、江西省质量技术监督局、中国银行保险监督管理委员会江西监管局、江西省委省政府信访局、中共江西省委维护稳定工作领导小组办公室、中共江西省委网络安全和信息化领导小组办公室、江西省总工会	赣交运输字〔2018〕20 号	2018 年 4 月 28 日

序号	文件名称	发文机关	文号	发文日期
6	江西省人民政府办公厅关于推进电子商务与快递物流协同发展的实施意见	江西省人民政府办公厅	赣府厅发〔2018〕29号	2018年9月15日
7	江西省人民政府办公厅关于依托南昌昌北国际机场建设区域性智慧空港物流中心的实施意见	江西省人民政府办公厅	赣府厅发〔2018〕35号	2018年10月24日
8	江西省人民政府办公厅关于积极推进供应链创新与应用的实施意见	江西省人民政府办公厅	赣府厅发〔2018〕44号	2018年12月11日

江西省人民政府办公厅关于进一步推进物流降本增效促进实体经济发展的实施意见

赣府厅发〔2018〕3号

各市、县（区）人民政府，省政府各部门：

为贯彻落实《国务院办公厅关于进一步推进物流降本增效促进实体经济发展的意见》（国办发〔2017〕73号），深入推进我省物流降本增效，提升物流业发展水平，更好地服务于实体经济发展，经省政府同意，现提出如下实施意见。

一、深化"放管服"改革

（一）优化道路运输通行管理。完成与国家跨省大件运输并联许可联网，实现跨省大件运输并联审批。落实城市配送车辆"统一管理、统一标识、统一制度"规定，完善城市配送车辆停靠措施，对符合条件的城市配送车辆提供通行便利。落实进一步规范限量瓶装氮气等气体道路运输管理要求，优化低危气体道路运输管理，促进安全便利运输。（省交通运输厅、省公安厅、省商务厅负责）

（二）深入开展公路超限治理。推进联合治超，优化公路超限运输行政许可办理流程。明确治超现场责任分工，公安交通管理部门负责指挥引导车辆至超限检测站接受检测；公路管理机构负责称重，对经检测认定超限超载的车辆，由公路管理机构监督消除违法行为；公安交通管理部门依据公路管理机构开具的称重和卸载单，依法进行处罚、记分。强化治超宣传，营造治超良好社会氛围。加强治超工作检查督导，对工作不力、问题突出的地区和单位，进行约谈、通报，责令限期整改。（省交通运输厅、省公安厅，各设区市政府负责）

（三）完善道路车辆检验检测制度。加快推进年审结果签注网上办理和网上查询，继续实行省内普货运输车辆异地年审，落实货运车辆年检（安全技术校验）和年审（综合性能检测）合并政策。（省交通运输厅、省公安厅、省质量技术监督局负责）

（四）简化快递企业有关手续办理。进一步简化快递企业住所和经营场所登记条件，实行"一址多照""一照多址"和集群登记。鼓励快递企业进行网上名称申报、网上注册登记、网上填报年报及信息公示等。（省工商局、省邮政管理局，各设区市政府负责）

（五）深化货运通关改革。全面落实全国通关和检验检疫一体化要求，将货物通关时间压缩三分之一以上。推进国际贸易"单一窗口"标准版的推广应用。积极推进南昌铁路口岸建设和口岸查验区验收。推动南昌、赣州、上饶集并全省货源开行中欧班列（江西—欧洲），实现常态化运行。加快建设九江江海直达区域性航运中心，推动九江港口岸扩大开放。大力发展航空物流，加快国际快件中心和国际邮件互换局（交换站）建设。（省商务厅、南昌海关、江西出入境检验检疫局、中国铁路南昌局集团有限公司、省发改委，各设区市政府负责）

二、加大降税清费力度

（六）严格落实物流领域税收政策。进一步消除重复征税，扩大交通运输业的进项税抵扣范围。推行交通运输业小规模纳税人异地代开增值税专用发票，降低物流企业税收负担。对接国家高速公路联网收费系统和税务系统，依托平台开具高速公路通行费增值税电子发票（开具财政票据的政府还贷高速公路除外）。全面落实物流企业大宗商品仓储设施用地城镇土地使用税减半征收优惠政策，对物流企业自有大宗商品仓储设施用地减按所属土地等级适用税额标准的50%计征城镇土地使用税。（省国税局、省地税局、省交通运输厅负责）

（七）开展分时段差异化收费试点。选择交通量分时段和分路段差异明显、交通量未达到设计通行能力、区域路网整体运行效率不高等类型高速公路，开展差异化收费试点。进一步优化高速公路交通流量分配，降低物流企业成本。（省交通运输厅、省国资委负责）

（八）加强物流领域收费清理。开展物流领域乱收费专项检查，严格规范物流领域收费行为。鼓励港口、铁路、航空等企业整合作业环节，清理和简化收费项目，降低收费标准，落实明码标价制度，实行进出口环节收费目录清单制。扩大我省免除查验没有问题外贸企业吊装、移位、仓储费用试点范围。落实道路运输车辆技术管理规定，严肃查处收取营运车辆二级维护强制性检测费行为。（省发改委、省交通运输厅、中国铁路南昌局集团有限公司、民航江西监管局、南昌海关、江西出入境检验检疫局负责）

三、夯实物流基础支撑

（九）统筹推进物流枢纽布局建设。实施全省交通物流融合发展规划，布局和完善一批具有多式联运功能、支撑保障区域和产业经济发展的综合物流枢纽，并在规划和用地上给予重点保障。加强铁路、公路、水运、民航、邮政等基础设施建设衔接，完善重点交通枢纽和大型综合性物流园区的集疏运系统。深入推进全省铁路物流基地建设，保障重点项目建设用地，缩短审批时间，减免有关办理费用。加快建设南昌龙头岗综合枢纽物流园、九江港彭泽港区红光作业区综合枢纽物流园、赣州传化南北公路港和中国柑橘产业物流园等综合货运枢纽（物流园区）。（省发改委、省交通运输厅、省国土资源厅、省住房城乡建设厅、省邮政管理局、中国铁路南昌局集团有限公司、

民航江西监管局，各设区市政府负责）

（十）完善城乡物流配送网络。推动建立江西农村物流联盟，引导物流企业、电商企业、邮政企业、快递企业、供销合作社开展深度合作。加快县级仓储配送中心、农村物流快递公共取送点建设。支持农产品冷链物流设施和农产品批发市场建设，促进工业品下乡和农产品进城的双向流通。构建物流园区、配送中心、末端网点城市配送体系，重点建设一批城市配送中心和末端配送设施项目。（省商务厅、省发改委、省邮政管理局、省供销社、省交通运输厅负责）

（十一）大力发展多式联运。大力推广集装箱多式联运，积极发展厢式半挂车多式联运，有序发展驮背运输。深入推进多式联运试点工作，建设一批多式联运示范工程。采取政府和社会资本合作（PPP）模式规划建设一批多式联运物流基础设施项目，并及时向社会公开推介，项目落地后优先列入省重点工程。（省交通运输厅、省工信委、省发改委、省邮政管理局、中国铁路南昌局集团有限公司负责）

四、提高物流运行效率

（十二）发展现代物流新业态新模式。积极培育冷链物流、快递物流、电商物流、跨境物流、物流金融等新型业态，促进现代供应链创新和应用。深入推进无车承运人试点，培育若干骨干龙头企业。推动智慧物流发展，探索利用互联网、物联网等技术建设新一代物流基础设施，实现物流园区、配送中心、货运站等物流节点设施的数字化和智能化。加大我省国家公路甩挂运输试点工作力度，引导传统货运企业发展甩挂运输业务，提升货物运输效率。（省发改委、省交通运输厅、省工信委、省商务厅负责）

（十三）加强物流数据开放共享。支持省级物流公共信息平台、省交通运输物流公共信息平台推进公路、铁路、水运、民航、邮政、公安、工商、商务、海关、检验检疫、质检等非涉密物流信息整合共享，逐步完善市县物流公共信息平台，发展冷链物流等细分领域省级专业信息平台。加强物流业网络安全保障工作。（省发改委、省交通运输厅、中国铁路南昌局集团有限公司、省邮政管理局、省公安厅、省工商局、省商务厅、南昌海关、江西出入境检验检疫局、省质量技术监督局负责）

（十四）提升制造业物流管理水平。推广现代物流技术和理念，优化生产流程设计，实现采购、生产、销售和物资回收一体化运作。推动制造企业创新组织管理方式，推广作业成本法，实现企业物流成本的独立核算，引导企业整合不同环节的物流组织，实现一体化管理。鼓励大型生产制造企业将自营物流面向社会提供公共物流服务，提高物流管理水平。（省工信委、省发改委、省国资委负责）

（十五）推动物流先进技术和装备应用。结合我省智能制造试点示范项目，鼓励物流机器人、自动分拣设备等智能物流装备的研发和应用。建立健全制造业物流数据采集、管理、开放、应用等标准规范，提高物流活动数据化程度。鼓励物流企业加大研

发投入、强化科技创新能力，扶持具备条件的物流企业申报高新技术企业。（省工信委、省发改委、省科技厅负责）

（十六）推进物流车辆标准化。加大不合规车辆运输车更新淘汰工作力度，鼓励企业购置使用标准化运输车辆，推广使用中置轴汽车列车、符合选型技术标准的厢式、封闭式货车等先进车型。大力引导冷链、危化品物流企业使用专用车辆，鼓励公路零担专线运输企业使用甩挂车。推动快递企业使用符合标准的非机动车。对运用新型节能环保与新能源车辆配送的邮政快递企业和物流企业，给予通行和临时停车便利。启动不合规平板半挂车等车型专项治理工作，有序推进车型替代和分批退出。（省交通运输厅、省工信委、省公安厅，各设区市政府负责）

（十七）推广智能仓储和标准托盘。推进省级智能仓储试点示范，力争省级智能化仓储试点示范企业达到 20 家以上，其中进入国家智能化仓储试点企业 3 家以上。对获得国家、省级智能仓储试点示范企业给予一定政策支持。支持有关企业、行业协会建立全省标准托盘、周转箱（筐）等"共享共用池"，通过租赁、转售、交换、售后异地回购等方式提高标准托盘、周转箱（筐）等使用效率。（省商务厅、省财政厅、省质量技术监督局负责）

五、完善物流发展政策

（十八）加强用地保障。统筹保障物流业发展的合理用地需求，鼓励通过"先租后让""租让结合"等多种方式向物流企业供应土地。对利用工业旧厂房、仓库和存量土地资源建设物流设施或提供物流服务的，涉及原划拨土地使用权转让或租赁的，经批准可采用协议方式办理土地有偿使用手续。对在国家级、省级示范物流园区、省级重点物流产业集群内注册的物流企业新增物流仓储用地予以优先保障。对生产性物流企业用地（具有物资批发、零售等市场交易功能的用地除外）按工业用地出让指导价，通过招拍挂方式出让。有关开发建设须符合法定规划要求，不得随意更改。（省国土资源厅、省住房城乡建设厅、省发改委、省商务厅负责）

（十九）强化金融扶持。鼓励银行业金融机构探索支持物流业发展的金融产品和融资服务方案。鼓励银行业金融机构与高速公路管理企业合作，推出有关电子支付产品，降低物流企业道路交通费用。支持符合条件的物流企业在境内外上市，在"新三板"和江西联合股权交易中心挂牌；鼓励物流企业通过发行公司债、企业债、债务融资工具等直接融资工具拓展融资渠道。（省政府金融办、人行南昌中心支行、江西银监局、江西证监局负责）

（二十）健全信用体系。进一步完善物流从业人员信用信息采集系统、查询系统和信息数据库，加快推进法人单位和从业人员信用记录入库。整合交通、运管、路政、工商、税务、银行、保险、司法等部门信用信息，依法依规惩戒失信物流市场主体和从业人员，构建守信联合激励和失信联合惩戒机制。（省发改委、人行南昌中心支行、省司法厅、省交通运输厅、省编办、省文明办、省公安厅、省财政厅、省人社厅、省国土资源厅、省国资委、南昌海关、江西出入境检验检疫局、省国税局、省地税局、省工商局、省质量技术监督局、江西银监局、江西证监局、江西保监局、中国铁路南昌局集团有限公司、民航江西监管局、省邮政管理局负责）

　　全省各地、各有关部门要充分认识物流降本增效对深化供给侧结构性改革、促进实体经济发展的重要意义，加强组织领导，明确任务分工，扎实推进工作。要充分发挥全省现代物流工作联席会议作用，加强工作指导和督促检查，确保各项政策措施落实到位。

2018 年 1 月 16 日

江西省人民政府办公厅关于推进电子商务
与快递物流协同发展的实施意见

赣府厅发〔2018〕29 号

各市、县（区）人民政府，省政府各部门：

为贯彻落实《国务院办公厅关于推进电子商务与快递物流协同发展的意见》（国办发〔2018〕1 号），着力解决我省电子商务与快递物流协同发展中存在的基础设施薄弱、服务水平不高、衔接不顺畅等问题，进一步提高我省电子商务与快递物流协同发展水平，经省政府同意，结合我省实际，提出如下实施意见。

一、创新协同发展政策

（一）深化"放管服"改革。持续优化许可审批服务流程，简化快递业务经营许可程序，改革快递企业年度报告制度，实施快递末端网点备案管理。加快推进"互联网＋行政审批"，实现许可备案全流程网上办理。强化事中事后监管，全面推行"双随机、一公开"监管。（省邮政管理局负责）

（二）创新价格监管方式。推进电子商务平台逐步实现商品定价与快递服务定价相分离，让消费者自由选择快递服务，促进快递企业向消费者提供增值服务。（省发改委、省商务厅、省邮政管理局负责）

（三）明确末端公共属性。创新公共服务设施管理方法，将智能快件箱（智能信报箱）、快递末端综合服务场所明确为公共属性，为专业化、公共化、平台化、集约化的快递末端网点提供用地保障。（省住房城乡建设厅、省国土资源厅负责）

（四）推动数据共享。完善电子商务与快递物流数据保护、开放共享规则，建立数据中断等风险预警、提前通知和事先报告制度，引导电子商务与快递物流企业在保障消费者个人信息安全的前提下，开展数据交换、信息共享，共同提升配送效率。（省商务厅、省邮政管理局负责）

（五）开展协同共治。建立快递物流信用体系，及时发布失信和信用异常名单，对接"信用江西"等平台，充分发挥信用联合激励和联合惩戒工作机制，强化信用约束。（省邮政管理局负责）发挥行业协会自律作用，推动电子商务、快递物流等行业协会出台行业自律公约。强化企业主体责任，鼓励签署自律承诺书。（省商务厅、省邮政管理局负责）

二、加强快递物流基础设施建设

（六）保障基础设施建设用地。落实现有相关用地政策，保障电子商务、快递物流项目用地。各地将快递物流相关仓储、分拨、配送等设施用地纳入当地城市总体规划、控制性详细规划。（省住房城乡建设厅负责）新建智能快件箱、快递末端网点用地依据规划需单独办理供地手续的，按城市规划确定的用途依法办理。在不改变用地主体、规划条件的前提下，利用存量房产和土地资源建设电子商务快递物流项目的，可在5年内保持土地原用途和权利类型不变，5年期满后需办理相关用地手续的，可采取协议方式办理。（省国土资源厅、各设区市政府负责）

（七）加强基础设施网络建设。统筹推进物流枢纽布局建设，实施全省交通物流融合发展规划，完善优化快递物流网络布局，构建铁路、公路、航空、水运、邮政、供销等基础设施与快递物流相互衔接的网络体系。加强省级快件集散中心、市级分拣中心、县级物流配送中心及农村物流快递公共取送点等网络节点建设，形成层级合理、规模适当、需求匹配的电子商务快递物流网络体系。（省发改委、省商务厅、省交通运输厅、省邮政管理局、省供销社、中国铁路南昌局集团有限公司、省机场集团公司负责）

（八）构建城乡高效配送网络。实施城乡高效配送工程，开展城乡高效配送试点，培育一批城乡高效配送骨干企业，构建物流园区、城市物流中心、县级物流配送中心、乡镇配送节点、村级公共服务点及末端网点的城乡高效配送网络，促进快递、供销、商超、便利店、物业、社区等末端资源有效组织和统筹利用。（省商务厅、省交通运输厅、省邮政管理局、省供销社负责）

三、推动配送车辆规范运营和便利通行

（九）规范快递服务车辆运营管理。各地要对快递物流服务车辆实施"一车一证一牌一号"和标识管理。加强对快递物流服务车辆驾驶人交通安全教育。支持快递物流企业为快递物流服务车辆统一购买交通意外险。规范快递物流服务车辆管理，引导企业使用符合标准的车辆，推动快递物流服务车辆标准化、厢式化。（省邮政管理局、省交通运输厅、省工信委、省公安厅，各设区市政府负责）

（十）便利快递物流服务车辆通行。引导快递物流企业使用排放达标的配送车辆，鼓励使用新能源车辆。对快递物流服务车辆统一发放"绿色通行证"，允许其按照限定的时段、区域，在城市道路通行，并在城市主城区通行、停靠、充电、作业及事故处理等方面给予便利。加快建设商业区、居住区、高等院校的快递服务车辆停靠、装卸、充电等设施，推广分时停车、错时停车。各设区市结合本地实际，于2018年年底前制定城市配送车辆通行管理办法。（省公安厅、省交通运输厅、省邮政管理局，各设区市政府负责）

四、提升快递末端服务能力

（十一）建设末端智能投递设施。将推广智能快件箱纳入便民服务、民生工程等项目，加快在社区、高等院校、商务中心、机关事业单位、地铁站周边等末端节点布设智能快件箱。支持传统信报箱改造，推动邮政普遍服务与快递服务一体化、智能化。推动快递物流企业开展投递服务合作，建设快递末端综合服务场所，开展联收联投。（省邮政管理局，各设区市政府负责）

（十二）提升末端配送效率。鼓励快递物流企业、电子商务企业与连锁商业机构、便利店、物业服务企业、高等院校、供销合作社等开展合作，提供集约化配送、网订店取、集中收取等服务。鼓励快递物流企业运用无人机、机器人对末端网点进行集约配送。引导快递物流企业广泛应用与 1200mm×1000mm 标准托盘相匹配的可拆卸快递货箱，使用可循环的 600mm×400mm 模数系列周转箱等单元化物流器具，优化末端配送模式，提升末端配送效率。（省商务厅、省邮政管理局、省质量技术监督局负责）

五、提高协同运行效率

（十三）提高科技应用水平。鼓励快递物流企业采用先进适用技术和装备，提升快递物流装备自动化、标准化、专业化水平。加强位置服务、物联网、大数据等现代信息技术和装备应用，推进库存前置、智能分仓、科学配载、线路优化等，努力实现信息协同化、服务智能化。推动电子商务与快递物流各环节数据接口标准建设，推进设施设备、作业流程、信息交换一体化。在省级快递业务平台基础上建立省级电子商务与快递物流协同信息服务平台，实现政府各职能部门审批许可、政策信息、行业统计、信用信息、监管执法等信息共享。（省发改委、省工信委、省邮政管理局负责）

（十四）推进园区建设转型升级。推动电子商务园区与快递物流园区融合发展，形成产业聚集效应。引导传统物流园区适应电子商务和快递业发展需求转型升级，提升仓储、运输、配送、信息等综合管理和服务水平。鼓励电子商务与快递物流企业入驻国家级、省级电子商务示范基地（园区）、物流园区、口岸作业区和大型商品批发市场。支持符合条件的电子商务物流园区申报省级现代服务业集聚区和重点商贸物流园区（中心）。（省发改委、省商务厅、省邮政管理局负责）

（十五）促进供应链协同。引导仓储、快递、第三方技术服务企业发展智能仓储，延伸服务链条，优化电子商务企业供应链管理。引导社会资源参与电子商务与快递物流网络体系建设，发展仓配一体化服务，推动快递物流企业实现共同配送，促进商流、物流、信息流、资金流等无缝衔接和高效流动，提高电子商务企业与快递物流企业供应链协同效率。（省商务厅、省发改委负责）

六、推进快递物流绿色发展

（十六）提高绿色包装使用率。贯彻实施电子商务绿色包装、减量包装国家或行业标准，引导电商企业和快递物流企业推广应用绿色包装技术和材料，推进快递物流包装物减量化。鼓励快递物流企业推广应用可循环利用的快递包装箱、袋等绿色包装，宣传推广绿色包装典型案例。探索包装回收和循环利用，建立包装生产者、使用者和消费者等多方协同回收利用体系。落实快递包装生产企业责任延伸制度。（省邮政管理局、省发改委、省环保厅、省商务厅、省质量技术监督局负责）

（十七）促进资源集约利用。鼓励电子商务企业与快递物流企业开展供应链绿色流程再造，创新包装设计，推广可重复利用的包装新产品，降低企业成本。推动运输、投递过程节能减排，引导企业整合配送资源，推进共同配送、带托运输、甩挂运输等先进组织模式在快递物流中的应用。（省邮政管理局、省发改委、省工信委、省环保厅负责）

（十八）发展绿色运输与配送。调整运输结构，实施大宗物资运输"公转铁"，逐步提高铁路等清洁运输方式在快递物流领域的应用比例。积极发展高铁快递，开行电商快递班列和冷链班列。鼓励道路运输经营户和物流企业提升信息化水平，通过物流信息平台实现撮合交易、车货智能匹配，减少货运空载率，降低运营成本。在快递物流领域加快推广使用新能源汽车和满足更高排放标准的燃油汽车，逐步提高新能源汽车使用比例。（省交通运输厅、省商务厅、省发改委、省邮政管理局、中国铁路南昌局集团有限公司负责）

各地、各有关部门要充分认识推进电子商务与快递物流协同发展的重要意义，强化组织领导和统筹协调，明确任务分工，细化工作举措，加大政策支持力度，抓好工作落实。牵头责任单位要加强与相关单位配合，及时协调解决工作中遇到的问题，确保各项工作稳妥推进。省商务厅、省邮政管理局要会同有关部门加强工作指导和监督检查，确保各项措施落实到位。

2018 年 9 月 15 日

江西省人民政府办公厅关于依托南昌昌北国际机场建设区域性智慧空港物流中心的实施意见

赣府厅发〔2018〕35 号

各市、县（区）人民政府，省政府各部门：

为深度融入"一带一路"建设、推动长江经济带发展，发挥航空物流的集聚辐射功能，实现江西"航空梦"，加快建设南昌市"一带一路"节点城市和赣江新区内陆地区重要开放高地，进一步提升我省在全国区域发展格局中的战略地位，经省政府同意，现就依托南昌昌北国际机场建设区域性智慧空港物流中心，提出如下实施意见。

一、总体要求

（一）指导思想。以习近平新时代中国特色社会主义思想为指导，深入贯彻党的十九大精神，从更高层次贯彻落实习近平总书记对江西工作的重要要求，按照省委"创新引领、改革攻坚、开放提升、绿色崛起、担当实干、兴赣富民"工作方针，依托南昌昌北国际机场建设区域性智慧空港物流中心，着力推进航空陆地运输无缝对接、多式联运与物流一体化发展，着力构建面向国际国内航空物流智慧服务体系，着力围绕供应链延伸产业链，促进临空产业集聚发展，为全省开放型经济高质量、跨越式发展提供强力支撑。

（二）总体定位。加快建设连接全国主要城市和世界重要枢纽机场的航空货运中心，构建完善航空、公路、铁路、水运等多式联运体系，大幅提高航空运输物流和智慧服务能力，大力完善航空口岸功能，积极融入全球产业链、供应链、物流链，打造中部地区重要空港物流中心、长江经济带重要航空枢纽、"一带一路"重要航空货运基地和智慧空港，为发展大物流、培育大产业、建设大都市奠定坚实基础。

（三）工作目标。力争到 2020 年，南昌昌北国际机场货邮吞吐量达 20 万吨，航空枢纽功能大幅提升，综合交通运输体系和航空物流通道加快构建，航空口岸功能和智慧物流服务能力建设迈出实质性步伐；到 2025 年，货邮吞吐量达 100 万吨，航空枢纽地位显著增强，综合交通运输体系和国际国内干线物流通道基本建成，培育若干航空公司区域营运总部和有竞争力的航空物流集成商，口岸开放门户功能和智慧物流服务体系逐步完善；到 2030 年，货邮吞吐量达 150 万吨，面向国际的智慧空港物流中心基本成型，有效带动全省开放型经济高质量、跨越式发展。

二、主要任务

（四）强化空港物流规划统筹。加快推进南昌昌北国际机场总体规划修编，加强货运区规划布局，提前启动机场货运重点项目建设。按照《国家口岸查验基础设施建设标准》，建设南昌航空口岸。（省机场集团公司牵头负责，省发改委、省交通运输厅、省商务厅、民航江西监管局、南昌海关、省公安边防总队等配合）统筹南昌市、赣江新区与南昌昌北国际机场物流规划，严格控制机场第三跑道以东空侧毗邻区用地，预留用于机场二期货运区和通关物流中心建设。编制发布赣江新区总体规划和临空组团二期控制性详细规划，推进空港商务和商贸服务、航空运输和物流服务、航空维修制造和服务等功能区建设，完善城市基础设施和公共服务设施，加强生态建设和环境保护。赣江新区对空港物流中心实行"统一规划、统一开发、统一管理、统一出让、统一收益"，空港物流中心规划区域范围内产生的税收、土地收益等专项用于该区域的开发建设。（赣江新区管委会牵头负责，南昌市人民政府、省国土资源厅、省住房城乡建设厅、省发改委、省商务厅、省机场集团公司等配合）

（五）加快机场枢纽建设。按照现代大型客货运枢纽机场的标准和要求，加快启动南昌昌北国际机场三期工程，新建货机坪、改扩建 T2 航站楼，高起点规划建设 T3 航站楼、机场货运区，新建第二条、第三条跑道，力争飞行区等级上升为 4F，满足 F 类大型飞机起降需要。加快实施 T1 航站楼改造工程，2019 年上半年通过验收并投入使用。（省机场集团公司、省发改委牵头负责，南昌市人民政府、赣江新区管委会、省国土资源厅、省住房城乡建设厅、省交通运输厅、省商务厅、民航江西监管局、民航江西空管分局等配合）争取军方支持审批同意机场跑道进离场分离，提升跑道运行效率。（省委军民融合办、省发改委、省机场集团公司负责）加强货站、堆场、仓储、口岸联检等基础设施建设，提高作业机械化、信息化、智能化和货运安保水平。创新机场运行管理模式，完善航班时刻管理，优化机场货运流程，提升运营管理服务水平和保障能力。进一步挖掘机场商务价值，扩大机场经营性业务的特许经营范围。（省机场集团公司牵头负责，南昌海关、民航江西监管局、民航江西空管分局等配合）加强货邮保障能力建设，布局完善国内、国际货站等航空货运设施，适应保税仓储、出口拼装、进出境快件等物流需要。结合冷链货物、鲜活水产品等运输特点，建设常态化、规范化的快速通关绿色通道。（省机场集团公司牵头负责，省商务厅、南昌海关、省邮政管理局、民航江西监管局等配合）着力提高航空安全水平，严格落实安全生产责任制，完善航空安保体制机制。（南昌市人民政府、赣江新区管委会、省公安厅、民航江西监管局、民航江西空管分局、省机场集团公司等按职责分工负责）

（六）拓展优化航线网络。建立和完善枢纽网络、国际航线、国内干线相互支撑和协调发展的运输网络体系，逐步形成南昌与国内主要城市、东亚、东南亚"3～4小时航空交通圈"，与全球主要城市"12 小时航空交通圈"。推进国内直达航线建设，加密南昌至国内枢纽机场、干线机场航班，巩固赣台、赣港航线。拓展国际航线，充分开发利用第五、第六航权，争取增加南昌与国外城市之间的第三、第四航权，鼓励更多国内航空公司新开通南昌始发的国际航班、更多国际航空公司增加至南昌的中远程航班。引导航空货运企业加入国际航空货运联盟，扩展国际货运网络。积极开辟全货运航线，支持新开国际国内定期、包机货运航线。（南昌市人民政府牵头负责，省商务厅、省发改委、民航江西监管局、民航江西空管分局、省机场集团公司等配合）

（七）深化航空运输区域协作。开展与周边物流枢纽和节点的合作，重点加强与珠三角机场群、长三角机场群、闽东南机场群、京津冀机场群的对接协作。发展卡车航班，建设区域性卡车转运中心，构建辐射周边大中型城市的卡车航班网络，提升货物集拼、转运功能。鼓励货运航空公司与铁路、公路、水运和物流企业开展各种形式的合作，完善地面物流网络，促进航空货运企业由单一货运向综合运输转型。（省机场集团公司、省交通运输厅按职责分工负责，省商务厅、中国铁路南昌局集团有限公司配合）

（八）推进建设智慧港区。坚持港产城融合发展，高标准规划建设智慧化航空港区。统筹建设新一代信息基础设施，加强互联网、物联网、云计算、大数据、新一代移动通信等先进信息技术在空港物流领域的应用。争取中国民用航空局支持，率先实施中性电子运单工程。建设航空公司、机场货站、联检单位、各类服务商集成的空港智慧物流公共信息平台，推进多式联运数据共享和交易服务，开展智慧空港物流大数据应用。推广应用监管作业场所物流信息管理系统，全面实现电子运抵、电子放行，通过自动报文方式申报运输工具及舱单信息。推进航空货运标准化建设和绿色发展，加强移动物联网、5G通信、北斗导航等信息基础设施建设，加大对智慧物流车、机器人、物联网、人工智能等新技术新装备的推广应用，支持物流企业利用通用航空器、无人机等提供航空物流解决方案。（省机场集团公司、省工信委、省通信管理局、省科技厅按职责分工负责，省发改委、省商务厅、民航江西监管局、民航江西空管分局等配合）

（九）完善集疏运体系。统筹空港、水港、陆港集疏运规划，加快建设综合交通运输和物流服务体系，扩大集疏腹地范围，构建物流集疏圈。加快将高速铁路、城市轨道交通、高等级公路、快速路等交通运输方式引入机场，推进城市轨道机场快线（南昌西站至南昌昌北国际机场）、地铁1号线北延建设。规划建设赣江新区综合交通枢纽和高铁快运物流基地，配套建设至交通枢纽、物流基地和南昌综合保税区的快速通道（专用线）。加快完善机场周边主干路网和港区道路网络，连通机场北货运区与昌九大道，规划建设环机场快速路网，提前实施航空客货分离专用通道工程，提升客货集散速度。（南昌市人民政府、赣江新区管委会牵头负责，省发改委、省国土资源厅、省住房城乡建设厅、省交通运输厅、省商务厅、省机场集团公司等配合）

（十）大力发展多式联运。发展空路联运、空海联运、空铁联运、空空联运等多种联运方式，着力培育多式联运市场主体，率先推行物流全程"一单制"，形成航空、公路、铁路、水运高效衔接、互动发展的联运格局。加快建设昌北（乐化）一级铁路物流基地，推动开行中欧班列。推进空铁联运物流合作，将高铁物流引入机场货运区。提升龙头岗码头多式联运功能，推进二期工程，建设现代化综合性物流港区。推动南昌综合保税区和空港、水港、陆港联动建设，建设水陆空多式联运新平台和国际多式联运中心。（南昌市人民政府、赣江新区管委会牵头负责，省发改委、省交通运输厅、省工信委、省商务厅、中国铁路南昌局集团有限公司、省机场集团公司等配合）

（十一）加强物流园区建设。统筹规划布局物流产业园，强化物流园区与机场、铁路货场、公路货站和港口码头的便利化衔接，科学规划建设海关监管作业场所、国际邮（快）件监管中心、跨境电商、保税展示、多式联运、通关服务和仓储配送等设施。加快建设昌北铁路物流园、南昌恒宾快递物流产业园、丰树综合物流基地、深国际南昌综合物流港等重点物流园区，规划建设航空物流园及大型物流企业中央集配区。（南昌市人民政府、赣江新区管委会牵头负责，省发改委、省商务厅、省交通运输厅、中国铁路南昌局集团有限公司、省机场集团公司等配合）鼓励货运航空公司、航空物流企业主动对接军事需求，开展军事物流业务，探索构建"军民融合"快速物流保障体系。（省委军民融合办、省机场集团公司牵头负责，省发改委、省商务厅等配合）加大物流仓储用房及配套设施建设，打造临空型产业物流仓储配送中心和物流集散中心。（南昌市人民政府、赣江新区管委会牵头负责，省商务厅、省机场集团公司等配合）

（十二）做大航空运输物流业。大力招引航空公司驻场和基地航空公司，加快引进大型快递龙头企业、航空货运公司、航空商务服务企业和航空物流集成商。充分利用航班腹舱资源、提高载货率，鼓励航空公司和国内外货代企业在南昌昌北国际机场发运货物、集并货源。引导"无机承运人"及货代企业入驻发展货代业务，培育货代产业集群。支持航空公司引进全货机，满足航空货运量较大企业的物流需求。推动顺丰、邮政航空将南昌作为全货运航线中转基地，加大运力和运营投入。发展综合保税物流、国际中转物流，支持境外航空公司、货代企业以南昌昌北国际机场为基地发展国际中转业务。培育发展冷链物流、快递物流、电商物流、跨境物流、物流金融等物流新业态新模式，推进现代供应链创新与应用。（南昌市人民政府、赣江新区管委会、省商务厅、省机场集团公司按职责分工负责）

（十三）发展临空产业集群。深入实施《南昌临空经济区发展规划》，引导临空型及关联产业集中向赣江新区临空组团布局，拓展临空产业链，构建现代临空产业体系。（赣江新区管委会负责）大力发展光电信息、生物医药、新能源、新材料、智能制造等临空高新技术产业和研发设计、文化创意、服务外包、航空旅游、航空金融、航空商务等现代服务业。（南昌市人民政府、赣江新区管委会牵头负责，省发改委、省工信委、省文化厅、省商务厅、省旅发委、省政府金融办等配合）引导总部经济企业落户，吸引一批世界500强、中国500强、中央直管企业设立核心营运机构或分支机构入驻，积极培育本土总部企业。合理规划、错位发展航空货运品类，鼓励建设大宗货运品类集散中心，引导货运品类就地产业化。优先引入引领航空货运发展的重大产业和供应链项目，发展航空维修、飞机拆解、商贸流通等产业链配套项目。（南昌市人民政府、赣江新区管委会牵头负责，省商务厅、省机场集团公司等配合）

（十四）培育本土航空企业。依托省属大型国有企业，组建江西省航空货运平台公司。推动成立江西货运航空企业，引进各类资本合作建设南昌航空货运基地。（省国资委、省发改委牵头负责，省铁路投资集团公司等配合）支持江西航空加快拓展航线网络，逐步实现国内主要城市全覆盖，采取增资扩股、融资租赁等多种方式扩大机队规模，力争到 2030 年飞机架数达到 50 架以上，其中全货运机达到 5 架以上。（省铁路投资集团公司牵头负责，省商务厅、省机场集团公司等配合）培育覆盖全国乃至全球的江西物流龙头企业，拓展航空货运上下游市场。鼓励我省企业通过控股或参股的方式引进境内外全货运航空公司和大型航空物流集成商。（省商务厅牵头负责，省发改委、省政府金融办、省机场集团公司等配合）

（十五）大力完善航空口岸功能。依托南昌航空口岸积极申建冰鲜水产品、食用水生动物、水果、种子苗木、肉类、药品等进境指定口岸，力争 2018 年年底获批 1～2 项，2019 年年底建成并投入使用 1～2 项，2020 年年底前再获批 2～3 项。（南昌市人民政府牵头负责，赣江新区管委会、省商务厅、省食品药品监管局、南昌海关、省机场集团公司等配合）加快推进南昌国际邮（快）件监管中心建设，力争 2018 年年底获批并建成投入使用。（南昌市人民政府牵头负责，省商务厅、南昌海关、省邮政管理局、赣江新区管委会、省出版集团公司、省邮政公司、省机场集团公司等配合）在一般贸易、加工贸易等传统外贸模式基础上，开拓跨境电子商务新模式，基于江西电子口岸开发运行跨境电子商务监管信息系统，公共服务系统、综合服务信息系统、第三方交易信息系统等，建设跨境网购物品集散分拨中心。（南昌市人民政府、省商务厅牵头负责，赣江新区管委会、南昌海关、省邮政管理局、省机场集团公司等配合）积极争取打造中国民用航空局全国性交易平台江西航空供应链交易中心，探索打造临空经济区进出口贸易电子商务集中（结算）平台。（南昌市人民政府、赣江新区管委会牵头负责，省财政厅、省商务厅、省税务局、南昌海关、民航江西监管局、省机场集团公司等配合）加强口岸基础设施建设，改善国际旅检现场环境，开展"先期机检"模式，现有海关监管作业场所增加车辆进出卡口功能，建设机场一级库与二级库。强化口岸运营方主体责任，提高非侵入式查验比例，加大检疫查验、检疫隔离、检疫处理、病媒生物控制、核与辐射、生物、化学等有害因子监测、远程视频监控等设施设备投入，全面提高监控和抵御口岸公共卫生风险的能力。（南昌市人民政府、赣江新区管委会牵头负责，省机场集团公司、省商务厅、南昌海关、省公安边防总队等配合）

（十六）创新通关体制机制。整合设置机场海关机构，推行适合发展国际航空货运的便捷高效通关服务举措，提高口岸物流作业效率，压缩口岸通关时间，打造航空通关服务高地。（南昌海关牵头负责，省商务厅、省公安边防总队、省机场集团公司等配合）在机场货运核心区建设"一体化通关中心"，推进海关、银行、报关报检企业入驻现场办公，配套建设口岸行政服务设施，满足一站式报关、国际货运代理办公等功能需求，力争2019年年底完成建设并投入使用。（南昌市人民政府、赣江新区管委会牵头负责，省机场集团公司、省商务厅、南昌海关、省公安边防总队等配合）推进口岸监管方式创新，通过属地管理、前置服务、后续核查等方式，将口岸通关现场非必要的执法作业前推后移。积极推行空中报关、预约通关。（南昌海关牵头负责，省商务厅、省公安边防总队、省机场集团公司等配合）全面复制推广自贸试验区改革试点经验，建设完善国际贸易"单一窗口"。（省商务厅牵头负责，省发改委、南昌海关、省机场集团公司等配合）

三、扶持政策

（十七）加大财政扶持力度。各级财政对南昌昌北国际机场航空货运发展予以支持，具体办法另行制定。（省财政厅、南昌市人民政府牵头负责，省发改委、省商务厅、省机场集团公司等配合）支持在省发展升级引导基金框架内设立空港物流中心建设基金。（省财政厅、南昌市人民政府牵头负责，赣江新区管委会、省机场集团公司等配合）南昌市、赣江新区要根据国家、省相关规定和投资优惠政策，制定支持空港物流中心建设的具体政策措施。（南昌市人民政府、赣江新区管委会分别负责）

（十八）强化金融政策支持。鼓励银行业金融机构针对空港物流中心建设制订专门的信贷支持策略和管理方案。支持引进社会化航空金融机构，扶持航空企业通过融资租赁等方式加快发展。进一步完善政府投融资平台建设，吸引民间资本以参股、控股、独资等方式参与空港物流基础设施建设，支持空港物流项目采取政府与社会资本合作（PPP）、债权融资等方式扩大融资渠道。（南昌市人民政府、赣江新区管委会牵头负责，省政府金融办、省发改委、省财政厅、省商务厅、人行南昌中心支行、江西银监局、江西证监局、江西保监局、省机场集团公司等配合）

（十九）落实建设用地保障。赣江新区临空组团内的航空物流、国际邮（快）件监管中心建设项目用地，减征地产交易服务收费，支持对航空物流、国际邮（快）件监管中心建设项目用地内基本农田依法依规进行调整；符合条件的重大项目优先纳入省重点建设项目，项目用地优先保障。对赣江新区临空组团内通信信息网络基础设施项目简化审批流程，依法优先办理规划建设许可、建设用地、环境影响评价与竣工验收、电力配套、进口设备免税等手续。（省国土资源厅牵头负责，赣江新区管委会、南昌市人民政府、省发改委、省财政厅、省通信管理局、省机场集团公司等配合）

（二十）加大产业政策支持。支持赣江新区临空组团（南昌临空经济区）申报国家临空经济示范区。（省发改委、赣江新区管委会牵头负责，省国土资源厅、省住房城乡建设厅、省机场集团公司等配合）支持引进航空运输量大的龙头企业，鼓励国内外大型物流快递企业建设区域总部、物流运营中心、快件处理中心、分拨中心、结算中心。（省商务厅牵头负责，南昌市人民政府、赣江新区管委会、省机场集团公司等配合）支持建设光电信息、生物医药、信息服务等国家高新技术特色产业基地，培育高新技术企业、创新型企业和节能减排科技示范企业。（省科技厅牵头负责，南昌市人民政府、赣江新区管委会、省发改委等配合）

（二十一）引进培养高层次人才。支持南昌市、赣江新区引进空港物流和航空服务高层次人才，加快开设引进培养高层次人才或特殊、急需、紧缺人才绿色通道。（省人社厅负责）支持基地航空公司、民航江西空管分局和南昌昌北国际机场引进飞行、管制、机务等紧缺专业人才，对个人所得税属可税前扣除的，按照国家规定的标准予以扣除。（省税务局牵头负责，省人社厅、民航江西空管分局、省机场集团公司等配合）鼓励开展与国际知名航空货运枢纽、物流行业组织和权威研究机构的交流合作，加强与国内知名航空科研院所、高校的战略合作。（省机场集团公司、省教育厅分别负责）依托南昌航空大学等省内重点高校，建设航空服务人才培训基地和航空物流领域行业智库。鼓励相关院校结合空港物流产业发展需求及时调整课程设置和教学计划，与企业开展订单式培养，大力发展职业教育。（省人社厅、省教育厅负责）充分发挥行业协会作用，加强航空物流人才培训，提供决策咨询、行业政策、规范标准、市场信息等服务。（省工信委、省商务厅、省机场集团公司负责）

（二十二）深化体制机制创新。支持南昌市整合航空、交通运输、铁路、邮政、商务等职能，统筹推进民航、公路、水运、铁路、邮政等基础设施建设和多式联运衔接，促进交通与物流融合发展。（南昌市人民政府牵头负责，赣江新区管委会、省编办、省发改委、省交通运输厅、省商务厅、省邮政管理局、民航江西监管局、中国铁路南昌局集团有限公司、省机场集团公司等配合）结合南昌昌北国际机场区域综合管理实际，支持机场与地方共同成立机场秩序管理委员会，开展城管、交警、治安、工商、税务、食品药品监管等联合执法，加强机场区域的公共秩序管理。（南昌市人民政府、赣江新区管委会牵头负责，省公安厅、省工商行政管理局、省食品药品监管局、省税务局、省机场集团公司等配合）支持南昌市、赣江新区、省机场集团公司联合社会资本按照现代企业制度合资组建空港物流中心开发运营公司。（南昌市人民政府、赣江新区管委会、省机场集团公司牵头负责，省商务厅、省国资委等配合）深化与首都机场集团公司的合作，加强对口岸联检单位的支持保障，合力推进空港物流发展。（省机场集团公司牵头负责，南昌市人民政府、赣江新区管委会、省商务厅配合）

四、保障措施

（二十三）明确工作机制。成立以常务副省长为组长，省政府分管商务工作的副省长为副组长，省政府分管副秘书长，南昌市人民政府、省机场集团公司、省发改委、省商务厅主要负责同志，赣江新区管委会、省公安厅、省财政厅、省交通运输厅、省国土资源厅、省住房城乡建设厅、省政府金融办、南昌海关、省邮政管理局、民航江西监管局、民航江西空管分局等有关单位负责同志为成员的省智慧空港物流中心建设领导小组，负责指导和统筹推进相关工作，研究、协调重大规划、重大政策、重大项目和重大事项。领导小组适时召开会议，建立直通车制度，及时协调解决有关重大问题和困难。领导小组办公室设在南昌市人民政府，南昌市人民政府主要负责同志兼任办公室主任，承担领导小组日常工作，负责智慧空港物流中心建设的推进落实。

（二十四）落实主体责任。南昌市人民政府、省机场集团公司要充分发挥主体作用，会同赣江新区管委会成立空港物流中心建设联合指挥部，切实加强组织实施和联动协作，建立健全工作推进机制，共同制订工作方案和年度计划，建立重点建设项目和招商项目库。联合指挥部要实行"月调度、季通报、年考核"制度，分解落实工作目标和重大任务，明确责任主体和进度计划，建立有效激励机制，实施"挂图作战"，确保如期完成各项目标任务。对重大问题、重点项目和关键任务要进行专题研究、专项筹划，组建专门队伍推动。

（二十五）强化督促检查。围绕重大政策实施、重大项目推进和重大事项落实，省直有关部门要细化工作举措，强化责任落实。省智慧空港物流中心建设领导小组办公室要会同有关部门加强跟踪督办，督促、检查各项工作任务和政策措施的落实，重大问题及时向省政府报告。

2018 年 10 月 24 日

江西省人民政府办公厅关于积极推进
供应链创新与应用的实施意见

赣府厅发〔2018〕44 号

各市、县（区）人民政府，省政府各部门：

为贯彻落实《国务院办公厅关于积极推进供应链创新与应用的指导意见》（国办发〔2017〕84 号）精神，加快推进我省供应链创新与应用，经省政府同意，提出以下实施意见。

一、总体要求

（一）指导思想。深入贯彻落实习近平新时代中国特色社会主义思想和党的十九大精神，从更高层次贯彻落实习近平总书记对江西工作的重要要求，以供给侧结构性改革为主线，以市场需求为导向，以高质量发展为引领，以供应链与互联网、物联网深度融合为路径，高效整合省内外、国内外各类资源和要素，提升产业集成和协同水平，打造大数据支撑、网络化共享、智能化协作的智慧供应链体系，形成高效、智慧的供应链生态圈，为建设富裕美丽幸福现代化江西，共绘新时代江西物华天宝、人杰地灵新画卷提供有力支撑。

（二）发展目标。围绕有色、钢铁、建材、食品、医药、航空等特色优势产业及行业重点龙头企业，培育一批供应链创新城市和领先企业。到 2020 年，力争有 3 ~ 5 个城市进入全国供应链创新与应用试点城市，8 ~ 10 家企业进入全国供应链试点企业，1 ~ 2 家企业成为全球供应链领先企业，优势产业的供应链竞争力进入全国中上水平，全省现代供应链发展的基础条件较为完善，区域融合与协调发展能力明显增强，初步形成覆盖我省重点产业的智慧供应链体系。

二、重点任务

（一）着力打造现代农业供应链体系

1. 推进农业产业组织体系创新。以水稻、水产、蔬菜、果业、茶叶、中药材、油茶等特色优势产业为重点，大力发展新型农业经营主体，积极培育农业产业化联合体。鼓励涉农大型企业和组织采取股份制、合作制等形式，整合家庭农场、农民合作社、农业产业化龙头企业、农业社会化服务组织等资源，建立集农产品生产、加工、流通和服务等于一体的农业供应链体系。深入开展农村第一、第二、第三产业融合发展试点示范，推进农业与旅游、文化、教育、康养等产业深度融合，着力构建农业与第二、第三产业交叉融合的现代产业体系，促进农业增效、农民增收和农村繁荣。完善利益联结机制，鼓励承包农户采用土地流转、股份合作、农业生产托管等方式融入农业供应链体系。（省农业农村厅、省商务厅等按职责分工负责）

2. 提高农业生产科学化水平。充分利用"123 + N"智慧农业平台，以列入农业农村部信息进村入户试点省份为契机，大力实施"信息进村入户"和"智慧农场"工程，加快集成各环节大数据，加快推进跨行业、跨领域的农业供应链公共信息服务和信息共享平台建设，提高农业生产组织化、规模化、科技化、市场化和精准化水平。大力开展农业物联网技术应用，重点引导省级以上重点农业龙头企业、"百县百园"现代农业示范园区逐步应用物联网技术，共用江西农业物联网云平台，提升农业生产智能化水平，实现节本、降耗、增效、提质。大力发展农村电子商务，推进农村电商公共服务平台建设，完善人才培训、普惠金融、物流配送和综合服务网络，实现人才、信息、物流等资源共享。建设省、市、县三级农产品电商运营中心，推进益农信息社等农村电商模式覆盖全省大部分行政村，逐步提高以农业信息技术应用为核心的农业信息化综合水平。鼓励农业生产性服务业同银行业金融机构合作，开拓农业供应链金融服务。支持农业担保公司提供供应链担保增信，支持供应链农户参加政策性农业保险。（省农业农村厅、省科技厅、省商务厅、江西银保监局等按职责分工负责）

3. 补齐冷链物流发展短板。推广实施国家冷链物流各类标准，结合江西实际，加快冷链物流地方标准研制工作。鼓励企业及社会团体建立健全冷链物流标准体系，规范信息数据和接口，加快推广基于全球统一编码标识（GSI）的商品条码体系，推动托盘条码与商品条码、箱码、物流单元代码关联衔接，实现商品与集装单元源头信息绑定，沿供应链流转。依据各地农业生产和交通物流发展布局，结合我省特色优势农产品冷链需求，科学规划建设一批冷链物流园区、基地和中心，逐步建立覆盖全省主要农产品产地和消费地的冷链物流基础设施网络。推动互联网与冷链物流行业融合发展，发展"互联网 + 冷链物流"，培育新型冷链物流管理模式和商业模式。支持物流公共信息平台建立冷链物流子平台或冷链物流独立模块，推动建立冷链物流大数据库，并逐步与全国农产品冷链流通监控平台、国家交通运输物流公共信息平台、城市配送公共信息平台对接。（省发展改革委、省农业农村厅、省商务厅、省市场监管局等按职责分工负责）

4. 提高质量安全追溯能力。完善全省追溯体系建设的规划标准体系和规章制度，建立基于供应链的重要产品质量安全追溯机制，针对蔬菜、水果、茶叶、生猪、家禽和淡水产品等食用农产品，婴幼儿配方乳粉、特殊膳食食品、乳制品、预包装白酒、食品添加剂、食用植物油等食品，农药、兽药、饲料、肥料、种子等农业生产资料，将供应链上下游企业全部纳入追溯体系，构建来源可查、去向可追、责任可究的全链条可追溯体系，提高消费安全水平。重点引导江西省内附加值高、保质期长、包装较好的绿色有机农产品以及中国农产品区域公用品牌、"四绿一红"茶叶、鄱阳湖水产等优势农产品在全省推行可溯源标准化及其体系工作。（省农业农村厅、省发展改革委、省商务厅、省科技厅、省市场监管局等按职责分工负责）

（二）着力打造现代制造供应链体系

1. 推进供应链协同制造。在全省电子信息、航空制造、生物医药、新能源、新材料等重点产业领域，鼓励龙头企业与上下游企业开展供应链对接合作，打造网络化协同制造平台，建立和完善从研发设计、生产制造到售后服务的全链条供应链体系，推动协同设计、协同采购、协同制造、协同物流，促进大中小企业专业化分工协作，实现产业上下游快速响应客户需求，缩短生产周期和新品上市时间，提升生产制造企业的网络协作程度，降低生产经营和交易成本。（省工业和信息化厅、省发展改革委、省科技厅、省商务厅等按职责分工负责）

2. 发展服务型制造。以申报工业和信息化部服务型制造示范企业为引领，深入推进全省发展服务型制造专项行动，培育一批综合实力强、行业影响大的省级服务型制造示范企业、项目和平台，建设一批设计服务能力强、服务模式新的工业设计中心、示范基地、示范城市，发展基于供应链的生产性服务业，提供制造服务链融合利用、服务价值链协同等公共服务，推动制造供应链向产业服务供应链转型，促进供应链高效协同、提质增效，提升制造产业价值链。（省工业和信息化厅、省发展改革委、省科技厅、省商务厅、人行南昌中心支行、江西银保监局等按职责分工负责）

3. 促进制造供应链可视化和智能化。推动感知技术在制造供应链关键节点的应用，促进全链条信息共享，实现供应链可视化。对接国家智能制造专项，打造人工智能和智能制造产业基地，开展人工智能创新应用试点示范，推进智能制造试点示范，争取一批智能制造综合标准化和新模式应用项目。推进全省汽车、电子、食品、医药、建材、民爆、军工等行业供应链体系的智能化，加快人机智能交互、工业机器人、智能工厂、智慧物流等技术和装备的应用，提高敏捷制造能力。（省工业和信息化厅、省发展改革委、省科技厅、省商务厅等按职责分工负责）

（三）着力打造现代流通供应链体系

1. 推动流通创新转型。复制推广国内贸易流通体制改革发展综合试点经验，应用供应链理念和技术，推动城市核心商圈、大型批发市场构建线上线下融合、业态优势互补、客户资源共享、信息互联互通的体验式智慧商圈，推动实体零售店线上到线下（O2O）互动融合发展，推动重点物流企业采用物联网技术，建设智慧物流体系，提升企业自主创新能力，培育高新技术企业。推动大型批发、零售、物流企业发挥在各自流通供应链中的主导地位，整合供应链资源，打造采购、分销、仓储、配送供应链协同平台。支持传统实体商品交易市场转型升级，打造线上线下融合的供应链交易平台。鼓励住宿、餐饮、养老、文化、体育、旅游等行业建设供应链综合服务和交易平台，完善供应链体系，提升服务供给质量和效率。（省商务厅、省发展改革委、省科技厅、省市场监管局等按职责分工负责）

2. 推进流通与生产深度融合。支持流通企业与供应商、生产商系统对接，建设流通与生产衔接的供应链协同平台，实现信息实时共享，提高协同计划、自动预测和补货能力，构建跨界融合、共享共生的供应链商业生态圈。围绕冶金建材、矿产能源、装备制造、汽车、生物医药等重点产业基地，开展制造业与物流业联动发展试点示范。建设与制造业紧密配套的仓储配送设施和物流信息平台，完善从原材料采购到产品最终销售及回收的完整供应链服务，促进物流业与制造业融合发展。支持第三方物流企业为制造业企业提供供应链计划、采购物流、入场物流、交付物流、回收物流、供应链金融以及信息追溯等集成服务，提高供应链信息化水平。实施内外销产品"同线同标同质"等一批示范工程，扩大内外销"同线同标同质"实施范围，增加企业数量，提高供给质量。举办"同线同标同质"企业与各类供应链平台专场推介对接会，扩大有效供给。（省商务厅、省工业和信息化厅、省农业农村厅、南昌海关等按职责分工负责）

3. 提升供应链服务水平。引导传统批发市场、物流企业、物流园区向供应链服务企业转型，鼓励大型流通企业通过参股、控股、兼并、联合、合资、合作等多种方式，整合现有弱小、分散的供应链资源，通过业务融合、流程再造、商业模式创新，培育一批技术水平先进、主营业务突出、核心竞争力强的新型供应链服务企业。推动建立供应链综合服务平台，提供研发设计、集中采购、组织生产、物流分销、终端管理、品牌营销等供应链服务，拓展质量管理、追溯服务、金融服务等功能，融通物流、商流、信息流、资金流，实现采购执行、物流服务、分销执行、融资结算、商检报关等一体化服务。通过平台直接服务需求终端，减少流通环节和成本。（省商务厅、人行南昌中心支行、江西银保监局等按职责分工负责）

（四）着力打造现代金融供应链体系

1. 推动供应链金融服务实体经济。完善全省公共信用信息平台，推动地方信用信息共享平台、金融机构、供应链核心企业等信用信息交换共享。鼓励在赣金融机构、供应链核心企业等建立供应链金融服务平台，创新供应链融资产品，为供应链上下游中小微企业提供高效便捷的融资渠道。鼓励供应链核心企业、金融机构与中国人民银行征信中心建设的应收账款融资服务平台对接，积极带动上下游企业加入平台并确认信息，发展线上应收账款融资等供应链金融模式，拓宽中小企业融资渠道。（人行南昌中心支行、省发展改革委、省商务厅、江西银保监局等按职责分工负责）

2. 有效防范供应链金融风险。推动金融机构、供应链核心企业建立审慎严谨的债项评级和主体评级相结合的风险控制体系，加强对经营机构的贷前调查工作，确保借贷资金基于真实交易。针对供应链不断发展的新技术、新模式、新格局，督促金融机构提高事中事后风险管理水平，确保资金流向实体经济。鼓励依托中国人民银行征信中心建设的动产融资统一登记系统开展应收账款及其他动产融资质押和转让登记，健全供应链金融担保、抵押、质押机制，推动保险机构服务供应链金融。（人行南昌中心支行、省商务厅、江西银保监局等按职责分工负责）

（五）着力打造绿色供应链体系

1. 大力倡导绿色制造。贯彻绿色发展理念，推行产品全生命周期绿色管理，鼓励和引导工业企业走绿色发展道路，创建绿色工厂、绿色供应链企业。强化供应链的绿色监管，认真实施统一的绿色产品标准、认证、标识体系，积极扶植绿色产业，鼓励采购绿色产品和服务，行政机关和使用财政资金的其他组织应当优先采购和使用节能、节水、节材等环保产品、设备和设施，推动形成绿色制造和消费供应链体系。（省发展改革委、省工业和信息化厅、省生态环境厅、省商务厅、省市场监管局等按职责分工负责）

2. 积极推行绿色流通。积极倡导绿色消费理念，大力宣传、普及绿色制造、绿色消费和清洁生产等知识，引导消费者选择绿色产品，推进衣、食、住、行等领域绿色化，引领生活方式转变，培育绿色消费市场。以大型商场、批发市场、电子商务企业等为重点，创建一批集节能改造、节能产品销售和废弃物回收于一体的绿色商场。培育一批绿色流通企业，引导流通企业扩大绿色商品采购和销售，推行绿色包装和绿色物流，推行绿色供应链环境管理。推动绿色仓储发展，重点推广密集型货架系统、节能照明系统、物流周转箱循环共用、标准托盘循环共用、绿色包装技术等，建立绿色物流体系。（省商务厅、省发展改革委、省生态环境厅等按职责分工负责）

3. 建立逆向物流体系。鼓励建立基于供应链的废旧资源回收利用平台，大力发展废弃物回收物流，建立废料处理物流系统。落实生产者责任延伸制度，重点针对电器电子、汽车产品、轮胎、蓄电池和包装物等产品，优化逆向供应链节点布局，加快建设再生资源回收基地、分拣加工中心和末端回收网点，建设线上废弃物和再生资源交易市场，促进产品回收和再制造发展。（省发展改革委、省工业和信息化厅、省商务厅按职责分工负责）

（六）着力打造全球供应链体系

1. 积极融入全球供应链网络。加快形成全省"大十字"高铁格局，完善连接"一带一路"的铁路通道网络。加快推进"一干九支"机场建设，打造连接"一带一路"重点地区高效便捷的航空运输网络。强化铁海联运建设，形成我省与沿海主要港口联结的铁海联运快速班列网络化格局。稳定开行赣欧（亚）班列，提升班列数量和质量，推动班列与产业联动发展，打造高效便捷的国际货运走廊。深化航空及汽车制造、光伏新能源、轻工机械、有色金属、生物医药等产业对外合作。支持省内企业通过在地投资、股权并购等方式，快速拓展海外市场，引进先进技术和企业管理经验。强化境外经贸合作区建设，开展跨领域跨行业协同创新，融入全球创新网络，参与全球资源配置。鼓励企业设立境外分销和服务网络、物流配送中心、海外仓、海外运营中心等，建立产能协调的本地化供应链体系。（省商务厅、省发展改革委、省交通运输厅等按职责分工负责）

2. 提高全球供应链安全水平。支持企业建立重要资源和产品全球供应链风险预警系统，鼓励建立大型对外投资项目的国际性绿色供应链材料设备推荐目录，推进绿色采购，实施绿色信用评价，建立对外投资环境风险管理规范，引导企业利用两个市场两种资源，有效对冲和规避风险。贯彻落实国家供应链安全计划，采用全球供应链风险预警评价指标体系，建立全球供应链风险预警机制，提升全球供应链风险防控能力。（省发展改革委、省商务厅等按职责分工负责）

三、保障措施

（一）营造良好的供应链创新与应用政策环境

围绕全省产业发展重点领域，鼓励构建以企业为主导、产学研用合作的省级供应链创新网络，建设跨界交叉领域的创新服务平台，提供技术研发、品牌培育、市场开拓、标准化服务、检验检测认证等服务。在投资审批、行政服务、信用体系建设等方面狠下功夫，着力营造政策最优、成本最低、服务最好、办事最快的"四最"营商环境。鼓励和支持有条件的企业、高校和科研院所组建供应链相关的技术创新中心等研发平台，支持建设供应链创新与应用的政府监管、公共服务和信息共享平台，配合建立国家行业指数、经济运行、社会预警等指标体系。按照国家确定的供应链服务企业在国民经济中的行业分类，理顺行业管理。支持符合条件的供应链相关企业申报国家高新技术企业，经认定后按规定享受相关优惠政策。符合外贸企业转型升级、服务外包相关政策条件的供应链服务企业，按现行规定享受相应支持政策。（省科技厅、省工业和信息化厅、省财政厅、省商务厅、人行南昌中心支行、省市场监管局、省发展改革委、省金融监管局、省统计局等按职责分工负责）

（二）积极开展供应链创新与应用试点示范

做好已入选国家供应链创新与应用试点城市和试点企业的示范建设工作，鼓励支持更多城市和企业申报国家供应链创新与应用示范试点并完善本地重点产业供应链支撑体系。围绕我省优势产业和重点产业集群，培育一批供应链创新与应用示范企业，重点提升企业信息化、智能化、标准化、国际化、绿色化水平。打破行业、地域固化模式，建设一批跨行业、跨领域的供应链协同、交易和服务示范平台。（省商务厅、省工业和信息化厅、省农业农村厅、人行南昌中心支行、江西银保监局等按职责分工负责）

（三）加强供应链信用和监管服务体系建设

完善全国信用信息共享平台（江西）和"信用中国（江西）"网站、国家企业信用信息公示系统（江西），健全政府部门信用信息共享机制，促进商务、市场监管、金融、海关等部门和机构之间公共数据资源互联互通，构建协同监管、联合惩戒的新机制。完善企业信用信息归集、共享和利用一体化信息平台，健全政府部门涉企信息归集共享机制，落实企业信息公示制度。推进"双随机、一公开"监管常态化制度化。建立健全守信联合激励和失信联合惩戒机制。研究利用区块链、人工智能等新兴技术，建立基于供应链的信用评价机制和行业信用评估标准。引导应收账款债权人企业通过应收账款融资服务平台报送债务人的付款信息，建立应收账款债务人及时还款约束机制，规范应收账款履约行为，优化商业信用环境。推进各类供应链平台有机对接，加强对信用评级、信用记录、风险预警、违法失信行为等信息的披露和共享，做到信用评级、信用记录等信息在行业监督平台和"信用中国（江西）"网站全面公示和共享。创新供应链监管机制，整合供应链各环节涉及的市场准入、海关等政策，加强供应链风险管控，促进供应链健康稳定发展。（省发展改革委、省交通运输厅、省商务厅、人行南昌中心支行、南昌海关、省税务局、省市场监管局等按职责分工负责）

（四）推进供应链标准体系建设

开展供应链标准体系研究，加强供应链标准化需求分析，鼓励企事业单位积极参与供应链产品信息、数据采集、指标口径、交换接口、数据交易等关键共性标准的制定。加强行业间数据信息标准的兼容，促进供应链数据高效传输和交互。推动企业提高供应链管理流程标准化水平，推进供应链服务标准化，加强与上下游企业、国内外相关企业供应链标准的衔接，提高供应链系统集成和资源整合能力。鼓励社会团体组织市场主体共同制定实施行业内供应链各环节团体标准，提高行业供应链标准化水平。积极参与全球供应链标准制定，推进供应链标准国际化进程。（省市场监管局、省发展改革委、省工业和信息化厅、省商务厅等按职责分工负责）

（五）加快供应链人才培育引进

支持我省高等院校和职业学校设置供应链相关专业和课程，培养供应链专业人才。鼓励相关企业和专业机构加强供应链人才培训。鼓励高等院校、培训机构及继续教育基地举办高级研修班。鼓励省内博士后科研流动站、工作站、创新实践基地结合自身科研特点和优势，扩大供应链方面的博士后研究人员招收数量，鼓励全省各类性质单位招聘供应链专业出站的博士后研究人员。将供应链人才引进纳入高层次人才对接会、省校合作专项人才引聘等大型活动引才范围，用好活动平台资源，用足我省人才政策，做好供应链产业发展所需高层次人才、急需紧缺人才等引进工作。鼓励我省相关单位依托"双千计划"，加快引进发展急需紧缺的高层次供应链人才，重点引进掌握关键技术、携带项目、能带动产业发展的领军人才和创新团队。探索建立科技转化和柔性引才联动互促引才工作新机制，依托海外高层次人才江西行、"海智惠赣鄱"等活动，柔性引进供应链高层次人才深入我省开展技术指导、技术攻关、教育培训和人才合作等。对引进的供应链高层次人才，符合条件的按规定办理江西省高层次人才服务绿卡，落实子女入学、配偶安置、职称评聘等政策待遇，实施专家休假疗养制度。引进国际知名专家来赣开展供应链创新与应用建设合作研究及技术工作，为我省供应链创新与应用提供国外智力支持。（省教育厅、省人力资源社会保障厅、省商务厅等按职责分工负责）

（六）加强供应链行业组织建设

推动供应链行业组织建设供应链公共服务平台，加强行业研究、数据统计、标准制修订和业务交流，提供供应链咨询、人才培训等服务。加强行业自律，促进行业健康有序发展。加强与国内外供应链行业组织的交流合作，推动供应链专业资质相互认证，促进与国际接轨。（省发展改革委、省工业和信息化厅、省人力资源社会保障厅、省商务厅、省市场监管局等按职责分工负责）

各地、各有关部门要高度重视并积极推进供应链创新与应用，健全工作机制，明确任务分工，细化政策措施，精心组织实施，加强跟踪服务，确保各项目标任务落到实处。

2018 年 12 月 11 日

数据统计报告

2018 年江西省社会物流统计核算情况报告

一、总体发展情况

省委、省政府高度重视物流业发展和物流降本增效工作，2018 年陆续出台《江西省人民政府办公厅关于进一步推进物流降本增效促进实体经济发展的实施意见》（赣府厅发〔2018〕3 号）、《江西省人民政府办公厅关于依托南昌昌北国际机场建设区域性智慧空港物流中心的实施意见》（赣府厅发〔2018〕35 号）、《江西省人民政府办公厅关于印发支持赣州港高质量发展若干政策措施的通知》（赣府厅明〔2018〕101 号）、《江西省人民政府办公厅关于建立支持南昌航空货运发展工作机制的通知》（赣府厅字〔2018〕108 号）等一系列促进物流业发展政策文件，推动全省物流业健康有序发展。2018 年，全省物流运行总体平稳，物流效率稳步提升，社会物流总费用与 GDP 的比率实现"六连降"。

（一）物流总量稳中有升。2018 年，全省社会物流总额 60287 亿元，同比增长 8.8%，比上年提高 0.4 个百分点。其中，工业品物流额 35505 亿元，同比增长 3.1%，占全省社会物流总额的 58.9%；农产品物流额 2283 亿元，占全省社会物流总额的 3.8%；区域外流入货物物流额 15309 亿元，占全省社会物流总额的 25.4%；贸易批发物流额 6540 亿元，同比增长 62.5%，占全省社会物流总额的 10.8%；单位与居民物品物流额 177 亿元，同比增长 26.4%；再生资源物流额 473 亿元，同比增长 57.7%。

（二）货运总量稳步增长。2018 年，全省货运总量 17.42 亿吨，同比增长 12.8%，货运周转总量 4532 亿吨公里，同比增长 7.4%。其中，铁路货运量 0.51 亿吨，同比增长 6.25%，周转量 530 亿吨公里，同比减少 2 亿吨公里；公路货运量 15.76 亿吨，同比增长 14.2%，周转量 3760 亿吨公里，同比增长 9.5%；水运货运量 1.15 亿吨，与上年基本持平，货物周转量 238 亿吨公里，比上年同期 252 亿吨公里减少 14 亿吨公里；全省港口吞吐量 2.5 亿吨，同比增长 66.7%；集装箱吞吐量 63.5 万标准箱，同比增长 37.2%。昌北机场货邮吞吐量 8.26 万吨，同比增长 58.1%，增速列全国省会机场首位，超额完成年度目标任务。全省赣欧班列累计开行 202 列，是 2017 年的 7.7 倍；全省铁海联运集装箱快速班列共发送 5.84 万标准箱，同比增长 24.2%。

（三）邮政业务快速增长。2018 年全省邮政行业业务收入（不包括邮政储蓄银行直接营业收入）累计完成 116.26 亿元，全国排第 15 位，同比增长 24.14%；业务总量累计完成 176.64 亿元，全国排第 14 位，同比增长 36.25%。全省邮政服务业务总量累计完成 76.63 亿元，同比增长 26.48%；邮政寄递服务业务量累计完成 6.81 亿件，全国排第 14 位，同比增长 4.36%；邮政寄递服务业务收入完成 9.62 亿元，全国排第 14 位，同比增长 12.19%。

（四）物流费用稳步下降。2018 年，全省物流业增加值 1546 亿元，同比增长 10.3%，占全省服务业增加值的 15.68%。全省社会物流总费用 3627.5 亿元，同比增长 5.1%，与 GDP 比率为 16.5%，同比下降 0.1 个百分点。江西省社会物流总费用与 GDP 比率实现连续 6 年下降，2018 年比 2012 年下降 3 个百分点，6 年年均下降 0.5 个百分点。全省 50 个物流产业集群内工业、批发和零售业企业物流成本同比增长 6.1%，增幅较上年回落 0.9 个百分点，增速连续三年回落。

二、产业发展情况

（一）产业投资平稳增长。2018 年，全省物流相关行业固定资产投资 1750 亿元。集中投向商贸物流、交通运输、邮政快递、仓储设施等领域，其中商贸物流完成投资 900 亿元，交通运输业完成投资 680 亿元，快递和仓储领域完成投资 120 亿元。

（二）物流枢纽建设铺开。南昌市、赣州市、九江市、鹰潭市入选《国家物流枢纽布局和建设规划》中的国家物流枢纽布局承载城市，其中南昌市入选陆港型、生产服务型和商贸服务型国家物流枢纽布局承载城市，赣州市入选商贸服务型国家物流枢纽布局承载城市，九江市入选港口型国家物流枢纽布局承载城市，鹰潭市入选陆港型国家物流枢纽布局承载城市。

（三）产业集群快速发展。2018 年，全省 50 个物流产业集群实现主营收入 2690.8 亿元，同比增长 8.6%；物流企业平均收入利润率为 8.7%；物流企业资产规模同比增长 6.2%。集群内工业、批发和零售业企业销售总额比上年增长 3.3%。其中，工业企业销售总额同比增长 2.3%，批发和零售业企业销售总额同比增长 5%。集群内物流企业拥有仓库面积共计 1792.6 万平方米，同比增长 3.3%；货运车辆 51.0 万辆，同比增长 3.5%。

（四）物流企业持续壮大。2018 年，全省 A 级物流企业总数达 200 家，其中 5A 级 2 家，4A 级 85 家，3A 级 72 家，2A 级 37 家，1A 级 4 家。部分重点物流企业坚持智慧物流云平台和物流产业园建设双轮驱动发展，在智慧物流领域持续发力，为多式联运发展和城市共同配送、专线快运、整车运输等提供全面共享的"互联网＋"服务。全省 A 级物流企业的综合服务能力不断提高，市场竞争力不断增强，龙头带动效应不断显现。

附件

表 5 - 2 - 1   **2018 年江西省物流统计数据**

指标	本期（亿元）	同比增长（%）
一、社会物流总费用	3627.5	5.1
其中：运输费用	2285.5	3.6
保管费用	973	9.5
管理费用	369	4.5
二、社会物流总额	60287	8.8
其中：农产品物流总额	2283	3.8
工业品物流总额	35505	3.1
进口货物物流总额	15309	7.7
再生资源物流总额	473	57.7
单位与居民物品物流总额	177	26.4
三、物流业总收入	1546	10.3

2018 年江西省物流业景气指数运行情况报告

一、总体情况

自 2018 年 1 月以来，江西省物流业景气指数维持在较好的区间，平均值为 54.3%，高于全国平均值 0.7 个百分点，这与近年来江西省经济增长速度高于全国平均水平情况基本吻合，反映出全省物流业总体仍处在平稳较快发展周期（见图 5 - 2 - 1 和图 5 - 2 - 2）。

相比较中国物流业景气指数，江西省物流业景气指数波动更为明显，但整体运行趋势与全国物流业景气指数基本一致。

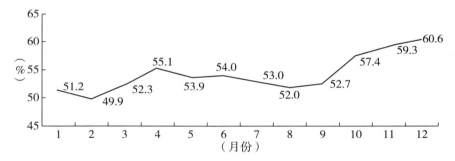

图 5 - 2 - 1　2018 年江西省物流业景气指数情况

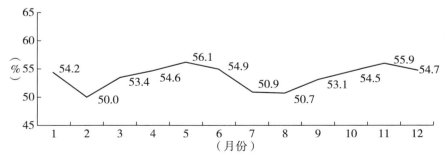

图 5 - 2 - 2　2018 年全国物流业景气指数情况

2018 年上半年，2 月，江西省物流业景气指数在较低的区间运行，为 49.9%，反映出江西省物流业在春节假期等因素的影响下，随着生产活动的回落，景气指数走低。

自3月开始，随着各项生产活动的陆续恢复，指数逐步回升。下半年，7—8月高温多雨季节，受天气因素影响，物流业务活动规模减弱。之后随着"金九银十"传统生产旺季到来以及11月、12月电商促销活动和脐橙、蜜橘等一些季节性水果上市销售，需求旺盛，物流业务保持活跃，指数维持在相对高位。

纵观2018年江西省物流业景气指数情况，有以下几个特点。

（1）平均库存量指数和景气指数走势基本保持一致，平均库存量基本随着景气上升而增加，随着景气的回落而降低，企业库存量基本处于一种相对比较合理的状态（见图5-2-3）。

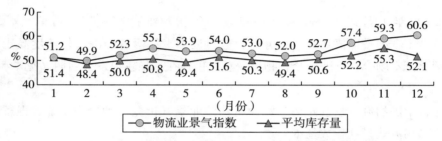

图5-2-3　2018年江西省物流业景气指数与平均库存量指数情况

（2）主营业务成本指数受成品油价影响较大，因为对于物流企业来说，运输费是企业成本中一项比较大的支出项目，而成品油价格又直接影响着运输费用的高低，所以在2018年8—10月随着成品油价格不断上升，物流企业成本也在不断升高。

（3）央行降准对企业资金周转有一定帮助，2018年央行分别在4月、7月和10月实施了三次降准，对应这3个月的资金周转率指数都明显上升，企业融资压力减轻，在一定程度上缓解了企业的资金需求压力。

二、分项指数情况

在江西省物流业景气指数体系中，新订单指数是反映物流业需求变化情况的一项重要指数。该指数自2018年1月以来，一直保持在50%以上，平均值为53.2%，反映出2018年江西省物流业形势较好，需求一直较为旺盛（见图5-2-4）。

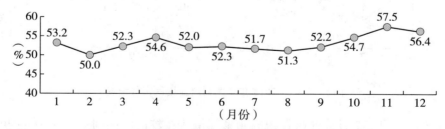

图5-2-4　2018年江西省物流业景气指数新订单指数情况

平均库存量指数是反映物流企业储存保管的客户货物数量变化情况的重要指数。该指数自 2018 年 1 月以来，平均值为 51%，反映出全省物流环节商品库存规模呈现出稳步扩大的态势。

整体来看，江西省平均库存量指数在 2018 年 2 月春节假期期间达到最低点。后续随着市场活跃程度增加，库存相对增加，指数波动变得更平缓，显示出仓储物流发展比较稳定（见图 5－2－5）。

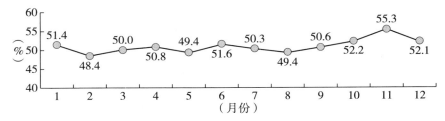

图 5－2－5　2018 年江西省物流业景气指数平均库存量指数情况

库存周转次数指数是反映物流企业储存保管的客户货物周转次数变化情况的重要指数。该指数自 2018 年 1 月以来，平均值为 53.5%，反映出全省物流环节商品库存周转效率不断提升的态势。

整体来看，江西省库存周转次数指数波动较为明显，在 2018 年 2 月春节假期期间处在较低的水平上运行。显示出江西省物流市场整体受季节、市场规模等因素影响相对较大（见图 5－2－6）。

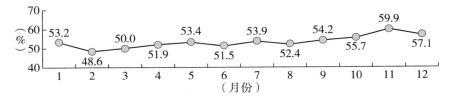

图 5－2－6　2018 年江西省物流业景气指数库存周转次数指数情况

资金周转率指数是反映物流企业流动资金周转次数变化情况的重要指数。该指数自 2018 年 1 月以来，平均值为 53%，从走势来看，反映出全省物流环节资金管理利用水平基本受业务总量影响较大（见图 5－2－7）。

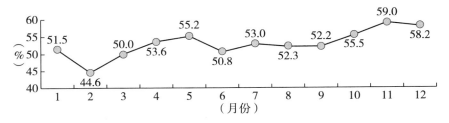

图 5－2－7　2018 年江西省物流业景气指数资金周转率指数情况

设备利用率指数是反映物流企业在经营活动中相关设备、设施利用程度变化情况的重要指数。该指数自2018年1月以来，平均值为53.3%，既反映出当前全省物流业业务活动较为活跃，也反映出物流业业务管理水平有所提升（见图5-2-8）。

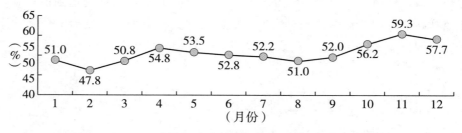

图5-2-8 2018年江西省物流业景气指数设备利用率指数情况

物流服务价格指数是反映物流业对外服务收费价格变动的重要指数，该指数平均值为51.4%；主营业务成本指数是反映物流业成本费用变动的重要指数，该指数自2018年1月以来，一直保持高位，平均值为57.8%；主营业务利润与成本指数是反映物流业效益变动的主要指数，该指数自2018年1月以来，平均值为50.3%（见图5-2-9和图5-2-10）。

整体反映出江西省物流服务价格都处在一个较低的水平，而物流企业运营成本居高不下。

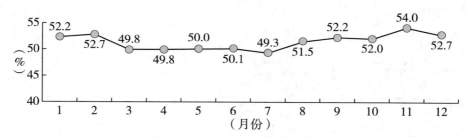

图5-2-9 2018年江西省物流业景气指数物流服务价格指数情况

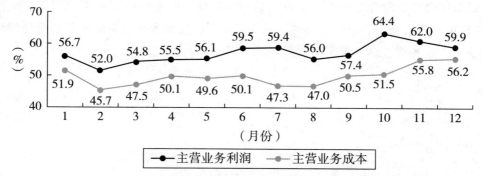

图5-2-10 2018年江西省物流业景气指数主营业务利润与成本指数情况

固定资产投资完成额指数是反映物流企业新增固定资产投入变化情况的重要指数。该指数自 2018 年 1 月以来，平均值为 52.7%，反映出全省物流业作为国民经济的基础行业，仍然保持较为快速的发展状态，物流环境与条件继续呈现改善态势（见图 5 - 2 - 11）。

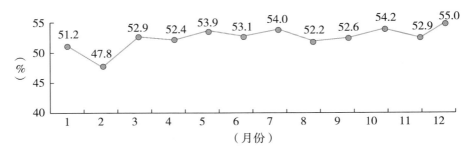

图 5 - 2 - 11　2018 年江西省物流业景气指数固定资产投资完成额指数情况

从业人员指数是反映物流企业对从业人员需求增减变化情况的重要指数。该指数自 2018 年 1 月以来，平均值为 52.1%，反映出当前全省物流业从业人员保持基本稳定的增长态势（见图 5 - 2 - 12）。

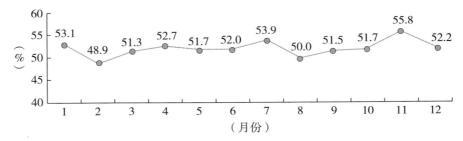

图 5 - 2 - 12　2018 年江西省物流业景气指数从业人员指数情况

业务活动预期指数是反映业内人士对行业发展趋势的预期看法。该指数自 2018 年 1 月以来，一直保持在 50% 以上，平均值达到 59.3%。这反映出业内人士对未来物流业发展普遍看好（见图 5 - 2 - 13）。

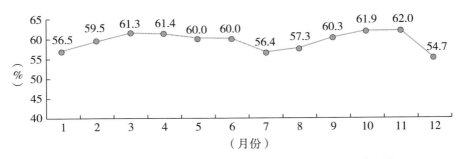

图 5 - 2 - 13　2018 年江西省物流业景气指数业务活动预期指数情况

　　整体来看，江西省业务活动预期指数整体变化幅度较大，但一直都保持较高的指数水平，整体反映江西省物流市场的预期发展效果看好，加上目前一些物流支持政策的落实，也能相应推动整个物流市场的长远发展。

（江西省物流与采购联合会　胡冲　罗伟）

2018 年江西省 A 级物流企业运行情况报告

A 级物流企业评估是贯彻物流标准的一个典范。自开展 A 级物流企业评估工作以来，中国物流与采购联合会依据《物流企业分类与评估指标》（GB/T 19680—2013）国家标准和相关制度办法，共开展了 27 批评估工作，评估了 5000 余家 A 级物流企业，其中江西省共 200 家物流企业获得该项资质。江西省高度重视 A 级物流企业评估工作，赣州、九江、抚州、鹰潭等地为鼓励物流龙头企业资质升级，鼓励企业参评 A 级物流企业，对首次通过国家 2A、3A、4A、5A 级评估的物流企业分别给予奖励。江西省 A 级物流企业评估工作迈上新台阶。

一、江西省 A 级物流企业总体情况

（一）A 级物流企业数量迅猛增长

近年来，江西省对 A 级物流企业品牌认可度持续提升，政府政策支持范围继续扩大。A 级物流企业资质已经成为反映物流企业发展水平的标准尺度，也获得了甲方市场的广泛认同。企业认同感增强，主动参与评估工作的积极性高涨。2018 年，江西省新增 24 家 A 级物流企业，2013—2018 年，以年均 75.2% 的速度增长。江西省 A 级物流企业总数达 200 家（见图 5 - 2 - 14），占全国比例为 4.0%，同比增长 0.1 个百分点。

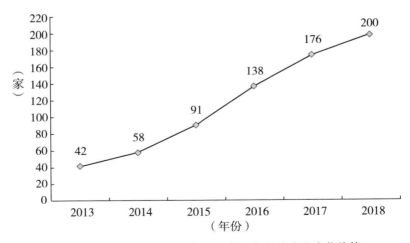

图 5 - 2 - 14　2013—2018 年江西省 A 级物流企业变化趋势

2018 年，江西省 A 级物流企业数量在全国处于中等水平，在中部六省排名第三，与湖北省有较大差距，与湖南省之间的差距由 2017 年的 14 家缩短至 2018 年的 9 家（见表 5 - 2 - 2）。

表 5 - 2 - 2　　　　　　　2018 年中部六省 A 级物流企业数量对比　　　　　　单位：家

序号	地区	5A 级	4A 级	3A 级	2A 级	1A 级	合计
1	湖北	17	199	205	92	2	515
2	湖南	13	103	86	7	—	209
3	江西	2	85	72	37	4	200
4	安徽	3	81	78	25	—	187
5	河南	10	59	69	11	—	149
6	山西	3	35	15	2	—	55

（二）A 级物流企业规模多为中小型

江西省 A 级物流企业主要集中于 3A、4A 级别，占比 78.5%，较 2017 年下降 4 个百分点。1A、5A 级物流企业数量相对较少，仅占 3%。2018 年新增的 24 家 A 级物流企业主要集中在 2A、3A 级物流企业上，占新增比例 79%，江西省 A 级物流企业发展规模主要以中小型企业为主（见图 5 - 2 - 15）。

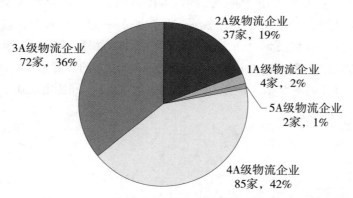

图 5 - 2 - 15　江西省 A 级物流企业级别构成及占比

二、各设区市 A 级物流企业总体情况

江西省各设区市 A 级物流企业总量相差较大，存在两极分化现象，A 级物流企业数量排名前三的设区市是：赣州市、宜春市、南昌市，分别为 68 家、37 家、27 家，排名前三设区市的 A 级物流企业总量占全省比例为 66%，同比增长 0.7 个百分点（见图 5 - 2 - 16）。

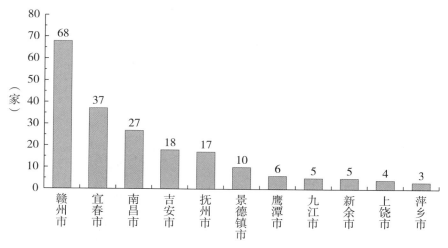

图 5 - 2 - 16　各设区市 A 级物流企业总量情况

从级别来看，各级别 A 级物流企业分布差别较大：5A 级物流企业数量 2 家，均在南昌市；4A 级物流企业数量前三名为宜春市、南昌市、抚州市，分别是 34 家、13 家、9 家；3A 级物流企业主要分布在赣州市（33 家），南昌市、吉安市各 10 家，抚州市、景德镇市各 7 家；2A 级物流企业主要集中在赣州市（见表 5 - 2 - 3）。

表 5 - 2 - 3　　　　　　　2018 年各设区市 A 级物流企业分布情况　　　　　　单位：家

序号	所在设区市	5A	4A	3A	2A	1A	总计	增幅（％）
1	南昌市	2	13	10	2	—	27	17.4
2	九江市	—	1	1	3	—	5	0.0
3	景德镇市	—	3	7	—	—	10	25.0
4	萍乡市	—	3	—	—	—	3	0.0
5	新余市	—	4	1	—	—	5	0.0
6	鹰潭市	—	4	—	2	—	6	100.0
7	赣州市	—	6	33	25	4	68	15.3
8	宜春市	—	34	3	—	—	37	12.1
9	上饶市	—	2	—	2	—	4	100.0
10	吉安市	—	6	10	2	—	18	5.9
11	抚州市	—	9	7	1	—	17	- 5.6
	总计	2	85	72	37	4	200	13.6

三、A 级物流企业经营规模情况

（一）A 级物流企业资产规模

2018 年，江西省 A 级物流企业资产总额 344.2 亿元，同比增长 8.4％；负债总计

178.0 亿元，同比回落 1.4%，资产负债率由 56.9% 下降至 51.7%（见图 5－2－17），表明江西省 A 级物流企业企业资产状况变好，企业财务实力增强。

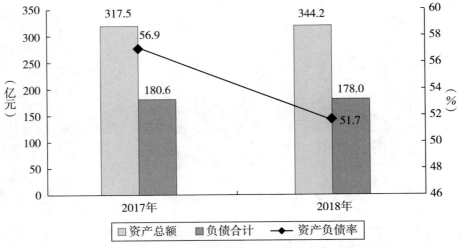

图 5－2－17　江西省 A 级物流企业资产、负债总额

（二）物流服务设施设备

1. 自有仓库面积。截至 2018 年年底，江西省 A 级物流企业自有仓库面积 248.3 万平方米，同比增长 3.7 个百分点；其中仓储型 A 级物流企业平均自有仓库面积 62728 平方米，综合服务型 A 级物流企业平均自有仓库面积 15909 平方米。

2. 货运车辆。2018 年，江西省 A 级物流企业货运车辆（包含自有车辆及长期租用车辆）41530 辆，同比增长 3.8%；其中 1A、2A、3A 级物流企业平均共有车辆 100 辆，4A、5A 级物流企业平均共有车辆 352 辆（见图 5－2－18）。

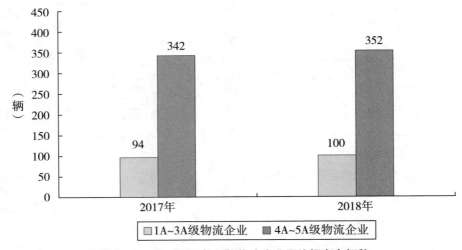

图 5－2－18　江西省 A 级物流企业平均拥有车辆数

（三）信息化建设投入

江西省 A 级物流企业主要使用的物流信息系统有 GPS、ERP、TMS、GIS 等。其中使用 GPS 系统的企业占比 64.9%、使用 ERP 系统的企业占比 35.1%、使用 TMS 系统的企业占比 20.8%、使用 WMS 系统的企业占比 14.3%、使用 CRM 系统的企业占比 9.1%、使用 GIS 系统的企业占比 7.8%，而使用 EDI、EOS、CAPS 等系统的企业不超过 5.2%。

2018 年，江西省 A 级物流企业物流信息化方面投入 3.0 亿元，同比增长 57.6%。从 A 级物流企业类型来看，仓储型企业投入最大，平均投入 276 万元，综合服务型和运输型企业平均投入 116 万元和 83 万元。

（四）物流从业人员

江西省 A 级物流企业从业人员不断增加，人员素质不断提高。2018 年，江西省 A 级物流企业从业人员 7.5 万人，同比增长 2.8%，其中，大专以上学历从业人员 2.4 万人，同比增长 5.0%，大专以上学历人员比例由 31% 上升至 32%。

四、A 级物流企业运行情况

（一）货运总量

2018 年江西省 A 级物流企业货运量平稳增长，全省 A 级物流企业货运量 2.7 亿吨，同比增长 2.4%。

（二）经营效益

2018 年，江西省 A 级物流企业主营业务收入增长明显，实现主营业务收入 382.3 亿元，同比增长 7.7%（见图 5－2－19）。

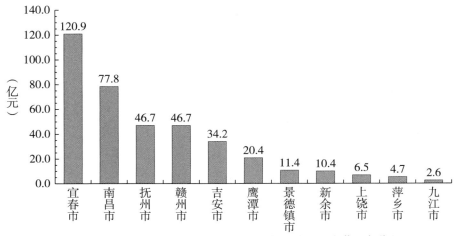

图 5－2－19　2018 年江西省各设区市 A 级物流企业主营业务收入

分等级来看，1A、2A、3A 级物流企业 2018 年企业平均主营收入 15180 万元，同比增长 5.7%；4A、5A 级物流企业平均主营收入 36742 万元，同比增长 13.6%（见图 5-2-20）。

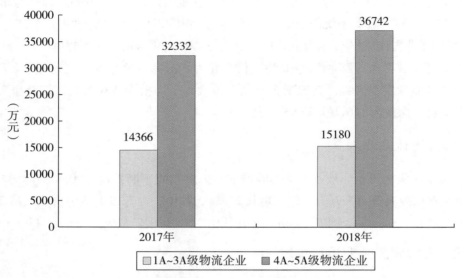

图 5-2-20　江西省 A 级物流企业平均主营业务收入

2018 年，江西省 A 级物流企业主营业务成本 329.9 亿元，同比增长 5.6%。其中，A 级物流企业每百元主营业务收入所需成本，综合服务型 84 元，运输型 90 元，仓储型 74 元。

分等级来看，1A、2A、3A 级物流企业 2018 年企业平均主营业务成本 13833 万元，同比增长 5.4%；4A、5A 级物流企业平均主营业务成本 32093 万元，同比增长 11.5%。

2018 年，江西省 A 级物流企业营收利润保持平稳增长，实现利润 15.7 亿元，同比增长 5.5%。

（江西省物流与采购联合会　胡冲　龚志琴）

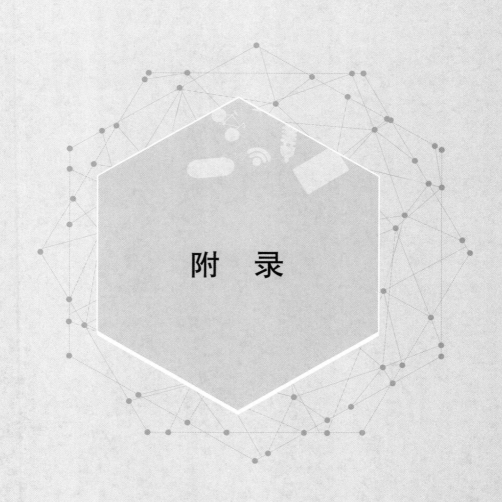

附　录

2018 年中国物流企业 50 强名单

排名	企业名称	物流业务收入（万元）
1	中国远洋海运集团有限公司	17861977.0
2	厦门象屿股份有限公司	12197438.0
3	冀中能源国际物流集团有限公司	8028159.0
4	中国外运股份有限公司	7315751.0
5	顺丰控股股份有限公司	7109430.0
6	河北省物流产业集团有限公司	4283982.0
7	山东物流集团有限公司	3132382.0
8	中铁物资集团有限公司	2890123.0
9	天津港（集团）有限公司	2638298.0
10	京东物流集团	2636382.0
11	中国物资储运集团有限公司	2570254.0
12	开滦集团国际物流有限责任公司	2246411.0
13	安吉汽车物流股份有限公司	2232400.0
14	德邦物流股份有限公司	2035011.0
15	招商局物流集团有限公司	1508239.0
16	锦程国际物流集团股份有限公司	1441103.0
17	河北港口集团有限公司	1401308.0
18	厦门港务发展股份有限公司	1371270.0
19	国药控股湖北有限公司	1182125.0
20	连云港港口集团有限公司	1180035.0
21	一汽物流有限公司	1130000.0
22	全球国际货运代理（中国）有限公司	1068341.0
23	福建省交通运输集团有限责任公司	1057920.0
24	中国石化管道储运有限公司	978355.0
25	广州铁路（集团）公司	952000.0
26	嘉里物流（中国）投资有限公司	896941.0
27	重庆港务物流集团有限公司	871629.0

续 表

排名	企业名称	物流业务收入（万元）
28	江苏省如皋港现代物流基地	860294.0
29	中铁铁龙集装箱物流股份有限公司	760814.0
30	武汉商贸国有控股集团有限公司	700466.0
31	泉州安通物流有限公司	673842.0
32	重庆长安民生物流股份有限公司	664391.0
33	云南能投物流有限责任公司	646300.0
34	准时达国际供应链管理有限公司	646213.0
35	江苏苏宁物流有限公司	636525.0
36	上药控股江苏股份有限公司	618220.0
37	海航冷链控股股份有限公司	592400.0
38	上海中谷物流股份有限公司	560038.0
39	全球捷运物流有限公司	521726.0
40	北京长久物流股份有限公司	496067.0
41	日通国际物流（中国）有限公司	467383.0
42	青岛日日顺物流有限公司	430730.0
43	中都物流有限公司	425995.0
44	湖南星沙物流投资有限公司	425962.0
45	玖隆钢铁物流有限公司	422500.0
46	南京港（集团）有限公司	406089.0
47	林森物流集团有限公司	366511.0
48	东方国际物流（集团）有限公司	327574.0
49	浙江物产物流投资有限公司	312900.0
50	云南物流产业集团有限公司	296458.0

资料来源：中国物流与采购联合会。

2018 年中国百强冷链物流企业

排名	企业名称	排名	企业名称
1	顺丰速运有限公司	26	镇江恒伟供应链管理股份有限公司
2	希杰荣庆物流供应链有限公司	27	北京中冷物流股份有限公司
3	京东物流	28	佛山市粤泰冷库物业投资有限公司
4	上海郑明现代物流有限公司	29	福建恒冰物流有限公司
5	漯河双汇物流投资有限公司	30	深圳小田冷链物流股份有限公司
6	河南鲜易供应链有限公司	31	增益冷链（武汉）有限公司
7	上海光明领鲜物流有限公司	32	山东中超物流供应链管理有限公司
8	大昌行物流（中国）	33	黑龙江昊锐物流有限公司
9	江苏天天订电子商务有限公司	34	金乡县凯盛农业发展有限公司
10	上海安鲜达物流科技有限公司	35	重庆公运同程配送有限公司
11	新夏晖	36	浙江统冠物流发展有限公司
12	海航冷链控股股份有限公司	37	唯捷城配
13	济南维尔康实业集团有限公司	38	辽渔集团有限公司
14	鲜生活冷链物流有限公司	39	内蒙古昕海铭悦运输有限公司
15	深圳市泛亚物流有限公司	40	北京博华物流有限公司
16	深圳招商美冷供应链有限公司	41	望家欢农产品集团有限公司
17	云通物流服务有限公司	42	广州拓领物流有限公司
18	北京澳德物流有限责任公司	43	广州鑫赟冷冻运输有限公司
19	南京天环食品（集团）有限公司	44	泉州安通物流有限公司
20	青岛怡之航物流有限公司	45	河南大象物流有限公司
21	宇培供应链管理集团有限公司	46	北京亚冷国际供应链管理有限公司
22	上海源洪仓储物流有限公司	47	北京快行线冷链物流有限公司
23	河南大用运通物流有限公司	48	大连港毅都冷链有限公司
24	上海广德物流有限公司	49	吴忠市茂鑫通冷藏运输有限公司
25	上海世权物流有限公司	50	威海中外运物流发展有限公司

排名	企业名称	排名	企业名称
51	黑龙江沃野风华运输有限公司	76	上海敬诚物流有限公司
52	东莞市华雪食品有限公司	77	美务物流（南京）有限公司
53	上海东启物流有限公司	78	江苏极地熊冷链有限公司
54	河北宝信物流有限公司	79	石家庄冰峰冷藏物流有限公司
55	重庆友生活冷链物流有限公司	80	漯河金顺物流有限公司
56	大连鲜悦达冷链物流有限公司	81	北京家家送冷链物流有限公司
57	漯河市顺捷物流运输有限公司	82	山东大鹏物流有限公司
58	上海众萃物流有限公司	83	华冷物流有限公司
59	重庆雪峰冷藏物流有限公司	84	嘉里志甄物流（上海）有限公司
60	上海交荣冷链物流有限公司	85	广州长运冷链服务有限公司
61	广州保事达物流有限公司	86	北京住总科贸控股集团有限公司
62	福建省羊程冷链物流有限公司	87	上海极冰供应链管理有限公司
63	易特物流有限公司	88	德州飞马冷链物流有限公司
64	北京三新冷藏储运有限公司	89	黄山斯普蓝帝物流有限公司
65	宁夏领鲜易达冷链物流有限公司	90	漯河市顺安运输有限责任公司
66	淇县永达物流配送有限公司	91	山绿农产品集团股份有限公司
67	江苏汇鸿冷链物流有限公司	92	福建丰利物流有限公司
68	武汉市梦园冷链物流有限公司	93	漯河市庆贺物流有限公司
69	上海交运沪北物流发展有限公司	94	海南罗牛山食品集团有限公司
70	上海鲜冷储运有限公司	95	北京五环顺通供应链管理有限公司
71	天津品优物流有限公司	96	小码大众（北京）科技有限公司
72	阳谷新纪元物流有限公司	97	宁夏众力冷链物流有限公司
73	成都银犁冷藏物流股份有限公司	98	江西阿南物流有限公司
74	福建信运冷藏物流有限公司	99	吉林省中冷物流有限公司
75	郑州华夏易通物流有限公司	100	上海快行天下供应链管理有限公司

资料来源：中国物流与采购联合会冷链专业委员会。

2018 年中国零担企业 30 强

排名	公司名称	零担收入（亿元）
1	德邦快递	125.7
2	顺丰速运	82.2
3	安能物流	67.0
4	跨越速运	51.5
5	百世快运	41.0
6	壹米滴答	39.0
7	三志物流	29.8
8	盛丰物流	24.5
9	盛辉物流	22.6
10	天地华宇	19.0
11	德坤物流	16.3
12	中通快运	16.1
13	佳吉快运	14.0
14	河南宇鑫	13.8
15	河南长通	11.3
16	远成快运	10.5
17	商桥物流	9.2
18	河南黑豹	7.9
19	宁波中通	7.6
20	山东宇佳	7.1
21	温州东风	7.0
22	顺心捷达	6.4
23	霄邦物流	6.2
24	上海巴蜀	6.1
25	河南鸿泰	5.8
26	韵达快运	5.7
27	长吉物流	5.6
28	城市之星	4.8
29	郑州豪翔	4.7
30	重庆联达	4.6

资料来源：运联传媒。

全国 A 级物流企业分布（第 1～27 批）

单位：家

地区	合计	5A 级	4A 级	3A 级	2A 级	1A 级
北京	97	34	41	17	5	—
天津	31	3	19	9	—	—
上海	226	27	124	68	7	—
重庆	45	5	11	24	5	—
河北	88	11	49	25	3	—
山西	55	3	35	15	2	—
内蒙古	49	9	21	16	3	—
辽宁	158	13	53	61	26	5
吉林	91	5	47	36	3	—
黑龙江	32	4	10	11	7	—
江苏	578	25	217	289	44	3
浙江	639	18	129	340	137	15
安徽	187	3	81	78	25	—
福建	349	14	82	230	21	2
江西	200	2	85	72	37	4
山东	336	37	149	135	15	—
河南	149	10	59	69	11	—
湖北	515	17	199	205	92	2
湖南	209	13	103	86	7	—
广东	340	28	150	137	20	5
广西	57	5	22	26	4	—
海南	22	—	12	10	—	—
四川	221	4	49	128	37	3
贵州	39	1	9	27	2	—
云南	90	6	25	33	26	—
陕西	84	7	24	46	4	3

地区	合计	5A 级	4A 级	3A 级	2A 级	1A 级
甘肃	29	3	6	14	5	1
青海	16	1	6	5	4	—
宁夏	45	—	10	23	12	—
新疆	48	2	16	22	8	—
总计	5025	310	1843	2257	572	43

资料来源：中国物流与采购联合会。

江西省 A 级物流企业名单（截至第 27 批共 200 家）

序号	设区市	企业名称	等级	类型
1	南昌市	江西京九物流有限责任公司	5A	综合服务型
2	南昌市	中国铁路南昌局集团有限公司	5A	综合服务型
3	南昌市	江西省邮政速递物流有限公司	4A	综合服务型
4	南昌市	江西三志物流有限公司	4A	综合服务型
5	南昌市	江西九州通药业有限公司	4A	综合服务型
6	南昌市	江西省蓝海物流科技有限公司	4A	综合服务型
7	南昌市	江西新华物流有限公司	4A	综合服务型
8	南昌市	江西省通信产业服务有限公司	4A	综合服务型
9	南昌市	江西省赣银物流发展有限公司	4A	综合服务型
10	南昌市	南昌江铃集团实顺物流股份有限公司	4A	运输型
11	南昌市	江西顺丰速运有限公司	4A	综合服务型
12	南昌市	江西国磊供应链集团有限公司	4A	仓储型
13	南昌市	江西玉丰实业有限公司	4A	仓储型
14	南昌市	圣通物流有限公司	4A	仓储型
15	南昌市	海胜物流有限公司	4A	综合服务型
16	南昌市	江西长兴物流有限公司	3A	综合服务型
17	南昌市	江西康华企业发展有限公司	3A	运输型
18	南昌市	江西众帮物流有限公司	3A	综合服务型
19	南昌市	江西中瑞物流有限公司	3A	—
20	南昌市	国营南昌肉类联合加工厂	3A	仓储型
21	南昌市	江西省江南物流发展有限责任公司	3A	—
22	南昌市	江西勤强物流有限公司	3A	综合服务型
23	南昌市	南昌德邦物流有限公司	3A	综合服务型
24	南昌市	江西奇佳肥业股份有限公司	3A	仓储型
25	南昌市	江西金泽物流有限公司	3A	综合服务型
26	南昌市	江西中路物流有限公司	2A	—
27	南昌市	南昌华泓冷链物流有限公司	2A	综合服务型

序号	设区市	企业名称	等级	类型
28	九江市	上港集团九江港务有限公司	4A	综合服务型
29	九江市	九江市新雪域置业有限公司	3A	仓储型
30	九江市	九江鑫昌隆物流运输有限公司	2A	运输型
31	九江市	九江联商物流有限公司	2A	综合服务型
32	九江市	九江长东仓储物流有限公司	2A	仓储型
33	景德镇市	景德镇恒达物流有限公司	4A	综合服务型
34	景德镇市	景德镇市远航物流有限公司	4A	运输型
35	景德镇市	江西晟悦联众物流有限公司	3A	—
36	景德镇市	景德镇旭通物流有限公司	3A	运输型
37	景德镇市	江西大龙物流有限公司	3A	综合服务型
38	景德镇市	景德镇市安捷物流有限公司	3A	综合服务型
39	景德镇市	景德镇市信联物流有限公司	3A	综合服务型
40	景德镇市	景德镇市驰骋物流有限公司	3A	—
41	景德镇市	江西联源物流有限公司	4A	—
42	景德镇市	江西长荣物流有限公司	3A	—
43	萍乡市	萍乡市达金物流有限公司	4A	综合服务型
44	萍乡市	江西安智物流股份有限公司	4A	综合服务型
45	萍乡市	江西四顺物流集团有限公司	4A	综合服务型
46	新余市	江西省新泰物流有限公司	4A	运输型
47	新余市	新余中新物流有限公司	4A	运输型
48	新余市	江西省新博物流股份有限公司	4A	综合服务型
49	新余市	新余市鸿祥汽车运输有限公司	4A	运输型
50	新余市	新余市东华龙货运有限公司	3A	运输型
51	鹰潭市	江西铜业集团（贵溪）物流有限公司	4A	综合服务型
52	鹰潭市	鹰潭市佳尔物流有限公司	4A	综合服务型
53	鹰潭市	江西泗丰物流有限公司	4A	综合服务型
54	鹰潭市	鹰潭市阿桂物流有限公司	4A	—
55	鹰潭市	贵溪市银禾物流有限公司	2A	运输型
56	鹰潭市	贵溪市九九物流有限公司	2A	运输型
57	赣州市	赣州国盛铁路实业有限公司	4A	仓储型
58	赣州市	赣州万吉物流有限公司	4A	运输型
59	赣州市	江西红土地物流有限公司	4A	运输型
60	赣州市	江西松畅宝实业有限公司	4A	运输型

续　表

序号	设区市	企业名称	等级	类型
61	赣州市	赣州市南康区洪鑫物流有限公司	4A	—
62	赣州市	定南国盛铁路实业有限公司	4A	—
63	赣州市	赣州市南康区荣宝正泰物流有限公司	3A	运输型
64	赣州市	定南县永立物流有限公司	3A	运输型
65	赣州市	赣州灵通物流有限责任公司	3A	运输型
66	赣州市	赣州三志物流有限公司	3A	运输型
67	赣州市	赣州通力物流有限公司	3A	综合服务型
68	赣州市	上犹县通力物流有限公司	3A	综合服务型
69	赣州市	全南县万通物流有限公司	3A	综合服务型
70	赣州市	江西智联汇和物流有限公司	3A	综合服务型
71	赣州市	赣州口岸集装箱运输有限公司	3A	运输型
72	赣州市	中国邮政集团公司赣州市分公司	3A	综合服务型
73	赣州市	赣州市友好物流有限公司	3A	运输型
74	赣州市	赣州顺丰速运有限公司	3A	—
75	赣州市	赣州市南康区新京九物流有限公司	3A	—
76	赣州市	赣州市南康区华中物流有限公司	3A	—
77	赣州市	赣州市南康区邦大华宇物流有限公司	3A	—
78	赣州市	赣州市南康区永丰利达物流有限公司	3A	—
79	赣州市	赣州力佳物流有限公司	3A	—
80	赣州市	赣州祥亮物流有限公司	3A	—
81	赣州市	赣州市百世物流有限公司	3A	—
82	赣州市	信丰县双佳汽车运输服务有限公司	3A	—
83	赣州市	赣州市南康区鑫顺达物流有限公司	3A	综合服务型
84	赣州市	赣州市南康区正印物流有限公司	3A	综合服务型
85	赣州市	赣州骏达物流有限公司	3A	仓储型
86	赣州市	赣州市众诚物流有限公司	3A	运输型
87	赣州市	赣州市广渠物流有限公司	3A	综合服务型
88	赣州市	赣州三福物流有限公司	3A	综合服务型
89	赣州市	江西九星铁运物流有限公司	3A	—
90	赣州市	赣州安盛达货物装卸运输有限公司	3A	—
91	赣州市	赣州沅霖物流有限公司	3A	—
92	赣州市	赣州市森浩物流有限公司	3A	—
93	赣州市	信丰华洲物流有限公司	3A	—

序号	设区市	企业名称	等级	类型
94	赣州市	赣州市南康区增源物流有限公司	3A	—
95	赣州市	赣州市南康区畅远物流有限公司	3A	—
96	赣州市	江西精准物流有限公司	2A	综合服务型
97	赣州市	信丰橙盟物流有限公司	2A	—
98	赣州市	兴国县同一首歌物流有限公司	2A	—
99	赣州市	赣州市南康区信桥物流有限公司	2A	—
100	赣州市	赣州鑫旺物流有限公司	2A	—
101	赣州市	石城县易达物流有限公司	2A	—
102	赣州市	赣州市永耀物流有限公司	2A	—
103	赣州市	瑞金市瑞泰物流有限公司	2A	综合服务型
104	赣州市	会昌县锦程物流有限公司	2A	综合服务型
105	赣州市	赣州市南康区赣峰物流有限公司	2A	综合服务型
106	赣州市	赣州利友食品有限公司	2A	综合服务型
107	赣州市	龙南宏金达汽车运输有限公司	2A	运输型
108	赣州市	赣州凯达物流有限公司	2A	运输型
109	赣州市	兴国金莹物流有限公司	2A	运输型
110	赣州市	寻乌县通成物流有限公司	2A	运输型
111	赣州市	赣州市赣鑫物流有限公司	2A	运输型
112	赣州市	赣州春欣物流有限公司	2A	综合服务型
113	赣州市	信丰聚翔汽车服务有限公司	2A	—
114	赣州市	赣州立禾汽车运输有限公司	2A	—
115	赣州市	赣州市森达通物流有限公司	2A	—
116	赣州市	石城县永星物流有限公司	2A	—
117	赣州市	信丰晨逸物流有限公司	2A	—
118	赣州市	赣州市新鸿物流有限公司	2A	—
119	赣州市	赣州明萱物流有限公司	2A	—
120	赣州市	大余县东深物流有限公司	2A	—
121	赣州市	江西裕民药业有限公司	1A	综合服务型
122	赣州市	江西普特物流有限公司	1A	综合服务型
123	赣州市	于都捷达物流有限责任公司	1A	—
124	赣州市	瑞金市明盛物流服务有限公司	1A	—
125	宜春市	江西江龙集团鸿海物流有限公司	4A	运输型
126	宜春市	江西新振兴投资集团有限公司	4A	运输型

序号	设区市	企业名称	等级	类型
127	宜春市	江西桃源物流有限公司	4A	运输型
128	宜春市	高安市新瑞物流有限公司	4A	运输型
129	宜春市	江西省高安汽运集团翔运汽运有限公司	4A	运输型
130	宜春市	江西杨邦物流有限公司	4A	运输型
131	宜春市	高安市豪顺物流有限公司	4A	运输型
132	宜春市	江西省高安汽运集团高鹏汽运有限公司	4A	运输型
133	宜春市	江西省高安汽运集团鸿盛汽运有限公司	4A	—
134	宜春市	江西保捷实业集团有限公司	4A	运输型
135	宜春市	江西省鸿吉实业有限公司	4A	运输型
136	宜春市	江西康尔达物流有限公司	4A	综合服务型
137	宜春市	江西江龙集团全胜汽运有限公司	4A	运输型
138	宜春市	江西省高安汽运集团诚迅汽运有限公司	4A	运输型
139	宜春市	赣西物流园投资发展有限公司	4A	仓储型
140	宜春市	江西瑞州汽运集团洪鑫物流有限公司	4A	综合服务型
141	宜春市	江西省高安汽运集团福林汽运有限公司	4A	运输型
142	宜春市	江西江龙集团龙鹏汽运有限公司	4A	运输型
143	宜春市	高安赣粤五星运输有限公司	4A	运输型
144	宜春市	江西金辉物流有限公司	4A	综合服务型
145	宜春市	江西省高安汽运集团鸿弘汽运有限公司	4A	—
146	宜春市	宜春润佳物流运输服务有限公司	4A	—
147	宜春市	江西瑞州汽运集团新荷物流有限公司	4A	—
148	宜春市	高安市隆景运输有限责任公司	4A	运输型
149	宜春市	江西瑞州汽运集团豪瑞汽运有限公司	4A	运输型
150	宜春市	江西瑞州汽运集团瑞通物流有限公司	4A	运输型
151	宜春市	江西瑞州汽运集团宏景汽运有限公司	4A	运输型
152	宜春市	江西瑞州汽运集团欣禧物流有限公司	4A	运输型
153	宜春市	江西五洲医药营销有限公司	4A	仓储型
154	宜春市	高安市村长物流有限公司	4A	—
155	宜春市	江西江龙集团兴海汽运有限公司	4A	—
156	宜春市	江西省高安汽运集团福豪汽运有限公司	4A	—
157	宜春市	江西省高安汽运集团迅通汽运有限公司	4A	—
158	宜春市	江西仁翔药业有限公司	4A	仓储型
159	宜春市	江西九州医药有限公司	3A	综合服务型

序号	设区市	企业名称	等级	类型
160	宜春市	江西富华物流有限公司	3A	综合服务型
161	宜春市	江西瑞州汽运集团永鑫汽运有限公司	3A	综合服务型
162	上饶市	上饶市新华龙物流有限公司	4A	综合服务型
163	上饶市	上饶市大顺实业有限公司	4A	运输型
164	上饶市	余干县岭南物流有限公司	2A	运输型
165	上饶市	德兴市东东商贸有限公司	2A	仓储型
166	吉安市	江西万佶物流有限公司	4A	综合服务型
167	吉安市	吉安市综合物流中心股份有限公司	4A	综合服务型
168	吉安市	吉安华通物流中心有限公司	4A	综合服务型
169	吉安市	江西昌荣物流有限公司	4A	运输型
170	吉安市	江西祥和物流有限公司	4A	综合服务型
171	吉安市	峡江县鑫胜物流有限公司	4A	综合服务型
172	吉安市	上海意洪物流有限公司江西分公司	3A	运输型
173	吉安市	江西国光商业连锁股份有限公司	3A	综合服务型
174	吉安市	泰和县鑫龙汽车运输有限公司	3A	运输型
175	吉安市	泰和县鹏辉货物运输有限公司	3A	运输型
176	吉安市	吉安县盛世汽车运输有限公司	3A	运输型
177	吉安市	江西永和诚信供应链管理有限公司	3A	运输型
178	吉安市	吉水县广顺物流有限公司	3A	—
179	吉安市	江西结财物流有限公司	3A	—
180	吉安市	江西鹏泰物流有限责任公司	3A	运输型
181	吉安市	江西省文顺物流有限公司	3A	运输型
182	吉安市	安福永和诚信物流有限公司	2A	运输型
183	吉安市	吉安市精越物流有限公司	2A	—
184	抚州市	江西昌顺物流有限公司	4A	综合服务型
185	抚州市	广昌县惠昌汽车运输有限公司	4A	运输型
186	抚州市	江西佳润物流集团有限公司	4A	综合服务型
187	抚州市	江西大飞物流有限公司	4A	综合服务型
188	抚州市	江西正广通供应链管理有限公司	4A	综合服务型
189	抚州市	江西安泰物流有限公司	4A	综合服务型
190	抚州市	南城县麻姑汽车运输有限公司	4A	综合服务型
191	抚州市	抚州佳斌现代物流园有限公司	4A	—
192	抚州市	南城县亚欣物流有限公司	4A	—

序号	设区市	企业名称	等级	类型
193	抚州市	抚州市东乡区佳兴物流有限公司	3A	—
194	抚州市	南城县吉尔物流有限公司	3A	综合服务型
195	抚州市	南城长顺物流有限公司	3A	—
196	抚州市	南城县物资汽车运销有限责任公司	3A	—
197	抚州市	江西博龙物流有限公司	3A	—
198	抚州市	南城瑞顺物流有限公司	3A	综合服务型
199	抚州市	南城县冠海物流有限公司	3A	综合服务型
200	抚州市	江西伟盛国际货运代理有限公司	2A	综合服务型

资料来源：江西省物流与采购联合会。

江西省星级仓库企业名单（共计 6 家）

序号	所属区市	企业名称	等级
1	南昌市	江西省通信产业服务有限公司物流分公司仓库	五星级
2	南昌市	江西国磊供应链集团有限公司国磊小蓝库区	五星级
3	南昌市	江西庆华起重装卸有限公司庆华江西仓储中心	四星级
4	南昌市	江西昌大瑞丰科技发展有限公司昌大瑞丰物流园库区	三星级
5	南昌市	兴发物流（南昌）有限公司兴发物流库区	三星级
6	萍乡市	江西天顺医药有限公司天顺医药总仓	三星级

资料来源：中国仓储与配送协会。

江西省担保存货资质企业名单（共计 3 家）

序号	所属区市	企业名称	等级
1	新余市	江西省新博物流股份有限公司	三级乙等
2	宜春市	江西常鑫仓储管理有限公司	三级乙等
3	萍乡市	江西国磊供应链集团有限公司	一级丙等

资料来源：中国仓储与配送协会。

江西省星级冷链物流企业名单（共计 4 家）

序号	所属设区市	企业名称	星级	类型
1	南昌市	国营南昌肉类联合加工厂	四星级	仓储型
2	九江市	九江市新雪域置业有限公司	四星级	仓储型
3	新余市	新余市东华龙货运有限公司	三星级	运输型
4	赣州市	赣州利友食品有限公司	三星级	仓储型

资料来源：中国物流与采购联合会。

江西省重点商贸物流园区（中心）名单（共计19家）

序号	所属设区市	批次	企业名称
1	南昌市	第一批	南昌保税物流中心
2	南昌市		南昌兴发物流园
3	九江市		九江市新雪域物流园
4	抚州市		南丰蜜桔出口物流园
5	上饶市		横峰县现代物流园
6	上饶市		上饶新华龙物流园
7	九江市	第二批	九江长东仓储物流园
8	吉安市		井冈山经济技术开发区物流园
9	赣州市	第三批	定南县物流产业园
10	九江市		九江市九鼎综合物流园
11	宜春市		宜春经济技术开发区物流中心
12	南昌市	第四批	南昌肉联食品集团公司冷链物流配送中心
13	鹰潭市		鹰潭市现代物流园区
14	赣州市		中国中部国际物流商贸城
15	赣州市		章贡经济技术开发区物流园
16	吉安市		江西祥和物流园
17	南昌市	第五批	南昌深圳农产品中心批发市场
18	南昌市	第六批	江西传化晨达公路港
19	萍乡市		四顺物流园

资料来源：江西省商务厅。

江西省重点商贸物流企业名单（共计79家）

序号	所属设区市	批次	企业名称
1	南昌市	第一批	江西三志物流有限公司
2	南昌市		江西九州通药业有限公司
3	南昌市		江西蓝海物流科技有限公司
4	南昌市		江西邮政速递物流有限公司
5	南昌市		江西乾峰物流有限公司
6	九江市		上港集团九江港务有限公司
7	萍乡市		萍乡市达金物流有限公司
8	新余市		新余市春宇汽车运输（集团）有限公司
9	赣州市		赣州国盛铁路实业有限公司
10	宜春市		江西新振兴投资集团有限公司
11	吉安市		新干县宏发汽车运输有限责任公司
12	抚州市		江西昌顺物流有限公司
13	萍乡市		金盾物流（江西）有限公司
14	鹰潭市		江西百利达国际物流有限公司
15	抚州市		江西安泰物流有限公司
16	南昌市	第二批	江西尧泰供应链管理有限公司
17	九江市		江西省三丰农业有限公司
18	景德镇市		景德镇市恒通物流有限公司
19	萍乡市		莲花县明清货运有限公司
20	新余市		新余市盛龙汽车运输贸易集团有限公司
21	鹰潭市		江西泗丰物流有限公司
22	鹰潭市		鹰潭市安顺物流有限责任公司
23	宜春市		江西赣西物流有限公司
24	吉安市		江西万佶物流有限公司
25	吉安市		吉安县华通运输有限公司
26	吉安市		新干县赣新汽车运输租赁有限公司
27	抚州市		江西佳润物流集团有限公司

续　表

序号	所属设区市	批次	企业名称
28	抚州市	第三批	江西正广通供应链管理有限公司
29	南昌市		江西新地冷冻大世界有限公司
30	鹰潭市		鹰潭市龙虎山东方物流有限公司
31	宜春市		华正道智慧物流股份有限公司
32	宜春市		宜春赣西城乡配送有限公司
33	赣州市		定南国盛铁路实业有限公司
34	赣州市		赣州市南康区洪鑫物流有限公司
35	赣州市		江西松畅宝实业有限公司
36	上饶市		江西上饶海港物流有限公司
37	上饶市		上饶市大顺实业有限公司
38	南昌市	第四批	江西省赣银物流发展有限公司
39	南昌市		江西国磊供应链集团有限公司
40	南昌市		江西长运大通物流有限公司
41	南昌市		江西玉丰实业有限公司
42	南昌市		江西顺丰速运有限公司
43	南昌市		江西弘鼎供应链管理有限公司
44	南昌市		江西国控物流投资发展有限公司
45	九江市		九江联商物流有限公司
46	萍乡市		江西烟花爆竹物流中心有限公司
47	鹰潭市		江西鹰甬海港物流有限责任公司
48	鹰潭市		鹰潭市太阳升物流有限公司
49	新余市		江西省新博物流股份有限公司
50	赣州市		江西坚强百货连锁有限公司
51	宜春市		江西桃源物流有限公司
52	宜春市		高安赣粤五星运输有限公司
53	宜春市		江西五洲医药营销有限公司
54	宜春市		江西江龙集团鸿海物流有限公司
55	上饶市		德兴市东东商贸有限公司
56	上饶市		上饶市神九运输有限公司
57	吉安市		江西永和诚信供应链管理有限公司
58	抚州市		江西大飞物流有限公司
59	抚州市		南城县吉尔物流有限公司

序号	所属设区市	批次	企业名称
60	南昌市	第五批	江西医物通医药有限公司
61	萍乡市		江西天来实业有限公司
62	萍乡市		江西四顺实业有限公司
63	鹰潭市		鹰潭市阿桂物流有限公司
64	新余市		新余市东华龙货运有限公司
65	宜春市		江西省高安汽运集团鸿弘汽运有限公司
66	宜春市		江西金辉物流有限公司
67	宜春市		江西高安汽运集团福林汽运有限公司
68	吉安市		江西金鸿马现代物流有限公司
69	抚州市		南城县冠海物流有限公司
70	萍乡市	第六批	江西鑫超商贸有限公司
71	萍乡市		萍乡市鑫滟农副产品批发有限公司
72	新余市		江西金土地天然食品饮料股份有限公司
73	赣州市		赣州万吉物流有限公司
74	赣州市		江西红土地物流有限公司
75	宜春市		江西江龙集团全胜汽运有限公司
76	宜春市		江西省高安汽运集团翔运汽运有限公司
77	宜春市		江西昌鹤医药供应链管理有限公司
78	吉安市		江西祥和物流有限公司
79	抚州市		抚州佳斌现代物流园有限公司

资料来源：江西省商务厅。

2018 年江西省物流业大事记

1. 2018 年 1 月 17 日，江西省发改委下发《江西省综合交通物流融合发展规划（2017—2020 年)》。

2. 2018 年 1 月 26 日，江西省政府新闻办、江西省政府法制办、江西省交通运输厅联合召开《江西省货物运输车辆超限超载治理办法》新闻发布会。江西省交通运输厅副厅长谢德强发布《江西省货物运输车辆超限超载治理办法》，江西省政府法制办副主任龚河兴介绍《江西省货物运输车辆超限超载治理办法》有关情况，江西省公路局局长、厅治超办主任曾晓文出席发布会，并回答记者提问。

3. 2018 年 1 月 26 日，南昌市青云谱区人民政府和江西省物流行业协会共同主办，以"助推转型升级、共享一带一路"为主题的 2018 江西智慧物流创新发展大会暨青云谱区招商大会在南昌举行，江西省商务厅副巡视员熊光辉出席。

4. 2018 年 3 月 27 日，民航华东地区管理局在上饶市向顺丰速运旗下的江西丰羽顺途科技有限公司颁发了国内首张无人机航空运营（试点）许可证，这标志着中国正式步入无人机运输的新阶段。

5. 2018 年 4 月 3 日，江西省质监局在南昌召开了国家技术标准创新基地（江西绿色生态）专家委员会成立大会。

6. 2018 年 4 月 27 日，江西省交通运输厅、江西省公安厅、江西省质量技术监督局印发《关于加快推进道路货运车辆检验检测改革工作的实施意见》。

7. 2018 年 6 月 6 日，新余市举行中国冷链物流储运基地——新余华孚冷链仓储项目开工仪式，这是中冷仓储物流集团有限公司在江西建设的首个冷链物流项目。新余华孚冷链仓储项目总投资 5 亿元，占地面积 226780 平方米，冷库总容量 30 万吨。项目全部建成投入运行后，将实现年产值 35280 万元，应缴税金 4798 万元，直接用工 800 余人，对促进新余市现代物流业发展、构建城乡配送体系具有重要意义。

8. 2018 年 6 月 27 日，江西省交通运输厅等十部门关于印发《全省物流安全管理 2018 年工作要点》。

9. 2018 年 7 月 3 日，江西省物流业景气指数发布会暨江西省物流标准化技术委员会工作会在南昌举行，江西省发展和改革委副主任郭新宇出席会议并致辞。

10. 2018 年 7 月 3 日，江西省首个物流领域地方标准《开放式循环木质平托盘技术规范》正式发布，该标准对加快江西物流标准化体系建设，促进托盘开放循环使用和规范化发展具有非常重要的意义。

11. 2018 年 7 月 13 日，国务院批复南昌等 22 个城市为跨境电子商务综合试验区，这是江西省首个跨境电商综合试验区。

12. 2018 年 8 月 8 日，2018（第六届）中国生鲜农产品供应链峰会在江西南昌举行，会议由中国物流与采购联合会主办，江西省商务厅支持，中物联冷链委、中物联采购委、江西省物流与采购联合会、江西玉丰实业有限公司承办。

13. 2018 年 8 月 17 日，国家发改委、中国物流信息中心在江西南昌召开了 2018 年全国部分地区物流统计工作座谈会，江西省发展和改革委副主任郭新宇出席，江西省商务厅做了典型经验介绍。

14. 2018 年 9 月 25 日，江西省人民政府办公厅发布《关于推进电子商务与快递物流协同发展的实施意见》。

15. 2018 年 9 月 28 日，江西省发展和改革委在南昌向塘召开了 2018 年全省现代物流工作联席会议，江西省发展和改革委副主任郭新宇主持会议并讲话，江西省交通运输厅副厅长严允，中国铁路南昌局集团公司副总经理彭磊出席会议，南昌市政府副市长凌卫到会致辞。

16. 2018 年 11 月 22 日，由中国物流学会、中国物流与采购联合会主办的 2018 年（第十七次）中国物流学术年会在江西南昌召开。

17. 2018 年 12 月 8 日，发现向塘·2018 南昌县（小蓝经济技术开发区）智慧物流产业投资环境说明会暨广东省江西南昌县商会揭牌仪式在广州举行，签约物流项目 15 个，总投资 128 亿元，江西省商务厅副巡视员熊光辉出席。

18. 2018 年 12 月 11 日，江西省人民政府办公厅发布《关于积极推进供应链创新与应用的实施意见》。

19. 2018 年 12 月 12 日，江西省省长易炼红就交通运输工作进行专题调研，并召开座谈会。

20. 2018 年 12 月 18 日，江西省商务厅认定第六批江西省重点商贸物流园区（中心）和企业。江西传化晨达公路港等 2 家物流园区（中心）认定为"江西省重点商贸物流园区（中心）"，江西鑫超商贸有限公司等 10 家企业认定为"江西省重点商贸物流企业"。

21. 2018 年 12 月 21 日，国家发展和改革委、交通运输部发布《国家物流枢纽布局和建设规划》，江西省南昌、赣州、九江、鹰潭 4 城市入选国家物流枢纽布局承载城市。

22. 2018 年 12 月 20—22 日，由中国物流与采购联合会、鹰潭市人民政府主办，中国物流信息中心、鹰潭市月湖区人民政府、江西省物流与采购联合会及林安物流集团承办的"2018 年中国物流发展与形势分析大会"在鹰潭市召开，江西省发展和改革委副主任郭新宇出席。

23. 2018 年 12 月 24 日，南昌昌北国际机场 2018 年完成货邮吞吐量 8.02 万吨，与上年同期相比增长 57.6%，提前 7 天完成年货邮吞吐量突破 8 万吨的工作目标。